刑法 I 総論

亀井源太郎・小池信太郎
佐藤拓磨・薮中 悠・和田俊憲
［著］

日評ベーシック・シリーズ

日本評論社

はしがき

　本シリーズの刑法総論・刑法各論はいずれも、慶應義塾大学で同時に教鞭を執ったことがあり、かつ、年齢の近い5名の教員による共著である。

　本書が成るにあたっては、共著者間で多数回の検討会を行い、内容にかかわる議論はもちろん、文章表現、説明の順序等の細部に至るまで相互に意見交換を行った。

　気心の知れた仲間との議論は楽しく、また、教育手法の違いを発見するという新鮮な経験も数多くした。

　このような本書の成立過程に問題があるとすれば、それは、検討会が楽しすぎて、その回数が予定よりもはるかに増えてしまったことにある。そのため出版が大幅に遅れてしまったが、その分、本書はブラッシュアップされているものと確信している。読者にも、われわれが検討会で経験した楽しさが伝わればと思っている。

　われわれ5名は日々同僚として親しく接してきたが、学問的なバックグラウンドや研究対象、研究手法はさまざまである。各自が執筆した箇所について「教科書として標準的かつ必要十分」と思われる記述を目指し、また相互に検討を重ねたが、それでもなお研究者としてのこだわりもある。本書には、そのこだわりがちらちらと顔を出す部分もある。この点もよく味わっていただければ幸いである。

＊　　　＊　　　＊

　本書は、刑法総論を講ずる。刑法総論には、しばしば、明文の規定がない概念が登場する。

　それだけに、刑法総論は楽しく、また、難しい。たとえば因果関係のようなきわめて基本的かつ重要な概念ですら、明文の規定を欠くため、解釈の余地が大きく、自由演技の色彩が強い。

　ただ、自由演技といっても、思いつくまま踊っているわけではない。隣接諸領域の知見も含む長年培われてきた学問的営為や、実務における妥当な解決を求める知恵を踏まえ、解釈者の──やや大袈裟にいえば──全人格的な蓄積を

はしがき　　i

背景として、演技が構成されているのである。

　刑法総論の楽しさも難しさも、このことに由来する。

　読者には、このような演技を構成する背景もあわせてお楽しみいただきたい。

＊　　　＊　　　＊

　本書では、まず、実行行為、結果、因果関係、共犯、不作為犯、過失犯等を講じ、その後に、違法性阻却事由、責任阻却事由を講ずる。

　刑法総論の教科書には、これと異なる順序で各概念を説明するものも少なくない。本書が前述のような構成を採用したのは、犯罪の成立にかかわる事情を先行して説明した方が初学者にとって理解しやすいと考えたからであるが、読者においては、これと異なる順序で読み進めることも、もちろん差し支えない。

＊　　　＊　　　＊

　日本評論社の柴田英輔さんには、辛抱強く検討会にお付き合いいただく等、多大なご苦労をおかけした。

　記して御礼を申し上げる。

2020年8月
著者を代表して
亀井源太郎

刑法Ⅰ　総論

はしがき…**i**
略語一覧…**xiii**

第1章　犯罪論の基礎…**1**

Ⅰ　刑法と刑法学…**1**

Ⅱ　犯罪論の体系…**3**

　　1　構成要件該当性…**3**
　　　(1) 構成要件とは…**3**
　　　(2) 構成要件の構造と構成要件要素…**4**
　　　(3) 構成要件該当性のバリエーション──作為犯と不作為犯／単独正犯と共同正犯／直接正犯と間接正犯…**6**
　　2　違法性…**7**
　　3　責任（有責性）…**7**

第2章　構成要件該当性Ⅰ──基本型…**10**

Ⅰ　客観的構成要件要素…**10**

　　1　主体…**10**
　　　(1) 主体が限定されていない犯罪…**10**
　　　(2) 主体が限定されている犯罪──身分犯…**11**
　　2　行為（実行行為）…**11**
　　3　結果…**12**
　　4　因果関係…**13**
　　　(1) 条件関係…**13**
　　　　(a) 条件公式…**13**　　(b) 不作為の場合の条件公式の適用…**15**
　　　(2) 法的因果関係──概説…**15**
　　　(3) 法的因果関係──学説…**15**
　　　　(a) 相当因果関係説…**15**　　(b) 危険の現実化説…**17**
　　　(4) 法的因果関係──判例…**17**
　　　　(a) 行為時の特殊事情…**17**　　(b) 行為後の介在事情…**18**

Ⅱ　主観的構成要件要素──構成要件的故意・構成要件的事実の錯誤…**25**

　　1　構成要件的故意…**26**
　　　(1) 故意の内容──犯罪事実の認識…**26**
　　　　(a) 認識の要否…**26**　　(b) 認識の程度…**28**
　　　(2) 故意の種類…**29**
　　　　(a) 意図と確知…**29**　　(b) 故意の限界──未必の故意と認識ある過失の区別…**29**　　(c) 故意の

iii

要素…**30**　　(d) その他の故意の種類…**31**

2　構成要件的事実の錯誤…**32**

(1) 錯誤の意義と種類…**32**

(a) 事実の錯誤と違法性の錯誤…**32**　　(b) 構成要件的事実の錯誤と違法性阻却事由に該当する事実の錯誤…**33**　　(c) 構成要件的事実の錯誤の種類・類型…**33**

(2) 具体的事実の錯誤…**33**

(a) 意義と具体例…**33**　　(b) 問題の所在…**34**　　(c) 各事案の解決方法…**34**　　(d)「早すぎた構成要件の実現」と「遅すぎた構成要件の実現」…**36**

(3) 抽象的事実の錯誤…**38**

(a) 意義と具体例…**38**　　(b) 問題の所在…**39**　　(c) 解決基準：構成要件的重なり合い（構成要件的符合）…**39**　　(d) 構成要件的符合の限界…**41**　　(e) 構成要件的符合が認められる場合の事案の解決…**42**

III　未遂…**42**

1　犯罪の段階における未遂の位置づけ…**43**
2　未遂の処罰根拠…**44**
3　不能犯…**45**

(1) 学説…**45**

(2) 判例…**47**

(a) 客体の不能…**48**　　(b) 方法の不能…**48**

4　実行の着手…**49**

(1) 実行の着手の有無が争点となる場面…**49**

(2) 実行の着手の判断基準…**51**

(a) 総論的基準…**51**　　(b) 手段が限定された犯罪の実行の着手時期…**51**

(3) 判例…**52**

(a) 窃盗罪…**52**　　(b) 殺人罪…**53**　　(c) 放火罪…**54**　　(d) 強制性交罪（旧強姦罪）…**55**

(e) 詐欺罪…**55**

(4) 離隔犯・間接正犯の実行の着手時期…**56**

5　中止未遂…**58**

(1) 概説…**58**

(2) 減免の根拠…**58**

(3) 要件…**59**

(a) 中止行為…**59**　　(b) 結果不発生との間の因果関係…**61**　　(c) 任意性…**61**

第3章　構成要件該当性II──複数人の関与…**64**

I　正犯と共犯…**65**

1　単独正犯…**65**
2　共犯──共同正犯、教唆、従犯…**66**

II　間接正犯…**67**

1　「道具として利用」…**67**
2　間接正犯の諸類型…**68**

(1) 被利用者に是非弁別能力が欠ける場合…**68**

iv

　　　　　　(a) 心神喪失者…**68**　　(b) 幼児…**68**
　　　　(2) 被利用者の意思が抑圧されている場合…**68**
　　　　　　(a) 是非弁別能力ある刑事未成年者…**68**　　(b) 被害者…**69**
　　　　(3) 被利用者に故意が欠ける場合…**70**
　　　　　　(a) 錯誤…**70**　　(b) 情を知らない者…**71**
　　　　(4) 被利用者に故意がある場合…**71**
　　　　　　(a) 軽い罪の故意のある者の利用…**71**　　(b) 目的なき故意ある道具の利用、身分なき故意ある道
　　　　　具の利用…**71**　　(c) 故意ある幇助的道具の利用…**72**
　　　　(5) 被利用者に違法性阻却事由が存する場合…**73**
　　3　間接正犯の実行の着手時期…**74**

III　共同正犯…**74**

　　1　総説…**74**
　　　　(1) 一部行為全部責任…**74**
　　　　(2) 共同正犯論の重要性…**75**
　　　　(3) 共謀共同正犯…**76**
　　2　故意の共同正犯の成立要件…**78**
　　　　(1) 概説…**78**
　　　　(2) 関与者間の意思連絡…**79**
　　　　　　(a) 意思連絡…**79**　　(b) 黙示の意思連絡…**80**
　　　　(3) 正犯性…**81**
　　　　(4) 共同正犯における実行の着手時期…**82**
　　　　(5) 共同正犯の主観的要件…**82**
　　3　過失の共同正犯、結果的加重犯の共同正犯…**82**
　　　　(1) 過失の共同正犯…**82**
　　　　(2) 結果的加重犯の共同正犯…**84**

IV　狭義の共犯…**85**

　　1　総説…**85**
　　2　教唆…**85**
　　　　(1) 概説…**85**
　　　　(2) 間接教唆、再間接教唆…**86**
　　3　従犯…**87**
　　　　(1) 概説…**87**
　　　　(2) 因果性…**88**
　　　　(3) いわゆる中立的行為による幇助…**89**
　　　　(4) 実行行為を行う従犯…**90**

V　共犯の処罰根拠と因果性…**91**

　　1　共犯の処罰根拠…**91**
　　　　(1) 責任共犯論…**92**
　　　　(2) 不法共犯論…**93**
　　　　(3) 惹起説…**93**
　　　　　　(a) 概説…**93**　　(b) 惹起説内での対立…**93**
　　　　(4) 片面的共犯…**94**

目次　　**v**

2　共犯の従属性…**95**
　　　⑴　共犯の処罰根拠論と従属性論の関係…**95**
　　　⑵　実行従属性…**95**
　　　⑶　要素従属性…**96**
　　　　⒜　従属の「程度」…**96**　　⒝　要素従属性論と間接正犯…**98**
　　　⑷　罪名従属性…**99**
　　3　共犯からの離脱…**100**
　　　⑴　離脱と中止…**100**
　　　⑵　共犯からの離脱…**101**
　　　⑶　中止未遂規定による減免の可否…**102**
　　4　承継的共犯…**103**
　　　⑴　総説…**103**
　　　⑵　承継的共同正犯の是非…**103**
　　　⑶　承継的従犯の是非…**104**

VI　共犯の諸問題…**105**

　　1　必要的共犯…**105**
　　　⑴　集団犯…**105**
　　　⑵　対向犯…**106**
　　2　共同正犯の成立範囲——異なる構成要件間の共同正犯…**107**
　　3　共犯と錯誤…**109**
　　　⑴　概説…**109**
　　　⑵　具体的事実の錯誤…**110**
　　　⑶　抽象的事実の錯誤…**110**
　　　⑷　関与形式の錯誤…**112**
　　　　⒜　概説…**112**　　⒝　被利用者の変化…**112**
　　4　不作為と共犯…**113**
　　　⑴　総説…**113**
　　　⑵　不作為者と不作為者の共同正犯…**113**
　　　⑶　不作為者と作為者の共同正犯…**114**
　　　⑷　不作為による教唆・従犯…**114**
　　　　⒜　不作為による教唆…**114**　　⒝　不作為による従犯…**114**
　　　⑸　不作為に対する教唆・従犯…**116**
　　5　共犯と身分…**116**
　　　⑴　概説…**116**
　　　⑵　身分の意義…**118**

第4章　構成要件該当性Ⅲ——不作為犯…**119**

Ⅰ　不作為犯の類型…**120**

　　1　真正不作為犯と不真正不作為犯…**120**
　　2　不真正不作為犯の処罰と罪刑法定主義…**120**

Ⅱ　不作為処罰の限定性…**121**

Ⅲ　作為と不作為…**122**

Ⅳ　作為と不作為の同価値性…**123**

　　1　同価値性判断の構造…**123**
　　2　作為義務の発生根拠…**124**
　　　⑴　形式的根拠…**124**
　　　⑵　実質的根拠…**125**
　　　　⒜　先行行為説…**125**　　⒝　事実上の引受け説…**126**　　⒞　排他的支配説…**126**　　⒟　その他の
　　　　学説…**127**
　　　⑶　判例と作為義務の発生根拠…**128**
　　　　⒜　殺人罪…**128**　　⒝　放火罪…**129**　　⒞　詐欺…**130**
　　3　作為可能性…**130**

Ⅴ　不作為の因果関係…**131**

第5章　構成要件該当性Ⅳ──過失犯…**132**

Ⅰ　過失犯の構造と要件…**132**

　　1　過失犯の構造をめぐる議論…**132**
　　　⑴　旧過失論…**133**
　　　⑵　新過失論…**133**
　　　⑶　新旧過失論の対立の相対化…**134**
　　2　過失犯の要件…**134**

Ⅱ　予見可能性…**136**

　　1　具体的予見可能性説…**136**
　　2　危惧感説…**138**

Ⅲ　結果回避義務違反…**139**

　　1　結果回避可能性…**139**
　　2　結果回避義務の判断方法…**140**
　　3　信頼の原則…**141**

Ⅳ　過失犯の因果関係…**143**

Ⅴ　複数人による過失の競合…**144**

Ⅵ　管理・監督過失…**144**

第6章　違法性阻却とその周辺…**146**

Ⅰ　総説…**146**

目次　**vii**

II 正当防衛…148

1 総説…148
2 正当防衛の前提状況…149
(1) 急迫…149
(2) 不正…150
(3) 侵害…150
3 防衛行為者としての資格…151
(1) 侵害の予期…151
(2) 侵害の自招…153
(3) 他人のための正当防衛…155
4 防衛の意思…155
5 防衛行為としての相当性…156
(1) 判例の展開…156
(2) 必要最小限度性と相当性の関係…157
6 過剰防衛とその限界…158
7 誤想防衛・誤想過剰防衛…159
(1) 誤想防衛…159
(2) 誤想過剰防衛…160
8 共犯と正当防衛…161
(1) 正当防衛における共犯の判断…161
(2) 共犯における正当防衛の判断…162

III 緊急避難…163

1 総説…163
2 現在の危難…164
3 避難行為…165
4 補充性…165
5 害の均衡…165
6 人格的価値の比較…166
7 自招危難…168
8 過剰避難…168
9 誤想避難・誤想過剰避難…168

IV 自救行為…169

V 正当行為…169

1 正当行為…170
2 法令行為…170
(1) 職務行為…171
(2) 権利行為…171
(3) 政策的に違法性が阻却される行為…172
3 正当業務行為…172
(1) 労働争議行為…172
(2) 弁護士の弁護活動…173

⑶ 報道機関による取材活動…**173**
⑷ 宗教活動…**174**
⑸ スポーツ活動…**175**

VI 被害者の同意とその周辺…**175**

1 被害者の同意・総説…**175**
2 同意の有効要件…**176**
3 瑕疵ある意思に基づく同意…**177**
⑴ 錯誤に基づく同意…**177**
⑵ 意思抑圧に基づく同意…**178**
4 同意の効果…**179**
⑴ 同意殺人…**179**
⑵ 同意傷害…**179**
5 被害者の同意の周辺…**180**
⑴ 治療行為…**180**
⑵ 安楽死…**181**
⑶ 治療の中止・尊厳死…**182**
⑷ 推定的同意…**182**
⑸ 危険の引受け…**183**

VII 実質的違法性阻却…**183**

1 超法規的違法性阻却…**183**
2 可罰的違法性の否定…**184**

第7章 責任…**186**

I 責任の意義…**186**

II 責任能力…**187**

1 心神喪失・心身耗弱…**187**
⑴ 心神喪失・心神耗弱の意義…**187**
⑵ 責任能力の判断と精神鑑定…**189**
2 原因において自由な行為…**191**
⑴ 問題の所在…**191**
⑵ 学説…**191**
　(a) 構成要件モデル（原因行為説）…**191**　　(b) 責任モデル（例外モデル、結果行為説）…**192**
⑶ 判例…**193**
⑷ 実行行為の途中で責任能力が低下した場合…**194**
3 刑事未成年…**195**

III 故意と違法性の意識の可能性…**196**

1 犯罪事実の認識としての故意——構成要件的故意と責任故意…**196**
2 違法性の意識の可能性…**197**
⑴ 違法性の錯誤と違法性の意識の意義…**197**

目次　**ix**

(2) 違法性の意識の要否をめぐる議論の状況…**197**

(a) 違法性の意識必要説（厳格故意説）…**197**　　(b) 違法性の意識不要説…**198**　　(c) 違法性の意識の可能性必要説…**198**

(3) 違法性の意識の可能性（違法性の錯誤の「相当の理由」）の具体的判断…**200**

3　事実の錯誤と違法性の錯誤の区別…**201**

(1) 問題の所在…**201**

(2) 判例…**201**

(a) 規範的構成要件要素が問題となる場合…**201**　　(b) 犯罪事実自体が法的評価を含む場合…**202**

(c) その他…**202**

IV　期待可能性…**203**

第8章　罪数…**205**

I　罪数論の全体像…**205**

II　本来的一罪…**207**

1　単純一罪…**207**
2　法条競合…**208**
3　包括一罪…**208**

(1) 同種の罪の包括一罪…**209**

(a) 集合犯…**209**　　(b) 接続犯…**209**　　(c) 連続的包括一罪…**209**　　(d) 同一罰条内の複数態様の実現（狭義の包括一罪）…**210**

(2) 異種の罪の包括一罪…**210**

(a) 随伴行為・結果（吸収一罪）…**210**　　(b) 共罰的事前行為・事後行為…**211**　　(c) 混合的包括一罪…**212**

III　科刑上一罪…**213**

1　意義と効果…**213**
2　観念的競合…**214**
3　牽連犯…**215**
4　かすがい現象…**216**
5　共犯と罪数…**217**

IV　併合罪…**218**

1　概要…**218**
2　数罪の一部に確定裁判があった場合（併合罪と単純数罪）…**219**

第9章　刑罰…**221**

I　刑罰の種類・内容…**221**

1　死刑…**221**
2　懲役・禁錮・拘留…**222**

⑴ 意義…**222**

⑵ 受刑者の処遇…**223**

⑶ 仮釈放と保護観察…**224**

(a) 仮釈放…**224**　　(b) 保護観察…**224**

3　罰金・科料…**225**

4　没収…**225**

II　刑罰の適用…**228**

1　法定刑・処断刑・宣告刑…**228**

⑴ 法定刑の把握…**228**

⑵ 処断刑の形成…**229**

⑶ 宣告刑を先取りした判断…**230**

2　量刑…**230**

⑴ 量刑の基本的考え方…**230**

⑵ 量刑傾向の意義…**232**

⑶ 死刑選択判断…**233**

⑷ 刑の免除…**234**

3　刑の執行猶予…**234**

⑴ 刑の全部執行猶予…**235**

(a) 概要…**235**　　(b) 運用…**236**

⑵ 刑の一部執行猶予…**236**

(a) 概要…**236**　　(b) 運用…**238**

3　未決勾留日数の算入…**238**

III　刑の執行の減軽・免除と刑の消滅…**238**

第10章　罪刑法定主義と刑法の適用範囲…**240**

I　罪刑法定主義…**240**

1　総説…**240**

2　法律主義…**241**

3　類推解釈の禁止…**242**

4　遡及処罰（事後法）の禁止…**243**

5　刑罰法規の適正…**244**

⑴ 明確性の原則…**244**

⑵ 過度に広範な刑罰法規と合憲限定解釈…**245**

⑶ 罪刑の著しい不均衡…**245**

IV　刑法の適用範囲…**246**

1　刑法の時間的適用範囲…**246**

⑴ 総説…**246**

⑵ 刑の廃止…**246**

⑶ 刑の変更…**247**

2　刑法の場所的適用範囲…**247**

(1) 国内犯…**247**
(2) 国外犯…**248**

事項索引…**249**
判例索引…**258**

略語一覧

Ⅰ 法令名
＊刑法の条文は、括弧内では条数のみで示した。

刑事収容施設法	刑事収容施設及び被収容者等の処遇に関する法律
刑訴法	刑事訴訟法
憲法	日本国憲法
自動車運転死傷処罰法	自動車の運転により人を死傷させる行為等の処罰に関する法律
精神保健福祉法	精神保健及び精神障害者福祉に関する法律
臓器移植法	臓器の移植に関する法律
組織的犯罪処罰法	組織的な犯罪の処罰及び犯罪収益の規制等に関する法律
鳥獣保護法	鳥獣の保護及び管理並びに狩猟の適正化に関する法律
道交法	道路交通法
麻薬特例法	国際的な協力の下に規制薬物に係る不正行為を助長する行為等の防止を図るための麻薬及び向精神薬取締法等の特例等に関する法律
薬物法	薬物使用等の罪を犯した者に対する刑の一部の執行猶予に関する法律

Ⅱ 判例集

刑集	大審院刑事判例集／最高裁判所刑事判例集
刑月	刑事裁判月報
刑録	大審院刑事判決録
裁判集刑	最高裁判所裁判集刑事
高刑集	高等裁判所刑事判例集
高刑速	高等裁判所刑事裁判速報集
高検速報	高等裁判所刑事裁判速報
高刑判決特報	高等裁判所刑事判決特報
東高刑時報	東京高等裁判所刑事判決時報
下刑集	下級裁判所刑事裁判例集
裁時	裁判所時報
判時	判例時報
判タ	判例タイムズ

第1章

犯罪論の基礎

　刑法を学ぶ目的のうち、優先度が高いのは、犯罪の成立要件を理解したうえ
で、それを事例にあてはめ、「○○罪が成立するか」を判断する能力を身に付
けることである。本書では、次章から第7章までで、犯罪の成否の判断に関わ
る多くの問題を扱うが、本章では、犯罪成立要件の見取図を描くことで、次章
以降の説明を理解するための前提を整える。

I　刑法と刑法学

　刑法は、どのような行為が犯罪となり、それに対していかなる刑罰が科され
るかを定めた法である（実質的意義の刑法）。その中核部分は、「刑法」という名
の法律（形式的意義の刑法。刑法典）に規定されているが、ほかにも犯罪と刑罰
を定める多数の法律がある（たとえば、「自動車の運転により人を死傷させる行為等
の処罰に関する法律」を六法で引いて眺めてみよう）。

　刑法は、法的保護に値する利益（「法益」という）を守るために、さまざまな
行為を犯罪とし、刑罰（死刑、懲役、罰金など）の対象としている。たとえば、
個人的法益である人の生命を保護するために殺人の罪（199条以下）が、社会的
法益である公共の安全を保護するために放火の罪（108条以下）が、国家的法益
である公務員の職務の公正とそれに対する信頼を保護するために贈収賄の罪
（197条以下）が定められている。

　刑法を扱う刑法学のうち、大学の講義等で中心となる刑法解釈学は、条文や
その背後にある考え方を研究して、犯罪と刑罰に関するルールを詳らかにする

ことを任務とする。そのうち、特に犯罪の成立要件を論じるのが犯罪論である。行為を犯罪として、刑罰という最も峻厳な制裁の対象とすることは、法益保護のために他の施策では不十分であるときに、断片的かつ謙抑的に行う建前である（刑法の補充性・断片性・謙抑性）。そうした見地も踏まえ、犯罪の成立要件については、慎重かつ厳密な検討が行われる。

　刑法解釈学は、刑法総論と刑法各論に分かれる。刑法総論は、犯罪一般に広く妥当することがらを扱い、刑法各論は、殺人、傷害、窃盗、強盗、詐欺、放火、贈収賄といった個別の犯罪を扱う。大まかには、刑法典の「第1編　総則」の内容は刑法総論、「第2編　罪」（各則という）の内容は刑法各論の対象である。なお、「第1編　総則」の規定は、8条により、刑法典以外の罪にも適用される。

　本書が扱うのは、刑法総論である。そこでは、およそ犯罪たるもの、どのような性質を備えていなければならないか、が中心的な関心事となる。

刑法総論を学び始めるにあたって知っておきたい犯罪

　「およそ犯罪」の成立要件といっても、具体的な罪名をイメージせずに学ぶことはできない。人に攻撃を加える行為について問題となる代表的な犯罪の種類は、学習の初期段階から知っておきたい。具体的には——

　Ⅰ殺意をもって行った行為により、①人を殺害すれば殺人（既遂）罪（199条）、②殺害を遂げなければ（傷害を負わせた場合を含め）殺人未遂罪（203条、199条）である。

　Ⅱ殺意なく、人の身体に故意に暴行を加えれば、少なくとも③暴行罪（208条）にあたり、よって④傷害を負わせれば傷害罪（204条）、⑤死亡させれば傷害致死罪（205条）となる。なお、傷害の故意で暴行を加えたが傷害結果に至らなかった場合も暴行罪であり、「傷害未遂罪」は存在しない。

　Ⅲ暴行の故意すらなく、不注意で死傷させてしまった場合は⑥過失致死傷罪（209条以下）である。

　基本的に、故意（殺人の故意や暴行の故意）と結果の組合せで罪名が決まることが分かるであろう。事例問題等でも、故意の有無・内容と結果に着目して罪名のめぼしをつけたうえで、成立要件を論じていくのが便宜である。

002

II　犯罪論の体系

犯罪は、「構成要件に該当し、違法かつ有責な行為」と定義される。ある行為が犯罪になるためには、①構成要件に該当し、②違法であり、③有責である（責任がある）ことが必要である。その意味を、順次説明していこう。

1　構成要件該当性

(1)　構成要件とは

構成要件とは、法律が定める各犯罪の型のことをいう。行為が構成要件に該当することが、犯罪の第一の成立要件である。

構成要件の内容は、基本的に、その犯罪を定めた条文に書かれている。殺人であれば「人を殺した」（199条）、窃盗であれば「他人の財物を窃取した」（235条）という具合である。刑法は、各種の犯罪の構成要件を条文に定めることにより、いわば犯罪のカタログを国民に示しているといえる。

もっとも、条文をただ読むだけで構成要件の内容が分かるわけではなく、その解釈を要する。刑法各論では、たとえば、出産の過程で胎児はいつから「人」になるのか、脳死状態に陥ってもまだ生きている「人」なのか、といった議論を学ぶが（→各論6頁）、殺人罪や傷害罪など「人」に対する犯罪の構成要件の内容は、そうした議論において一定の立場をとることではじめて確定する。また、条文上明記されていない要件が解釈上要求される場合もある。たとえば、窃盗罪については、235条が明記する「他人の財物を窃取した」（意思に反して占有移転した）という要件に加えて、書かれざる要件として、「不法領得の意思」が必要であり、嫌がらせのために他人の物を持ち去って廃棄するような場合には、同罪は成立せず、器物損壊罪（261条）が成立するにすぎないと解されている（→各論90頁）。そのような意味で、構成要件とは、正確には、法律の解釈により導かれる、各犯罪の型をいうことになる。

第1章　犯罪論の基礎

罪刑法定主義と構成要件

　犯罪の成立のために構成要件該当性が要求されることは、反社会的な行為であっても、立法による犯罪化を待たなければ、処罰し得ないことを意味する。これは刑法に特有の「罪刑法定主義」の帰結である。

　罪刑法定主義とは、いかなる行為が犯罪となり、どのような刑罰が科せられるのかは、予め法律で定められていなければならないという原則をいう。これは、為政者による恣意的な弾圧手段として刑罰が濫用された歴史を背景に、法治国家の基本原則として広く承認されている。いかなる行為を刑罰の対象にするかは、国民がその代表を通じて議会で決めるべきであるという考慮（民主主義の要請）、および、罪刑が法定されず、何をしたら処罰されるか分からないことになると、国民に萎縮効果が生じ、その自由が過度に制約されるという考慮（自由主義の要請）がその理論的基礎をなしている。

　罪刑法定主義については、「類推解釈の禁止」「遡及処罰の禁止」といった下位原則も重要だが、それらは本書第10章で扱う。現段階では、罪刑法定主義の要請から、法律の定める要件にあたらないと処罰できないため、構成要件該当性が第一の犯罪成立要件となるとされていることを知っておこう。

(2)　構成要件の構造と構成要件要素

　構成要件が、刑罰法規の解釈により導かれる各犯罪の型をいうとなると、構成要件の内容を知るには、究極的には、刑法各論を学ぶ必要があることになるが、刑法総論では、犯罪横断的に、構成要件の構造が分析される。

　たとえば、殺人罪にいう「人を殺した」は、①人の死亡を生じさせる現実的危険性を有する行為（殺人の「実行行為」）、②死亡の「結果」、③それらの間の「因果関係」、④殺人の「故意」（構成要件的故意）の４要素から成る。この①から④のように、構成要件に該当するために充足すべき要素のことを、「構成要件要素」という。

　①②③は基本的に外形的事実であり、④は行為者の内心の問題であるので、前者を「客観的構成要件要素」、後者を「主観的構成要件要素」という。

　客観的構成要件要素として、①実行行為とは別に、②結果と③因果関係の認

定を要する犯罪のことを「結果犯」という。殺人罪のほか、傷害致死罪、傷害罪、過失致死傷罪は、結果犯である。それに対して、たとえば、暴行罪や住居侵入罪（130条前段）は、「暴行」「侵入」という実行行為（挙動）が行われれば成立し、それとは別に結果発生の認定を要しない「挙動犯」であるとされる。もっとも、「暴行」とは、人の身体に対する不法な有形力の行使をいうところ、有形力の作用が人の身体に及ばなければ該当しない。「侵入」とは、住居等に住居権者等の意思に反して立ち入ることをいうところ、行為者の身体全部が住居等に入ってはじめて既遂となる。その意味で、結果が不要であるわけではないが、日常的な認定において、実行行為と結果が一体的に把握される犯罪を挙動犯と呼んでいることになる。

　主観的構成要件要素として故意を要する犯罪を「故意犯」という。犯罪は原則として故意犯であり（故意犯処罰の原則〔38条1項本文〕）、殺人罪はその典型である。故意が認められるには、その罪の客観的構成要件に該当する事実の認識を要する（このように、〔客観的〕構成要件が故意の認識対象を画する機能のことを「構成要件の故意規制機能」という）。

　これに対し、たとえば、傷害罪（204条）は、ⅰ傷害の故意をもって人を傷害した場合（故意犯）のほか、ⅱ暴行のみの故意で暴行を加え、傷害結果を生じさせた場合にも成立する（→各論21頁）。このⅱの類型のように、基本となる犯罪（基本犯。ここでは暴行）を故意で行い、それにより重い結果（加重結果。ここでは傷害）を引き起こすことを構成要件の内容とする罪を「結果的加重犯」という。傷害罪のⅱのパターンのほか、傷害致死罪（205条）が典型である。

　このように基本構造を理解しておければ、各犯罪の構成要件について、実行行為は何か、結果は何か（必要か）、故意は必要か、どのレベルの故意が必要か、といった形で内容を整理でき、他の犯罪との区別もしやすくなる（他の犯罪との区別の基準を示す機能を「構成要件の犯罪個別化機能」という）。事例問題でも、特に最初のうちは、各犯罪で要求される実行行為、結果、因果関係、故意を、事例のどこから認定できるかを逐一確認するよう心がけるとよいであろう。

第1章　犯罪論の基礎　005

(3) 構成要件該当性のバリエーション
──作為犯と不作為犯／単独正犯と共同正犯／直接正犯と間接正犯

　刑法総論を学ぶうえで、同じ構成要件でも、その該当のしかたにバリエーションがあることの理解が重要である。

　まず、犯罪は、行為者の積極的な動作（作為）について成立する場合（「作為犯」）が多い。それに対し、親が乳児に食事を与え「ない」で死亡させるというように、一定の作為をしないこと（不作為）が構成要件に該当する場合もあり、「不作為犯」という（不作為犯には、不退去罪〔130条後段〕のように、条文が構成要件の内容として不作為を明示している「真正不作為犯」もあるが、刑法総論を学ぶうえでより重要であるのは、殺人罪のように、通常は作為により実現される構成要件を不作為で実現する「不真正不作為犯」である）。

　次に、ある者の行為が、単独で構成要件に該当する場合を「単独正犯」という。これに対し、複数の者が被害者の首を絞める紐の両端を引っ張る、一人が暴行を加えている間にもう一人が被害者の所持品を奪う、殺害を話し合い、一人が拳銃を調達し、それを用いてもう一人が被害者を銃殺するというように、「共同して犯罪を実行した」（60条）といえる場合、全員の行為を一体的にとらえて構成要件該当性を判断したうえで、各人にその犯罪の構成要件該当性を認めることができる（一部実行全部責任の原則）。これを「共同正犯」という。

　また、行為者自身の身体的動作が構成要件に直接該当する「直接正犯」のほかに、分別のつかない子供に万引きをさせるなど、他人を道具として利用することで、利用者にその犯罪（この事例では窃盗罪）の構成要件該当性が認められる場合もあり、「間接正犯」という。共同正犯との区別のさしあたりのイメージとしては、各人が犯罪を一緒になってやった主体としてとらえられる場合は共同正犯、一方が他方を主体性に乏しい道具として利用している場合は間接正犯と考えておいてほしい。

　犯罪の基本型は、作為・単独・直接正犯であるので、本書では、第2章で、この型を念頭に、構成要件該当性の判断のありかたを詳しく説明する。そのうえで、応用型として、共同正犯や間接正犯など、複数人が関与するパターンを第3章でとりあげる。そして、第4章で不作為犯を扱う。

2　違法性

犯罪成立の第二の要件は、行為が「違法」であることである。違法であるとは、法的に許容されない、刑法上禁圧されるべき、といった意味である。

殺人、傷害、窃盗といった構成要件は、法益を侵害し、または危険にさらす違法行為を類型化したものであるから、それに該当する行為は、原則として違法である。その意味で、構成要件該当性が肯定されると、違法性が推定される（「構成要件の違法性推定機能」という）。

もっとも、構成要件に該当する行為であっても、例外的に、法的に許容される、つまり違法性が否定されることもある。そうした場合を「違法性が阻却される」（または「正当化される」）といい、違法性を阻却する事由のことを「違法性阻却事由」（または正当化事由）という。

刑法総則上の違法性阻却事由は、①「法令又は正当な業務による行為」（35条。正当行為）、②「急迫不正の侵害に対して、自己又は他人の権利を防衛するため、やむを得ずにした行為」（36条。正当防衛）、③「自己又は他人の生命、身体、自由又は財産に対する現在の危難を避けるため、やむを得ずにした行為」（37条。緊急避難）の３種である。

これらの違法性阻却事由の内容およびその周辺問題を本書第６章で扱う。

3　責任（有責性）

構成要件に該当し、違法性も阻却されない行為であっても、たとえば、5歳児の万引きに対して刑罰を科そうとは思わないであろう。刑罰は、違法行為に対する非難という特別の意味を含む（その意味で本質的に「応報」である）ところ、非難を行為者に向けるには、その者の主観的な能力や認識内容、置かれた状況からして、当該行為に及んだ意思決定を非難されても仕方がない（非難可能性がある）といえることが必要である。この非難可能性のことを「責任」といい、それが犯罪成立の第三の要件である。責任がある限度でしか処罰は認められない（責任なければ刑罰なし）という原則を「責任主義」という。

刑法は、「心神喪失者」（39条１項）と刑事未成年者（41条。14歳未満）は責任

第1章　犯罪論の基礎　**007**

能力を欠くとしている。心神喪失者は、精神の障害により、行為の是非を弁別し、それに従って行動を制御する能力がない状態の者である。たとえば、統合失調症による幻覚や妄想の圧倒的影響に支配されて犯行に及ぶ場合がこれにあたる。責任無能力者も、殺人や窃盗をすることが法的に許容されているわけでは決してないが、刑罰による非難の対象にはできないという評価を示す点に、違法性を欠く場合と責任を欠く場合を区別する意味がある。

この責任能力や、責任のその他の要件（責任故意、違法性の意識の可能性、適法行為の期待可能性）について、本書第7章で検討する。

犯罪成立要件でないもの──処罰条件・処罰阻却事由

「公務員になろうとする者」を主体とする事前収賄罪（197条2項）は、その者が「公務員となった場合」に限り処罰される（→各論277頁）が、通説は、この公務員への就任を、犯罪の成立要件ではないが、処罰の条件にはなる要素と解しており、そのようなものを「客観的処罰条件」という。また、一定の親族間の財産犯について刑を免除する特例（244条1項）（→各論94頁）における親族関係のように、犯罪の成立を否定しないが、処罰の可能性を否定する（人的属性等の）要素のことを「（一身的）処罰阻却事由」という。伝統的理解によれば、これらは行為の違法性や責任の評価とは別の、処罰の政策的必要性という観点から定められたものである。

処罰条件や処罰阻却事由については、今は、「そんな言葉があったな」というくらいで、出てくる都度、理解を試みるということで十分である。

本章で概説した犯罪論の体系と代表的な構成要件の内容をビジュアルに示したのが、次頁のチャート図と表である。次章から第7章までを読むにあたっては、自分がこの図のどの位置にいるのかを意識することを心がけたい。

犯罪論の体系

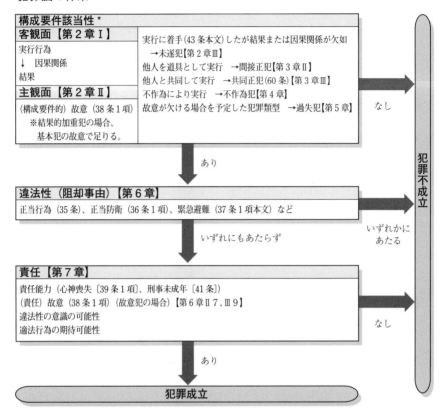

第1章 犯罪論の基礎

第2章

構成要件該当性I──基本型

　本章では、犯罪の最も基本的な形態である故意作為単独犯を念頭に、構成要件の各要素について説明する。複数人が犯罪に関与した場合については第3章で、不作為によって犯罪を実現した場合については第4章で、犯罪が過失により引き起こされた場合については第5章で扱う。従来の一般的な教科書とは章立ての構成が大きく異なるが、まずは比較的構造が単純な基本形態の構成要件をマスターし、その後に特殊形態を学ぼうというのが本書の狙いである。

I　客観的構成要件要素

1　主体

(1)　主体が限定されていない犯罪

　犯罪の主体は、「人」である。条文には「人が」とは書かれていないが、「……した者は」という文言から、人が主体として想定されていることが読み取れる。

　刑法典上の犯罪の主体は自然人であり、法人は含まれない（大判昭和10・11・25刑集14巻1217頁参照）。

特別法上の両罰規定による法人処罰

　特別法には、「法人の代表者又は法人若しくは人の代理人、使用人その他の

従業員が、その法人又は人の業務又は財産に関して、次の各号に掲げる規定の違反行為をしたときは、行為者を罰するほか、その法人又は人に対しても、当該各号に定める罰金刑を科する」といった形式の規定が多数存在する。違反行為を行った者に加えて、事業主たる法人または自然人に対しても刑罰を科すものであることから、両罰規定と呼ばれる。たとえば、ある会社の従業員が、その会社の業務に関し、不法に廃棄物を投棄した場合には、廃棄物の処理及び清掃に関する法律25条1項14号によってその従業員が処罰されるだけでなく、同法32条1項1号よってその会社に対して3億円以下の罰金刑が科される。現行法上、法人が処罰されるのは、両罰規定がある場合に限られる。

両罰規定によって違反行為を直接に行った者に加えて事業主が処罰される根拠について、判例は、過失推定説という理論を用いて説明している（最大判昭和32・11・27刑集11巻12号3113頁、最判昭和40・3・26刑集19巻2号83頁）。すなわち、事業主が、直接行為者による違反行為を防止するために、その者の選任、監督にあたり社会生活上必要とされる注意を払わなかったという意味での過失があったことを推定したものと解するのである。過失が推定される以上、事業主は、選任・監督にあたり過失がなかったことを反証しない限り、処罰を免れることはできない。

(2) 主体が限定されている犯罪——身分犯

犯罪の中には、行為者が一定の属性を有することを要件とするものもある。このような犯罪を身分犯という。身分犯には2種類のものがある。一つは、行為者に所定の身分がなければ犯罪を構成しないものであり、真正身分犯または構成的身分犯と呼ばれる。もう一つは、行為者が所定の身分を有することにより法定刑が加重または減軽されるものであり、不真正身分犯または加減的身分犯と呼ばれる。前者の例として収賄罪（197条1項）を、後者の例として業務上堕胎罪（214条）を挙げることができる。

2 行為（実行行為）

行為とはなにかという問題をめぐっては、かつて激しい論争があったが、さ

しあたり「意思に基づく身体の動静」と理解しておこう。この定義からは、睡眠中の寝返りなど意思に基づかない動作は刑法上の行為から除外される。しかし、実際の事例で上記のような意味での行為の存否が問われることは滅多になく、事例問題において行為性を論点として顕出化させる必要もないと考えてよい。

通説によれば、構成要件要素としての行為は、犯罪行為としての実質が認められるものに限定される。このような行為のことを、実行行為という（「構成要件該当行為」とか「構成要件的行為」という表現が用いられることもあるが、これらは実行行為と同義のものと考えてよい）。

実行行為とは、通説によれば、構成要件要素としての結果（構成要件的結果）を発生させる現実的危険性を有する行為をいう。実行行為性を有しない行為からたまたまある犯罪の構成要件的結果が発生したとしても、その犯罪が成立しないどころか、未遂も成立しない。その例として、友人が飛行機事故で死ぬことを期待し、海外旅行を勧めたところ、本当に飛行機が墜落してその友人が死亡したという事例がしばしば挙げられる。飛行機に搭乗して海外旅行に行くことを勧める行為は、殺人の結果発生の現実的危険性を有しないから、殺人罪はもとより、殺人未遂罪も成立しない（もっとも、同機には爆弾が仕掛けられており、その事実を知ったうえで同機に搭乗することを勧めたという場合には、殺人罪の現実的危険性を有する行為を故意に行ったといえるため、同爆弾の爆発により同機が墜落して友人が死亡すれば、殺人罪が成立する）。

なお、「現実的危険性」があるといえるためには、構成要件的結果が発生する高度の可能性までは必要ない。重要なのは、社会生活上許容される限度を超えた危険を創出させたか否かである。したがって、通説が用いる「現実的危険性」という表現は、ややミスリーディングである。

3 結果

構成要件的結果とは、構成要件が行為から発生することを要求している一定の事態のことをいう。結果を構成要件要素とする犯罪を結果犯という。構成要件的結果と法益侵害との関係により、犯罪は、侵害犯と危険犯に区別できる。法益侵害を構成要件的結果の内容とする犯罪を侵害犯という（たとえば、殺人

罪)。これに対し、法益侵害の危険を構成要件的結果とする犯罪を危険犯という。危険犯は、さらに2種類に分かれる。一つは、条文上、明示的に法益侵害の危険が構成要件要素とされているものであり、具体的危険犯と呼ばれる。もう一つは、条文上、明示的には法益侵害の危険が構成要件要素とされていないものであり、抽象的危険犯と呼ばれる。抽象的危険犯に分類される犯罪は、類型的に法益侵害の危険を有しており（たとえば、扶助を必要とする者を遺棄する〔217条〕ことは、類型的にその者の生命・身体に対する危険を有する）、そのため刑法上の禁止の対象とされている。

4　因果関係

結果犯の既遂が成立するためには、実行行為と構成要件的結果との間の因果関係が必要となる。両者の間の因果関係が否定される場合は、未遂犯が成立しうるにとどまる。

刑法上の因果関係は、単なる自然科学的な意味のものではなく、結果を実行行為の仕業として帰属させるべきかという刑法的評価の問題である。もっとも、刑法的評価の前提として、実行行為と結果との間に事実的なつながりがなくてはならない。以下では、実行行為と結果との間の事実的なつながりの関係である条件関係と、刑法上の帰属判断である法的因果関係に分けて説明する。ただし、条件関係の有無の問題は、作為犯の場合にはほとんど顕在化することはない。以下に出てくる因果関係の断絶の事例や、付け加え禁止の原則に関する事例は、思考実験のための仮想事例であり、実際の事件で問題になることは想定しづらい。そのため、事例問題を解く際には、作為犯については、条件関係の判断をスキップしての法的因果関係（後述(2)）の判断に入っても差し支えない。これに対し、不作為犯については、条件関係の判断は慎重に行わなければならない（後述(1)(b)）。

(1)　条件関係
(a)　条件公式
条件関係とは、「その行為がなかったならば、その結果は生じなかったであ

ろう」という公式（条件公式）で表現される関係である。たとえば、XがAの心臓をピストルで撃ち抜き、よってAが死亡した場合、Xの射撃行為がなければAは死亡しなかったであろうから、Xの行為とAの死亡との間には条件関係が認められることになる。

条件関係が否定される例として、「因果関係の断絶」がある。たとえば、XがAを殺害しようとしてAのコーヒーに毒を混入させて飲ませたが、その毒が効果を現す前に散歩中に自動車にひかれて死亡したという場合がこれにあたる。この場合、毒を飲ませなくともAは死亡していたといえるから、Xの毒入りコーヒーを飲ませる行為とAの死亡との間の条件関係は否定される。これに対し、毒の効果で体調に変調をきたし、散歩中に路上でうずくまったところを自動車にひかれて死亡したという場合には、毒を飲ませなければその場で自動車にひかれて死亡することはなかったといえるので、条件関係は肯定される。

条件公式の適用は一見明快にみえるが、注意すべき点もある。

まず、条件関係の判断の対象となる結果は、個別・具体的な「その時点、その場所における、そのような態様での結果」でなければならない。たとえば、殺人を例にとれば、実行行為との間の条件関係が問われるのは、時間・場所・態様の点で具体化された形での死である。このような限定をかけず、「およそ死亡」といった抽象的な結果を対象に条件公式を適用すると、人間はいつか必ず死亡するものであるから、殺人の実行行為と死亡との間の条件関係は常に否定されるという不合理な結論になってしまう。したがって、死期が迫った患者に毒を与えて死期を早めさせる場合にも、条件関係は認められる。毒を飲まさなければ、その時点での中毒死という具体的な結果は発生しなかったといえるからである。

次に、条件公式の適用にあたっては、現実に存在している事実を前提にし、そこから実行行為を取り除いて判断すべきであり、他の行為や事実といった現実には存在しなかった仮定的事情を付け加えてはならない（付け加え禁止の原則）。実際には生じ得ない例ではあるが、死刑執行官Aが死刑を執行するためのボタンを押そうとした瞬間に、XがAを突き飛ばしてボタンを押し、死刑囚Bを殺害したという例で考えてみよう。この場合、仮にXの行為がなかったとしても、Aの行為によりほぼ同時刻に、同じ場所で、同じ態様でBの死

亡という結果が生じたといえる。しかし、現実には行われていない A の行為を付け加えて X の行為と B の死亡との間の条件関係を否定してはならない。

(b)　不作為の場合の条件公式の適用

刑法上、不作為とは、一定の期待された行為を行わないことを指す。そのため、不作為犯が問題となる事例において「その行為がなかったら」というのは、「法的に期待された作為があったら」ということにほかならない。法的に期待された作為があったら結果は生じなかったといえるかどうかは確率判断だが、判例は、不作為の因果関係が認められるためには、結果の不発生が合理的な疑いを超える程度に確実であることが必要であるとしている（最決平成元・12・15刑集43巻13号879頁参照。→131頁）。

(2)　法的因果関係──概説

条件関係の存在のみで刑法上の因果関係を肯定する見解を条件説という。条件説に立つと、実行行為後に偶然の事情が介在して結果を発生させた場合にまで刑法上の因果関係が肯定されることになる。たとえば、傷害の故意で被害者の腕をナイフで切りつけて怪我をさせたところ、被害者が救急車で病院に搬送中に交通事故に巻き込まれ、頭部を強打して死亡したといった事例（救急車事例）でも、傷害の実行行為と死亡との間の因果関係が肯定されることになる。しかし、このような場合にまで刑法上の因果関係を肯定することは不当である。そこで、条件説よりも刑法上の因果関係が認められる範囲を限定する基準が問題となる。なお、因果関係はあらゆる結果犯の要件であるが、判例で問題となり、学説上の議論の対象となるのは、ほとんどが実行行為と死亡との間の因果関係である。因果関係が存否の問題が議論の俎上に載る犯罪は、殺人罪、傷害致死罪、業務上過失致死罪（加えて、自動車の運転により人を死傷させる行為等の処罰に関する法律〔以下、自動車運転死傷処罰法〕5条の過失運転致死罪）、死亡を加重結果として定める結果的加重犯が大半を占める。

(3)　法的因果関係──学説

(a)　相当因果関係説

法的因果関係の判断方法について、かつては、相当因果関係説と呼ばれる見

解が通説であった。この見解は、実行行為と結果との間に条件関係が認められることに加え、因果経過が社会生活上の経験に照らして相当といえる場合に限り、因果関係を認めるべきだとする見解である。同説の特徴は、実行行為から結果に至るまでの間の全事情から因果経過の相当性判断の基礎となる事情を取捨選択したうえで、判断の基礎として選択された事情を社会生活上の経験に照らして観察し、因果経過が相当であったと評価できるかを判断するという方法をとるところにある。

　相当因果関係説の内部では、相当性判断の基礎事情の取捨選択の方法について、客観説と折衷説が対立していた。両説で結論が分かれるのは、実行行為時に行為者も一般人も気づき得ないような特殊事情が存在しており、それが結果発生に影響を与えた場合である。たとえば、XがAの胸の辺りを両手で突く暴行を加えたところ、心臓疾患を有していたAが転倒の際の衝撃で死亡したという事例（心臓疾患事例）がこれにあたる。折衷説は、仮に一般人が行為者と同じ立場に置かれたとしても気づかないような事情は、相当性判断の基礎から除外すべきだとする。そのため、暴行時にはAの心臓疾患について一般人が気づき得ない場合には、暴行と死亡との間の因果関係が否定されることになる。心臓疾患があったということを基礎事情から除外すれば、Xの暴行により転倒した際の衝撃でAが死亡することは相当な因果経過とはいえないからである。これに対し、客観説は、実行行為時に存在した全事情を相当性判断の基礎に置くべきだとする。心臓疾患事例では、心臓疾患の事実を基礎事情に入れれば、上記因果経過は相当なものといえるため、暴行と死亡との間の因果関係が肯定されることになる。

　一方、実行行為後に介在した事情が結果発生に影響を与えた場合については、折衷説・客観説ともに、仮に一般人が行為者と同じ立場に置かれたとしても予見できないような介在事情は相当性判断の基礎から除外すべきだと主張する。救急車事例については、実行行為の時点では、その後に被害者が交通事故に巻き込まれることを一般人も予見できなかったといえるから、どちらの説によっても、傷害行為と死亡結果との間の因果関係が否定されることになる。

　相当因果関係説は、後述の米兵ひき逃げ事件で最高裁によって採用されたように見えたが、その後の判例では同説の基準を用いたものはほとんど見当たら

ず、裁判実務は明らかに同説からは距離を置いている。むしろ、同説は、その問題点が判例によって浮き彫りにされた結果、現在では学説上も支持を失いつつある。具体的には、後述する「直接実現類型」に属する事例で因果関係を肯定する結論を同説からはうまく導き出すことができないこと、予見可能性という基準だけでは個別事案における微細な事情を十分に評価することができず、事例処理の際に説得力ある説明を提示できないことなどの問題がある。

(b) 危険の現実化説

現在有力化しているのは、「実行行為の危険が現実化したといえるか」を基準に刑法上の因果関係を判断すべきだとする見解である。この見解は、危険の現実化という視点から判例の事案を類型化し、その結論を合理的に説明することを試みるものである。類型化の方法は一枚岩ではないが、以下では、本説の主張者らによって提示されている分類を手掛かりに重要判例をみることにする。

(4) 法的因果関係——判例

かつては、判例は条件説をとっていると評されることもあったが、条件関係が認められる場合でも因果関係を否定した例は存在する。ただし、その数はきわめて少ない。判例は、因果関係の判断方法に関する一般的な基準を提示することなく、個別事案の解決を通じてその考え方をモザイク的に明らかにしているとされているが、学説からは、判例は実行行為の危険が現実化したかという観点から因果関係を判断しているのではないかという分析がなされている。現に、最近では、因果関係を肯定する際に「危険が現実化した」という表現を用いた例も現れている（最決平成22・10・26刑集64巻7号1019頁）。ただ、危険の現実化という基準は抽象度が高く、このフレーズのみを暗記したからといって的確な事例処理ができるわけではない。判例の考え方は事例類型ごとにある程度パターン化できるので、以下ではよく用いられる事例分類にしたがって、代表的な最高裁判例を見て行くことにする。

(a) 行為時の特殊事情

まず、実行行為時に存在した特殊事情が結果発生の一因となった事例類型である。この事例類型に属するものとして、行為者が加えた暴行等と被害者の病

第2章 構成要件該当性Ⅰ——基本型 **017**

変が相まって死亡結果が発生した場合が挙げられる。判例は、当該病変を行為者が認識していたか、一般人に認識し得たかといったことは問わず、因果関係を肯定し、傷害致死罪を認めている。たとえば、顔面への暴行と被害者の脳の高度の病変が相まって死亡結果が生じた事例（最判昭和25・3・31刑集4巻3号469頁）や、暴行と重篤な心臓疾患が相まって急性心臓死が引き起こされた可能性があった事例（最判昭和46・6・17刑集25巻4号567頁）について、それぞれ暴行と死亡結果との間の因果関係が肯定されている。現に存在した事情を基礎に置けば、実行行為の危険が結果に現実化したといえるからであろう。

因果関係判断の起点としての実行行為

　刑法上の因果関係が問われるのは、実行行為と結果との間である。前述した通り、飛行機事故で死亡することを願って友人に海外旅行を勧める行為のように、殺人罪の実行行為性を有しない行為から結果が発生した場合、因果関係の問題を論じるまでもなく、殺人罪の成立は否定される。

　また、犯罪の実行に着手する前の予備の段階で結果が発生した場合も、行為者が行おうとした犯罪の成立は認められないとされている（→50頁）。たとえば、後日同居人のコーヒーに毒を混ぜて殺害するつもりで、毒を調達して戸棚の奥に隠しておいたところ、同居人がそれを砂糖と間違えてコーヒーに入れて飲んで死亡してしまった事例では、殺人罪は成立しない（殺人予備罪と〔重〕過失致死罪が成立する）。この事例では、毒を戸棚に隠しておく行為と死亡との間の因果関係がないのではなく、同行為の時点で殺人が実行の着手の段階にまで至っていなかったことが、殺人罪が成立しない理由になっていることに注意すべきである。

　因果関係を検討するに先立ち、何罪の実行行為と結果との間の因果関係が問題となるのかを意識することを習慣づけて欲しい。

(b)　行為後の介在事情

　次に、実行行為後に介在した特殊事情が結果発生の一因となった事例類型である。この事例類型は、さらに以下の二つの類型に分けることができるとされている。一つは、結果発生に対する実行行為の寄与度が圧倒的であり、その危

険が直接結果に現実化したといえる類型である（直接実現類型）。この類型では、実行行為が介在事情に与えた影響や両者の関連性などを問うまでもなく、因果関係が肯定される。もう一つは、結果発生に対する介在事情の寄与度が無視できない類型である（間接実現類型）。この類型では、実行行為と介在事情の関連性などの観点から、因果関係の判断が行われる。

実行行為後に介在する特殊事情としては、第三者の行為、被害者の行為、行為者の行為などが考えられる。このうち、行為者の行為が介在する場合は罪数の問題も生じるという特殊性があるため、以下では、まず第三者・被害者の行為が介在する場合について説明し、行為者の行為が介在する場合についてはその後に言及することとする。

（i）直接実現類型

この類型の代表例が、最決平成2・11・20刑集44巻8号837頁（大阪南港事件）である。この事件は、被告人が被害者の頭部等に多数回の暴行を加えた上、意識消失状態に陥った被害者を港の資材置場に放置して立ち去ったところ、その後に氏名不詳者が角材で被害者の頭部を数回殴打したという第三者の行為の介在の事例である。被害者の死因は被告人による暴行によって生じた内因性高血圧性橋脳出血であり、氏名不詳者による暴行は、既に発生していた同傷害を拡大させ、幾分か死期を早める影響を与えるものであった。最高裁は、本件のように「犯人の暴行により被害者の死因となった傷害が形成された場合には、仮にその後第三者により加えられた暴行によって死期が早められたとしても、犯人の暴行と被害者の死亡との間の因果関係を肯定することができ」るとして被告人の暴行と死亡との間の因果関係を肯定し、傷害致死罪を認めた。意識不明状態で倒れている者の頭部を角材で数回殴打するという行為は異常であり、被告人も一般人も実行行為の時点ではこのような事情の介在を予見できないであろうから、相当因果関係説に立てば、氏名不詳者による暴行は判断の基礎事情から除外されることになる。そうすると、時間・場所・態様の点で具体化された形での結果との間の因果関係を問うという前提からすると、被告人による暴行から本件での具体的な死亡結果（＝氏名不詳者の暴行によって死期が早められたもの）に至る因果経過は相当とはいえず、因果関係が否定されかねない事案であった。それにもかかわらず、最高裁は、介在事情の異常性は問題に

せず、「暴行により被害者の死因となった傷害が形成された」という点に着目して因果関係を肯定したことから、相当因果関係説の妥当性について疑念が抱かれる状況が生じた。

最決平成16・2・17刑集58巻2号169頁も直接実現類型に分類できる事例である。この事件は、被告人らが鋭利なガラス片で被害者の後頸部等を突き刺すなどの暴行を加えて多量の出血をさせたところ、被害者はすぐに病院に運ばれて緊急手術を受け、術後、いったんは容体が安定したが、その日のうちに容体が急変し、死亡したという事案である。容体急変の原因は被害者が体から治療用の管を抜くなどして暴れたことにあった可能性があるという被害者の行為の介在の事例である。この事件においても、最高裁は、被害者の行為の異常性については触れることなく、被告人らの行為により被害者の受けた傷害が、「それ自体死亡の結果をもたらし得る身体の損傷」であったことを理由に因果関係を肯定し、傷害致死罪を認めた。被害者の行為は実行行為の時点では予見できないものといえそうだが、死亡の危険を減少させるための治療に協力しなかっただけであるため、実行行為の危険が結果にそのまま現実化したと言いやすい事案だったといえよう。

(ii) 間接実現類型

この類型に属する最高裁判例は多数存在する。

最決昭和63・5・11刑集42巻5号807頁は、柔道整復師である被告人が、風邪ぎみだと訴える被害者に対して医学的に誤った指示を繰り返し、被害者もこれにしたがい続けた結果、次第に病状が悪化して死亡したという事案である。最高裁は、「被告人の行為は、それ自体が被害者の病状を悪化させ、ひいては死亡の結果をも引き起こしかねない危険性を有していた」ことを理由に、被告人の過失行為と死亡との間の因果関係を肯定し、業務上過失致死罪を認めた。被害者の行為は不合理なようにも思えるが、被告人の指示のもとで行われたものであることから、死亡は被告人の過失行為の危険が現実化したものだと評価されたのであろう。

最決平成4・12・17刑集46巻9号683頁は、第三者および被害者の不適切な行為が介在した事案である。スキューバダイビングのインストラクターである被告人が、夜間潜水の講習指導中、不用意に移動して指導補助者および受講生

らを見失い、その後、取り残された者らが被告人から事前に与えられていた指示にしたがわずに不適切な行動をとった結果、受講生のうちの1人が水中で空気を使い果たして死亡した。最高裁は、見失うという行為それ自体が、「指導者からの適切な指示、誘導がなければ事態に適応した措置を講ずることができないおそれがあった被害者をして、海中で空気を使い果たし、ひいては適切な措置を講ずることもできないままに、でき死させる結果を引き起こしかねない危険性を持つもの」として、被告人の過失行為と死亡との間の因果関係を肯定し、業務上過失致死罪を認めた。取り残された者らが適切な行動をとっていれば結果は発生しなかったが、彼らの不適切な行動は、夜間潜水に不慣れな者らを見失うという被告人の過失行為に誘発されたものといえるため、その危険が被害者の死亡に現実化したと評価しうる事案であったといえる。

　実行行為によって第三者または被害者の不適切な行為が誘発された事案として、さらに最決平成15・7・16刑集57巻7号950頁（高速道路進入事件）と最決平成16・10・19刑集58巻7号645頁（高速道路停車事件）を挙げることができる。

　高速道路進入事件は、被告人らが、被害者に対し、深夜、公園およびマンション居室内において約2時間45分にわたり暴行を加えていたところ、被害者が隙をみてマンション居室から逃走し、約10分後に同所から約763mないし約810m離れた高速道路に進入し、自動車に衝突されて死亡したという事案である。被害者の行為は無謀かつ危険なものといえるが、最高裁は、「被害者は、被告人らから長時間激しくかつ執ような暴行を受け、被告人らに対し極度の恐怖感を抱き、必死に逃走を図る過程で、とっさにそのような行動を選択したものと認められ、その行動が、被告人らの暴行から逃れる方法として、著しく不自然、不相当であったとはいえない」として暴行と死亡との間の因果関係を肯定し、傷害致死罪を認めた。高速道路への進入という被害者の行動は、一見すると異常にみえるが、長時間にわたる激しくかつ執ような暴行によって精神的に追い詰められた結果として行われたものであり、被告人らの暴行により誘発されたものといえ、著しく不自然、不相当とはいえない。そのため、高速道路上での衝突による死亡は、被告人らによる暴行の危険が現実化したものといえるであろう。

　高速道路停車事件は、未明に高速道路で自動車を運転していた被告人が、高

速道路上で大型トレーラーに対して幅寄せをするなどして、追越車線上に自車を停車させるとともにトレーラーを停車させたうえ、トレーラーの運転者に対して文句を言ったり、暴行を加えたりした後に再び自動車に戻って現場から走り去ったところ、同車線上を後方から進行してきた自動車がトレーラーに衝突し、同車の運転者および同乗者が死傷したという事案である。トレーラーの運転者が自車のエンジンキーをポケットに入れたことを失念して周囲を探すなどして、被告人が走り去ってから7、8分後まで現場に滞留し続けたことが事故の一因となっており、第三者の不適切な行為が介在した類型にあたる。最高裁は、夜明け前の暗い高速道路の追越車線上に自車およびトレーラーを停止させた行為を過失行為と認定したうえで、同行為は「それ自体において後続車の追突等による人身事故につながる重大な危険性を有していた」とし、さらにトレーラーの運転者の不適切な行為は「被告人の上記過失行為及びこれと密接に関連してされた一連の暴行等に誘発されたものであった」として、因果関係を肯定し、業務上過失致死傷罪（当時。現在では、自動車運転死傷処罰法5条の過失運転致死傷罪）を認めた。トレーラーの運転者の不適切な行為を予見できたかではなく、同行為と被告人の行為との結びつきを重視したものといえる。

　以上の事例をみると、高速道路進入事件を除いては、介在事情の予見可能性を想起させる表現は用いられていない。いずれの事案においても、相当因果関係説から同じ結論を導くことは不可能でないと思われるが、実際の因果経過をつぶさに観察し、結果が実行行為の危険から逸脱したものではないかを検討すべきだというのが、実務の感覚なのだろうと思われる。

　間接実現類型の事案の中には、支配・誘発の関係が認められない事例で因果関係を肯定したものとして、最決平成18・3・27刑集60巻3号382頁がある。被告人らが、深夜、自動車の後部のトンク内に被害者を監禁した状態で同車を路上に停車させたところ、前方不注視で後方から走行してきた自動車が時速約60kmの速度で追突し、トランク内にいた被害者が死亡したという事案について、最高裁は、「被害者の死亡原因が直接的には追突事故を起こした第三者の甚だしい過失行為にあるとしても、道路上で停車中の普通乗用自動車後部のトランク内に被害者を監禁した本件監禁行為と被害者の死亡との間の因果関係を肯定することができる」とし、監禁致死罪（221条）を認めた。この事例では、

たしかに、被告人らの行為が第三者による追突を誘発したとまではいえない
が、トランクは人が入ることを想定して設計されておらず、また外部からの衝
撃に弱いため、追突という外部的衝撃に基づく被害者の死亡は、トランク内へ
の監禁行為の危険が現実化したものと評することができよう。これに対し、相
当因果関係説からは、前方不注視の自動車による追突が予見できたかが問われ
ることになるが、これを肯定するとすれば、救急車事例において因果関係を否
定することとの整合性が取れないのではないかという問題がある。

(ⅲ) 行為者の行為の介在類型

　この類型に属するものとして、大判大正12・4・30刑集2巻378頁がある。
この事件は、被告人が殺意をもって被害者の頸部を麻縄で絞めた後、被害者が
死亡したと思い海岸に運んで放置したところ、被害者はまだ生存しており、砂
末を吸引して死亡したという間接実現類型の事案である。大審院は、殺人の目
的で行った行為がなければ、犯行の発覚を防ぐ目的で行った海岸での放置行為
もなかったとし、頸部を麻縄で絞めた行為と死亡との間の因果関係を肯定し、
殺人罪を認めた。殺人行為を行った者が発覚を免れようとする行動に出ること
は珍しくないことから、死亡結果がこの行動を直接の原因として生じたもので
あっても、殺人の実行行為の危険が間接的に実現したもの評価することができ
よう。なお、この事件では、死亡に至る因果経過が被告人の想定していたもの
とは異なっている。そのため、本判決は言及していないが、理論的には、因果
関係の錯誤（→36頁）も問題となる。

　直接実現類型に属すると思われるものとしては、最決昭和53・3・22刑集32
巻2号381頁がある。この事件は、狩猟中に被害者を熊と誤認して猟銃を発射
し、瀕死の重傷を負わせた被告人が、被害者を早く楽にさせようという目的
で、殺意をもってさらに1発を発射して被害者を即死させたというものであ
る。最高裁は、業務上過失致傷罪と殺人罪の併合罪を認めた第一審・第二審の
結論を是認した。最初の発砲を業務上過失「致死」ではなく「致傷」にとどめ
た理由について、以前の学説では、故意の殺人行為の介在により死亡との因果
関係が否定されたものとする評価が一般的であった。しかし、現在では、最初
の発砲が致命傷となっており、とどめの一発が死期を早めただけだとすれば、
大阪南港事件と同様に、因果関係は否定されないはずだとする評価が有力にな

第2章 構成要件該当性Ⅰ——基本型 **023**

っている。この立場からは、死亡結果を二重に評価することを避けるために最初の発砲については業務上過失致傷にとどめたのだという説明がされることになる。

(iv) 否定例

因果関係を否定した最高裁判例としては、最決昭和42・10・24刑集21巻8号1116頁（米兵ひき逃げ事件）がある。この事件は、自動車を運転中の被告人が、過失により、被害者が運転していた自転車に自車を衝突させてはね飛ばし、被害者は自動車の屋根の上に跳ね上げられて意識を失ったが、被告人はそのことに気づかずに走行を続けたところ、同乗者が被害者の存在に気づき、屋根の上にある被害者の身体をさかさまに引きずり降ろして路上に転落させたというものである。被害者は死亡したが、その死因が自動車の衝突によって生じた傷害なのか、路上に転落した際に生じた傷害なのかは確定できなかった。

最高裁は、「右のように同乗者が進行中の自動車の屋根の上から被害者をさかさまに引きずり降ろし、アスファルト舗装道路上に転落させるというがごときことは、経験上、普通、予想しえられるところではな」いとし、死因となった傷害がどちらの行為から生じたのかが確定できない本件では、「被告人の前記過失行為から被害者の前記死の結果の発生することが、われわれの経験則上当然予想しえられるところであるとは到底いえない。」という相当因果関係説を想起させる理由づけをして、業務上過失致傷罪（当時。現在では、自動車の運転により人を死傷させる行為等の処罰に関する法律5条の過失運転致傷罪）の成立を認めるにとどめた。

本件では、自動車による衝突によって被害者が屋根の上に跳ね上げられ、被害者が危険な状況に置かれている。また、被害者が屋根に跳ね上げられなければ、同乗者による引きずり降ろしも行われなかったはずである。そのため、危険の現実化という現在の通説的な枠組みからは、本決定に対する評価は分かれるところである。本決定の結論を現在の観点から説明するとすれば、結果発生の直接の原因となった可能性のある同乗者による故意の暴行（引きずり降ろし）は異常性が甚だしく、被告人の過失行為の危険性が死亡結果に実現したとはいえないと説明することになろうが、因果関係を肯定するという考え方も十分に成り立ちうるところであろう。

II　主観的構成要件要素
──構成要件的故意・構成要件的事実の錯誤

（故意）
38条1項　罪を犯す意思がない行為は、罰しない。ただし、法律に特別の規定がある場合は、この限りでない。
2項　重い罪に当たるべき行為をしたのに、行為の時にその重い罪に当たることとなる事実を知らなかった者は、その重い罪によって処断することはできない。
3項　法律を知らなかったとしても、そのことによって、罪を犯す意思がなかったとすることはできない。ただし、情状により、その刑を減軽することができる。

　犯罪は原則として故意犯である（故意犯処罰の原則〔38条1項本文〕）。たとえば、殺人罪（199条）の構成要件該当性を肯定するためには、実行行為時に行為者が殺人の故意（殺意）を有していることが必要となる（199条は「（故意をもって）人を殺した……」と読むことになる）。

　故意に関して規定するのは38条である。

　故意とは「罪を犯す意思」（38条1項本文）のことである。判例・通説によれば、故意を認めるためには少なくとも「犯罪事実」を認識していることが必要である（故意の内容や種類は「1　構成要件的故意」で学習する）。故意が認められない場合はおよそ不可罰かといえば、そうとは限らない。たとえば、過失犯を処罰する旨の規定があれば、過失犯が成立する可能性がある（38条1項ただし書参照。過失犯について→132頁以下）。

　行為者が主観的に認識した事実と客観的な事実とが一致しないことは珍しいことではない。行為者が主観的に認識した事実と客観的な事実との不一致のことを事実の錯誤という。事実の錯誤の解決方法については、38条2項が限られた内容を規定しているだけであり、それ以外の大部分は解釈に委ねられている（→錯誤の種類や解決方法は「2　構成要件的事実の錯誤」で学習する）。

　判例・通説によれば、故意を認めるためには自己の行為が違法であるという認識（違法性の意識）は不要である（→197頁以下）。この立場からは、38条3項

第2章　構成要件該当性I──基本型　**025**

は、違法性の意識は故意とは無関係であることを規定したものと理解される。

なお、文書偽造罪（155条、159条）における「行使の目的」（→各論201頁）や、窃盗罪（235条）などの領得罪における「不法領得の意思」（→3頁、各論90頁）など、故意以外の主観的構成要件要素もある。

「故意犯処罰の原則」の根拠

犯罪は原則として故意犯であり、また、例外的に過失犯の処罰規定がある場合でも、その法定刑は故意犯の法定刑に比べて軽い。

この理由については、たとえば、①犯罪事実を認識している者には、犯罪の実行を思い止まる契機（反対動機の形成可能性）があったといえ、それにもかかわらず実行を決意した行為者の意思決定は強い非難に値するという説明や、②法益保護を達成するためには意思的に法益を侵害・危殆化しようとする故意行為に対して、より重い規範的評価を加え、より重い刑を科すことが合理的であるという説明などがある。もっとも、これらの説明の内容を理解するには、犯罪論の全体像がある程度把握できている必要がある。そのため、今はこのまま先に進み、もう少し学習が進んでから改めて考える機会を作って欲しい。

1　構成要件的故意

判例・通説によれば、故意を認めるためには少なくとも「犯罪事実の認識・予見」が必要である（行為時に存在する事実には「認識」、行為後に生じる事実には「予見」が用いられる。もっとも、認識は予見を含む広い意味でも使われる）。

(1)　故意の内容——犯罪事実の認識

(a)　認識の要否

(i)　認識を要する事実

故意を認めるためには、行為者が客観的構成要件に該当する事実（主体〔身分〕、客体、結果、因果関係など）を認識していることが必要である（故意の構成要件関連性）。構成要件段階に位置づけられ、客観的構成要件に該当する事実を認

識対象とする故意のことを構成要件的故意という（→改めて9頁のチャート図および表で位置づけを確認してほしい）。

　判例も故意の構成要件関連性を要求していると理解されている。たとえば、メタノールの所持・販売を禁止する規定に違反する罪の成立には、行為者に所持・販売した物が「メタノール」であることの認識が必要であり、それを飲用した場合には身体に有害であることの認識があるだけでは足りないとされている（最判昭和24・2・22刑集3巻2号206頁）。また、判例は、覚醒剤を輸入・所持した者の認識が「覚せい剤を含む身体に有害で違法な薬物類である」というものであった事案において、「覚せい剤かもしれないし、その他の身体に有害で違法な薬物かもしれないとの認識があったことに帰する」として覚醒剤輸入罪・同所持罪の故意を認めている（最決平成2・2・9判時1341号157頁）。最近の判例では、詐欺の被害者が送付した荷物を受け取った者について、「自己の行為が詐欺に当たるかもしれないと認識しながら荷物を受領したと認められ」るとして詐欺の故意が肯定されている（最判平成30・12・11刑集72巻6号672頁、最判平成30・12・14刑集72巻6号737頁）。

　客観的構成要件要素のうち因果関係については、その性質上、詳細まで認識している必要はない。たとえば、ナイフで心臓を刺した場合に、体内で具体的にどのような変化が生じて死亡に至るのかまで詳細に認識する必要はない。

　なお、違法性阻却事由に該当する事実（たとえば、正当防衛〔36条1項〕に該当する事実）も、消極的な意味で認識の対象となる。すなわち、故意犯の成立を認めるためには違法性阻却事由に該当する事実を認識していないことが必要である（正当防衛は適法であり、正当防衛に該当する事実の認識は「犯罪事実」の認識とはいえない）。もっとも、違法性阻却事由に該当する事実は、構成要件的故意の認識対象ではなく、後に学習する責任故意の認識対象である（→159頁、196頁）。

(ⅱ)　認識を要しない事実

　結果的加重犯については、基本犯の客観的構成要件要素については認識が必要であるが、加重結果については認識は不要である。これは、加重結果について認識がある場合には、それを構成要件的結果とする故意犯の成否が問題となるためである。たとえば、傷害致死罪（205条）では加重結果である人の死亡結

第2章　構成要件該当性Ⅰ──基本型　**027**

果の認識は不要であり、人の死亡結果を認識している場合は殺人罪の成否が問題となる。

また、故意を認めるために必要なのは「犯罪事実」の認識であるから犯罪の成立要件ではないものの認識は不要である。たとえば、①客観的処罰条件（事前収賄罪〔197条2項〕における「公務員への就任」がこれにあたるとされる）や、②一身的処罰阻却事由（親族相盗例〔244条1項〕における親族関係など）は故意の認識対象ではない（→8頁）。

故意の判断と「犯罪事実」の理解

　行為者に故意があるか（犯罪事実を認識しているか）を判断するためには、前提として各犯罪の客観的構成要件を正確に理解している必要がある。

　たとえば、「相手を驚かせるために面前で日本刀を振り回す」という認識が暴行の故意といえるかは、暴行罪における暴行と認めるためには行使した有形力が相手の身体に接触することが必要か否かによる。この点について、判例は有形力が身体に接触する必要はないとしている（→各論17頁）。この理解を前提とすると、行為者には日本刀を相手に当てるつもりはなかったとしても、その認識は暴行の事実の認識（＝暴行の故意）と評価される。

(b) 認識の程度

　故意を認めるためには、認識の対象となる事実について、自然的・外形的な事実認識があるだけでは足りず、その「意味の認識」（構成要件該当事実の意味ないし性質に関する素人的理解）が必要である。たとえば、外国語で書かれたわいせつ文書をその言語を理解できない者が頒布した場合には、頒布している文書を自然的・外形的には認識していても、それだけではわいせつ物頒布罪（175条）の故意は認められない。故意を認めるには、少なくとも、意味の認識として「いやらしい」ものであることを認識している必要がある。他方で、正確に法的概念にあてはめて認識する必要まではなく、同罪のわいせつ概念にあてはまるものであることの認識がなかったとしても故意は否定されない（最大判昭和32・3・13刑集11巻3号997頁参照）。

(2) 故意の種類

(a) 意図と確知

犯罪事実の認識があると認められる心理状態には様々な態様がある。

たとえば、①Xがドライブ中に仇敵のAを発見し、是が非でも殺害しようとして自動車で追いかけ回してひき殺した場合のように、単に犯罪事実を認識しているというだけでなく、その実現を意図している心理状態が故意と認められることに争いはない（「意図」）。また、②Xが不当に解雇された会社に対する恨みから自動車で同社のビルに突入したが、その際にビルの前にいる警備員Aが巻き添えになって死亡するのは確実であると認識していた場合のように、犯罪事実の実現を確定的なものとして認識している場合も争いなく故意が認められる（「確知」）。意図と確知をあわせて確定的故意と呼ぶ。

(b) 故意の限界——未必の故意と認識ある過失の区別

判例・通説は、意図や確知の場合以外にも故意と呼べる心理状態があることを認めている（未必の故意）。問題は、未必の故意が認められる範囲・限界であり、これは、未必の故意と認識ある過失の区別の問題として議論されている。

この点に関しては、まず、③Xが自動車で路地を通行するにあたり、不注意にも前方の児童Aの存在に全く気付かずに誰もいないと思って進行し、Aをひいて死亡させてしまった場合のように、行為者が殺人の事実をまったく認識していない場合は、故意が認められず過失犯の問題となる（認識なき過失）。

議論されているのは、④Xが自動車で路地を通行するにあたり、前方に児童Aを認め、ひいてしまうこともありうると思いつつ進行し、Aをひいて殺してしまった場合のように、行為者が犯罪事実の実現の可能性を認識している場合における故意（未必の故意）と過失（認識ある過失）との区別である。

この点について、判例は、認容説に親和的と評価されている。認容説とは、未必の故意を認めるためには犯罪事実を認識していることに加えて、その実現を認容していることが必要であるとする見解である。最判昭和23・3・16刑集2巻3号227頁は、贓物故買罪（現在の盗品等有償譲受け罪〔256条2項〕）に関して、「故意が成立する為には必ずしも買受くべき物が贓物であることを確定的に知って居ることを必要」とせず、「贓物であるかも知れないと思いながらしかも敢てこれを買受ける意思（未必の故意）があれば足りる」と判示しており、

第2章　構成要件該当性Ⅰ——基本型　**029**

この「あえて」が認容を要求する趣旨であるとされている。この認容説によれば、故意とは「犯罪事実の認識・認容」と定義されることになる。

認容説では、認容の有無で未必の故意と認識ある過失とが区別される。この認容は、必ずしも積極的に認容している場合（それでよい、かまわないなど）だけではなく、消極的に認容している場合（やむを得ない、仕方ないなど）にも認められる。前述の④のケースでは、たとえば、Ｘが児童Ａをひいて死亡させるかもしれないがそれでも仕方ないと考えていたのであれば、未必の故意が認められて殺人罪が成立する。これに対して、Ａをひくことはないと考えていたのであれば故意は認められず殺人罪は成立しない。

学説では、結果発生の蓋然性（単なる可能性にとどまらない、ある程度高度の可能性）の認識の有無により未必の故意と認識ある過失とを区別する見解（蓋然性説）も有力である。この蓋然性説によれば、前述の④のケースでは、ＸがＡをひいて死亡させる蓋然性を認識していれば殺人の故意が認められて殺人罪が成立する。これに対して、死亡の可能性しか認識していなかったのであれば故意は認められず殺人罪は成立しない。

もっとも、認容説と蓋然性説とで、実際の事案における結論には大きな差は生じないといわれている。なぜなら、結果発生の蓋然性を認識して行為をした場合で、消極的な認容すら認められないケースは想定し難いからである。認容説からは、たとえ結果の発生を望んでいなかったとしても、結果発生の確実性や蓋然性を認識して行為に出た場合には、消極的認容は認められるものと考えている。

(c) 故意の要素

故意を認めるために必要な要素をめぐっては、犯罪事実の認識があれば足りるとする認識説と、犯罪事実の認識に加えて犯罪事実を実現する意思をも要求する意思説とが対立している。前述の「意図」は意思的要素が際立っている場合であり、「確知」は認識的要素が際立っている場合といえる。

また、未必の故意に関する認容説は、意思説を前提とし、故意と過失との区別を意思的要素すなわち積極的・消極的な認容の有無で区別する見解である。これに対して、蓋然性説は、認識説を前提とし、故意と過失との区別についても認識的要素すなわち蓋然性の認識の有無によって区別する見解である。

030

> **殺意の認定**
>
> 　刑事裁判では検察官が被告人の故意を立証しなければならない。しかし、故意は外部から見ることはできないし、また、行為者本人も行為時の心理状態を正確に記憶しているとは限らない。そこで、故意の認定においては、間接事実（情況証拠）が重視され、行為時の行為者の心理状態が推認される。
>
> 　たとえば、被害者が刺殺されたケースにおける殺意の認定に際して考慮される事情としては、①創傷の部位・程度（身体の枢要部〔＝身体の四肢以外の部位〕かそれ以外の部位か、あるいは、傷の深さなど）、②凶器の種類・用法（刃体の長さなど）、③動機の有無・内容、④犯行後の行動などがあげられる。

(d)　その他の故意の種類

(i)　択一的故意と概括的故意

　択一的故意とは、2個の客体のうちいずれか一方に結果が発生することは確実であるが、いずれに発生するかは不確定なものと認識している場合である。概括的故意とは、一定の範囲の客体のどれかに結果が発生することは確実であるが、その個数や客体を不確定なものと認識している場合である。どちらも複数の客体について未必の故意が認められる場合と理解することができる。

(ii)　条件付き故意

　条件付き故意が問題となるのは、たとえば、交渉が決裂したら交渉相手のAを殺害しようと考えている場合のように、実行行為の遂行が一定の条件にかかっているケースにおいてである。Xが1人で犯行を行う単独正犯の場合は、条件が成就して行為に出る時点で行為者が意思決定をするため、その時点の心理状態が故意といえるかを問題にすれば足りる。

　問題となるのは共犯の場合である（最決昭和56・12・21刑集35巻9号911頁、最判昭和59・3・6刑集38巻5号1961頁）。自らは犯行現場に赴かない者であっても、犯罪を実行した者との間に意思の連絡があれば共同正犯として罪責を問われうる（共謀共同正犯→76頁以下）。そのため、たとえば、XとYの間でYがAと交渉してうまくいかなかった場合にはYがAを殺害することとし、実際に交渉が決裂したのでYがAを殺害した場合に、Xにも殺人罪（の共謀共同正犯の故意）

第2章　構成要件該当性Ⅰ──基本型　| 031

が認められるのかが問題となる。もっとも、共謀共同正犯についても未必の故意があれば成立は肯定されるため（最決平成19・11・14刑集61巻8号757頁参照。→82頁）、XにおいてYがAを殺害するという点について未必的認識があったかどうかが問題となる。

2　構成要件的事実の錯誤

(1)　錯誤の意義と種類

(a)　事実の錯誤と違法性の錯誤

　錯誤とは、行為者の認識と実際との間のズレ・食い違い（主観と客観の不一致）のことをいう。

　このうち、行為者が主観的に認識した事実と客観的な事実とが一致しない場合を「事実の錯誤」といい、行為者が主観的に認識した事実に対する法的評価に関する行為者の認識と実際とが一致しない場合を「違法性の錯誤（法律の錯誤）」という。たとえば、㋐Aの傘を自分の傘だと誤認して持ち去った場合や㋑Aの傘をBの傘だと思って持ち去った場合は「事実の錯誤」であり、遺失物等横領罪（254条）の規定を知らず、違法でないと誤信して、落とし物である他人の傘を持ち帰った場合が「違法性の錯誤」である（→事実の錯誤と違法性の錯誤の区別については201頁以下）。

　判例・通説によれば、違法性の錯誤は故意を阻却しない。故意を認めるためには違法性の意識は不要であり、その点に錯誤があっても故意有無には影響しないためである（→197頁以下）。

　これに対して、事実の錯誤は故意の有無に影響しうる。上記㋐のように行為者の認識事実が適法な事実である場合には故意は認められないが、上記㋑のように行為者の認識事実が何らかの犯罪事実である場合は、それが実現した犯罪事実の故意と認められることがある。後述の「(2)　具体的事実の錯誤」や「(3)　抽象的事実の錯誤」では、上記㋑のように、行為者が行為時に犯罪事実を認識していたが、実際に発生した犯罪事実との間にズレ・食い違いがある場合の解決方法を学習する。

032

> **故意の有無に無関係な事実の錯誤**
>
> 　故意とは「犯罪事実の認識（・認容）」であり、故意の有無に関わるのは事実のなかでも犯罪の成否に関する事実だけである。それ以外の事実についてはそもそも故意を認めるために認識は不要であり、錯誤があっても故意の有無には影響しない。たとえば、客観的処罰条件や一身的処罰阻却事由（→ 8 頁、28頁）についての錯誤は、故意の有無に影響しない。

(b)　構成要件的事実の錯誤と違法性阻却事由に該当する事実の錯誤

　事実の錯誤には、構成要件的事実の錯誤と違法性阻却事由に該当する事実の錯誤とがある。構成要件的事実の錯誤とは、錯誤の対象事実が客観的構成要件に該当する事実の場合である。これに対して、違法性阻却事由に該当する事実の錯誤とは、たとえば、正当防衛（36条1項）に該当する事実が存在しないのに、行為者はそれが存在すると誤信して構成要件該当行為を行う場合のように、錯誤の対象事実が違法性阻却事由に該当する事実の場合である（典型例は誤想防衛の場合であるが、これは責任故意に関する内容である。→159頁、196頁参照）。

(c)　構成要件的事実の錯誤の種類・類型

　構成要件的事実の錯誤には、錯誤が同一の構成要件内に収まっているかにより、ⓐ具体的事実の錯誤とⓑ抽象的事実の錯誤が区別される。また、ⓐⓑそれぞれに、㋐客体の錯誤、㋑方法の錯誤、㋒因果関係の錯誤という 3 類型がある（意義や具体例については後述する）。

(2)　具体的事実の錯誤

(a)　意義と具体例

　具体的事実の錯誤とは、行為者が認識した事実と実際に実現した事実がいずれも同一の構成要件に該当する場合（同一構成要件内の事実の錯誤）のことをいう。このうち、㋐客体の錯誤とは、たとえば、Ｘが目の前にいるＡをＢだと誤認して射殺した場合（人違いの場合）のことである（ケース 1）。㋑方法の錯誤とは、たとえば、Ｘが目の前にいるＡを狙って発砲したところ、Ａには命中せず、偶然そこを通りかかったＢに命中してＢが死亡した場合（打撃のはずれの場

第 2 章　構成要件該当性 I──基本型　**033**

合）のことである（ケース２）。また、併発事例（たとえば、Ｘが目の前にいるＡを狙って発砲したところ、弾はＡの身体を貫通し、偶然そこを通りかかったＢにも命中し、ＡとＢが死亡した場合）も、行為者が現に存在を認識していない客体に結果が生じている点において、方法の錯誤と同一の問題が生じる。㋑因果関係の錯誤とは、たとえば、ＸがＡを溺死させようとして橋から川に落としたところ、Ａは橋脚に頭を打ち即死した場合のように認識した因果経過と実際の因果経過が一致しない場合のことである（ケース３）。

(b) 問題の所在

いずれの場合も、行為者に実際に実現した事実（客体や因果経過）について未必の故意が認められる場合には、実現事実について当然に故意犯の成立が認められる。問題となるのは、実現事実について未必の故意が認められない場合である。この場合に行為者はどのような罪責を負うのかが議論されている。

現在、具体的事実の錯誤の解決をめぐっては、方法の錯誤・併発事例の解決について、判例・通説（法定的符合説〔抽象的法定符合説ともいわれる〕）と学説の有力説（具体的符合説〔具体的法定符合説ともいわれる〕）とが対立している。客体の錯誤および因果関係の錯誤については、両説で結論は変わらない。

以下では、判例が立場を明らかにした事例類型であり、また、学説の有力説との相違点が明らかになる方法の錯誤・併発事例から取り上げる。

(c) 各事案の解決方法

(i) 方法の錯誤・併発事例

判例は、Ｘが警察官Ａを殺害しようとして発砲したところ、弾丸はＡの体を貫通し、付近を通行していたＢにも命中して、両者は負傷したという事案（併発事例。なお、実際は強盗殺人〔未遂〕の事案）において、次のように判示した。「犯罪の故意があるとするには、罪となるべき事実の認識を必要とするものであるが、犯人が認識した罪となるべき事実と現実に発生した事実とが必ずしも具体的に一致することを要するものではなく、両者が法定の範囲内において一致することをもつて足りる」（最判昭和53・7・28刑集32巻5号1068頁）。ここにいう「法定の範囲内」とは、「同一構成要件の範囲内」という意味である。

そして、判例は、結論として、Ａに対する殺人未遂罪に加えて、Ｂに対する殺人未遂罪も成立する旨を判示した。

本件で示されたのは、判例は、①認識事実と実現事実とが同一構成要件の範囲内にあるか否かを基準とし（法定的符合説）、②両者が同一構成要件の範囲内にあれば実現事実の数に応じて複数の故意犯の成立を肯定すること（数故意犯説）である。

　判例が示した内容①については、殺人罪に関する199条は「人を殺した者は……」と規定されており、Ｘが狙ったＡ（その人）も、付近を通りかかったＢ（あの人）も、いずれも「人」であることから、Ａに対する殺人もＢに対する殺人も「人」に対する殺人として同一の構成要件的評価を受けるとするものである。法定的符合説によれば、前述のケース２では、Ａに対する殺人未遂罪とＢに対する殺人既遂罪が成立することになる。

　これに対して、学説の有力説（具体的符合説）は、ＡとＢとは別個の法益主体であり、Ａに対する殺人とＢに対する殺人とは別の構成要件的評価を受けるものであり、したがって、Ａ（その人）に対する殺人の故意はＢ（あの人）に対する殺人の故意とは認められないとする。この具体的符合説によれば、前述の併発事例（34頁(c)(i)）ではＡに対する殺人未遂罪とＢに対する過失傷害罪が成立し、また、前述のケース２ではＡに対する殺人未遂罪とＢに対する過失致死罪が成立することになる。

　また、判例が示した内容②については、１人に対する殺意しか有していない行為者に２つの殺人未遂罪の成立を認めると不当に重い責任を負わせることになるという指摘がある。しかし、判例の立場からも、１つの行為で複数の犯罪を実現した場合は観念的競合（54条1項前段）として科刑上一罪（→213頁）となることから不当に重くなるわけではないとの反論が可能である。なお、１人に対してしか故意がなかった場合には一つの故意犯しか成立しないとする見解（一故意犯説）もあるが、少数説にとどまる。

(ii) 客体の錯誤

　Ｘが目の前にいるＡをＢだと誤認して射殺したというは客体の錯誤の場合（前述のケース１）については、法定的符合説からはＸの認識事実と実現事実とは同一の構成要件（殺人罪。「人（Ｂ）」を殺そうとして「人（Ａ）」を殺している）の範囲内にあるため、Ａに対する殺人罪が成立する。

　また、具体的符合説からも、Ｘが現に認識したＡ（その人）に結果が生じて

第２章　構成要件該当性Ｉ──基本型　035

おり、Aに対する殺人罪の成立が肯定される。

(iii) 因果関係の錯誤

XがAを溺死させようとして橋から川に落としたところ、Aが橋脚に頭を打ち即死した因果関係の錯誤のケース（前述のケース3）については、法定的符合説からは、認識した因果経過と実際の因果経過が法的因果関係の範囲内であれば故意は阻却されず、殺人罪が成立する（具体的符合説も同様）。

なお、因果関係の錯誤を論じる必要があるのは、①客観的に行為と結果との間の法的因果関係（危険の現実化）が認められ、かつ、②主観的に行為時に行為者に故意が認められるケースである（①が欠ければ故意未遂犯しか成立せず、②が欠ければ故意犯は既遂犯も未遂犯も成立しない）。②については、故意とは犯罪事実の認識（・認容）であり、行為者が行為と結果との間の法的因果関係が肯定される事実を認識している必要がある。このため、行為者の認識した因果経過と実際にたどった因果経過がいずれも同一構成要件の法的因果関係と評価されるものであれば故意犯の成立を認める立場からは、結局、因果関係の錯誤が問題となるケースで故意犯の成立が否定される場合はないことになる。

(iv) 各説からの帰結

最後に、前述の各ケース（33頁の2(a)参照）について、判例（法定的符合説）および有力説（具体的符合説）からの帰結を示すと、次のとおりである。

	法定的符合説	具体的符合説
ケース1	Aに対する殺人既遂罪	Aに対する殺人既遂罪
ケース2	Aに対する殺人未遂罪 Bに対する殺人既遂罪	Aに対する殺人未遂罪 Bに対する過失致死罪
ケース3	Aに対する殺人既遂罪	Aに対する殺人既遂罪

(d)「早すぎた構成要件の実現」と「遅すぎた構成要件の実現」

(i) 早すぎた構成要件の実現

早すぎた構成要件の実現が問題となるのは、行為者は第一行為の後に行う第二行為で結果を発生させるつもりであったが、客観的には第一行為から結果が発生した場合である。たとえば、Xは、①Aにクロロホルムを吸引させて意識を失わせ（第一行為）、その後、②意識を失ったAを自動車ごと海に転落させて

溺死させる（第二行為）という計画を立て、それを実行に移したところ、第一行為によりＡが死亡したというケースで、Ｘに殺人既遂罪の成立を肯定できるかが問題となる。

　このケースでは、クロロホルムを吸引させるという死亡結果発生の現実的危険性のある行為によってＡが死亡しており、Ｘの行為は殺人罪の客観的構成要件に該当する。

　問題は、故意である。Ｘの第一行為には⑦クロロホルムの吸引による死亡の危険性が認められるものの、Ｘはそれを認識していないことから、殺人の故意（実行行為により死亡結果を生じさせることの認識）が認められないようにも思われる。判例は、上記ケースと類似の事案で、クロロホルムを吸引させて被害者を失神させた上自動車ごと海中に転落させるという一連の殺人行為に着手して、その目的を遂げた場合、行為者の認識と異なり、第二行為の前の時点で被害者が第一行為により死亡していても殺人の故意に欠けるところはない旨判示している（最決平成16・3・22刑集58巻3号187頁）。これは、第一行為と第二行為が一連一体の殺人行為を構成すると評価できる場合には、⑦その一連一体の行為に計画上予定された海中に転落させる行為により結果を生じさせる危険性が認められ、これに対応した認識のある行為者には殺人の故意が肯定できるということをいうものと理解される（第一行為と第二行為を一連一体の行為と評価できるか否かは、第一行為時に実行の着手が認められるかに関わる。実行の着手については49頁以下、53頁）。上記ケースのＸにも⑦の意味での故意が認められる。

　しかし、実際にはクロロホルムの吸引によりＡは死亡しており、一連一体の行為の途中で結果が生じている。すなわち、Ｘが認識した因果経過と実際とが異なっており、因果関係の錯誤が生じている。しかし、判例によれば、認識事実と実現事実が同一の構成要件的評価を受ける場合には故意は阻却されない。本件では、Ｘが認識した因果経過も実際の因果経過も殺人罪の法的因果関係が肯定されるものである。したがって、故意は阻却されず、Ｘには殺人既遂罪が成立する。

(ii)　遅すぎた構成要件の実現

　遅すぎた構成要件の実現が問題となるのは、行為者は第一行為で結果を発生させたつもりで第二行為を行ったが、客観的には第二行為で結果が生じた場合

第 2 章　構成要件該当性Ⅰ──基本型　037

である。たとえば、①Ｘが殺意をもってＡの首を絞めた（第一行為）ところ動かなくなったので、②Ａが死亡したと誤信したＸが犯行の発覚を防ぐ意図でＡを近くの海岸に運んで放置した（第二行為）が、実はＡは第二行為の時点でまだ生きており、海岸の砂を吸って窒息死したというケースで、殺人罪の成立を肯定できるかが問題となる（大判大12・4・30刑集2巻378頁の事案を一部変更した。このような事案を「ウェーバーの概括的故意」の事案ともいう）。

　上記ケースのＸの罪責については次のように考えることができる。まず、殺意をもって被害者の首を絞める行為は殺人罪の実行行為に該当し、被害者の死亡結果も発生している。しかし、結果発生までの間に行為者本人の行為が介在していることから、第一行為と死亡結果との間に因果関係が認められるかが問題となる。この点については、人を殺した（と誤信した）者がその後に被害者を遺棄することは不自然なことではなく、第一行為の危険性が第2行為を経て結果へと現実化したと評価できる（間接実現類型→23頁）。したがって、第一行為について殺人罪の客観的構成要件該当性が肯定される。

　次に、行為者は第一行為によって結果を生じさせるつもりであったが、実際には第二行為から結果が発生しており、因果関係の錯誤が生じている。しかし、行為者が認識した因果経過も実際の因果経過もいずれも殺人罪の法的因果関係が肯定されるものである。したがって故意は阻却されず、Ｘには殺人罪が成立する（前掲大判大12・4・30は、上記ケースと類似の事案で殺人既遂罪の成立を肯定している）。

(3)　抽象的事実の錯誤

(a)　意義と具体例

　抽象的事実の錯誤とは、行為者が認識した事実（認識事実）と実際に実現した事実（実現事実）とが異なる構成要件にまたがる錯誤のことをいう。たとえば、①ＸがＡ（人）だと思って発砲したところ、実はそれはマネキンであり、マネキンが壊れた場合（客体の錯誤。認識事実は殺人罪〔199条〕、実現事実は器物損壊〔261条〕に該当する）や、②Ｘがマネキンを壊すつもりで発砲したところ、弾が逸れて偶然そこを通りかかったＡにあたってＡが死亡した場合（方法の錯誤）、③Ｘがマネキンを破壊するつもりで発砲したところ、実はそれはＡ（人）

038

であり、弾は逸れたが発砲音に驚いたＡが心臓発作で死亡した（因果関係の錯誤）場合などが抽象的事実の錯誤の例である。

(b) 問題の所在

抽象的事実の錯誤に関する38条2項は、認識事実より実現事実の方が重い罪にあたる場合について、重い罪では処罰できないということを規定しているだけである（罪の重さは法定刑による。この点については10条も参照）。この場合にどのような罪が成立するのかについては規定していないし、また、認識事実の方が実現事実よりも重い罪に当たる場合や、両者が同じ重さの罪に当たる場合については、38条2項は何も規定していない。

もちろん、抽象的事実の錯誤の事例では、⑦認識事実についての未遂犯（→42頁以下）と、④実現事実についての過失犯（→132頁以下）が成立する可能性はある。しかし、未遂犯の処罰規定がない場合（44条参照）や不能犯の場合（→44頁）は不可罰である。また、過失犯の処罰規定がない場合（38条1項ただし書参照）は不可罰であり、過失犯の処罰規定はあっても法定刑が著しく軽い場合もある。そこで、解釈論上、一定の範囲で故意既遂犯の成立を肯定できないかが議論されている。

(c) 解決基準：構成要件的重なり合い（構成要件的符合）

判例・通説は、認識事実と実現事実との間に「構成要件的重なり合い（構成要件的符合）」が認められる場合には、重なり合う限度で故意犯の成立を肯定している。これに対して、判例・通説よりも広く、行為者がなんらかの犯罪事実を認識して、なんらかの犯罪事実を実現した場合には（すなわち「犯罪」というレベルで認識事実と実現事実が符号すれば）故意犯の成立を肯定する見解（抽象的符合説）もあるが、少数説にとどまる。

(ⅰ) 構成要件の形式的な重なり合い

たとえば、Ｘが業務上横領（253条）の認識で横領（252条）の事実を実現した場合には、両者が重なり合う限度で横領罪が成立する。確かに業務上横領罪と横領罪とは別の犯罪（異なる構成要件）である。しかし、両者は、主体が単なる占有者か（単純横領）それとも業務上の占有者か（業務上横領）の点に違いがあるだけで、それ以外の構成要件要素は同じであり、業務上横領罪の構成要件要素の中には横領罪のそれが完全に含まれている（業務上横領罪＝業務上＋横領

罪）。そうすると、業務上横領罪の事実認識の中には横領罪の事実認識が含まれていることになり、実際に実現した横領罪の事実に対応する故意が行為者に認められる。この業務上横領罪と横領罪のように、認識事実と実現事実との間に構成要件の形式的な重なり合い（形式的符合）が肯定できる場合、両者が重なり合う限度で故意犯の成立が認められる（業務上横領罪と横領罪のように加重・減軽関係にある場合のほか、強盗罪と窃盗罪〔最判昭和25・7・11刑集4巻7号1261頁〕、殺人罪と傷害致死罪〔最決昭和54・4・13刑集33巻3号179頁→108頁〕のように、一方が他方の構成要件要素を含んでいる場合も構成要件の形式的な重なり合いが認められる）。

(ii) 構成要件の実質的重なり合い

　判例・通説は、構成要件の形式的重なり合い（形式的符合）が認められる場合だけではなく、構成要件の実質的な重なり合い（実質的符合）が認められる場合にも故意犯の成立を肯定している。

　構成要件の実質的符合が肯定されるか否かをどのように判断するかについては、学説では、①保護法益の共通性と、②行為態様の共通性が基準になると理解されている。このうち決定的な基準は①の保護法益の共通性であり、これを欠く場合は実質的符合は認められないと考えられている。これに対して、②の行為態様の共通性は補充的に考慮されるもので認められない場合でも直ちに符合が否定されるわけではないとされている。

　この基準の適用について、実質的符合が肯定される窃盗罪（235条）と占有離脱物横領罪（254条）を例に説明する（東京高判昭和35・7・15下刑集2巻7・8号989頁）。窃盗罪は他人の占有する他人の所有物を客体とし、占有離脱物横領罪は他人の占有を離れた他人の所有物を客体としている。そのため、両者は、財物の占有侵害を伴うか否かで相互に排他的な関係（占有侵害を伴う場合は窃盗罪、占有侵害を伴わない場合は占有離脱物横領罪となる関係）にあるため、構成要件の形式的符合は認められない。しかし、占有離脱物横領罪は財物の所有権を保護法益とし、窃盗罪も財物の占有とその背後にある所有権を保護法益とするものであるから、両者の保護法益は所有権の限度で共通する。また、どちらも領得罪であり、他人の財物を不法に領得するという行為態様が共通している。したがって、窃盗罪と占有離脱物横領罪は軽い占有離脱物横領罪の限度で実質的に重なり合い、占有離脱物横領罪の成立が肯定される（→各論89頁）。

判例の立場を示したリーディングケースは、覚醒剤と誤信して麻薬であるヘロインを営利目的で密輸入した事案に関する最決昭和54・3・27刑集33巻2号140頁である。本件では、行為者が認識していた覚醒剤の密輸入は覚醒剤取締法違反の罪に該当し、実際に実現した麻薬の密輸入は麻薬取締法違反の罪に該当する（ヘロインは麻薬の中でも重い処罰の対象となっているため、本件では認識事実と実現事実の法定刑は同一である）。最高裁は、㋐麻薬取締法と覚醒剤取締法の取締目的の同一性、㋑取締方式の近似性、㋒麻薬と覚醒剤の薬理作用の共通性・外観上の類似性を指摘して、麻薬と覚醒剤との間には「実質的には同一の法律による規制に服しているとみうるような類似性がある」と指摘したうえで、覚醒剤輸入罪と麻薬輸入罪とは、客体以外の構成要件要素は同一であり、法定刑もまったく同一であることから、「両罪の構成要件は実質的に全く重なり合っている」として実際に実現した麻薬輸入罪の成立を肯定した。

その後、判例は、麻薬であるコカインと誤信して覚醒剤を所持した事案で、行為者が認識していた麻薬所持罪と実際に実現した覚醒剤所持罪は「両罪の構成要件が実質的に重なり合う限度で軽い麻薬所持罪の故意が成立し同罪が成立する」として、法定刑が同一ではない場合（コカインはヘロインよりも軽い処罰の対象となっている麻薬であり、本件の認識事実は実現事実よりも法定刑が軽い罪に当たる）についても、実質的符合を肯定している（最決昭和61・6・9刑集40巻4号269頁）。

	【最高裁昭和54年決定】	【最高裁昭和61年決定】
認識事実	覚醒剤輸入罪	麻薬〔コカイン〕所持罪
実現事実	麻薬〔ヘロイン〕輸入罪	覚醒剤所持罪
法定刑	認識事実＝実現事実	認識事実＜実現事実
成立罪名	麻薬輸入罪	麻薬所持罪

(d)　構成要件的符合の限界

上述のとおり、構成要件的符合を肯定するためには保護法益が共通していなければならないと理解されている。たとえば、酩酊して路上に倒れているAを死亡しているものと誤信したXが、Aを山中に遺棄した場合で考えてみると、Xは死体遺棄罪（190条）の認識で、遺棄罪（217条）の事実を実現している。両罪は、遺棄という行為態様には共通性が認められる。しかし、死体遺棄罪の保

第2章　構成要件該当性Ⅰ──基本型　041

護法益は死者を尊重する公衆の感情という社会的法益（→各論224頁）であり、遺棄罪の保護法益は人の生命・身体という個人的法益（→各論14頁）であって、保護法益の共通性は認められない。したがって、構成要件的符合は認められない。その結果、実現事実について、故意犯〔遺棄罪〕の成立は否定され、過失致死傷罪の成否が問題となる。

(e) 構成要件的符合が認められる場合の事案の解決

(i) 認識事実より実現事実が重い場合（認識事実＜実現事実）

認識事実よりも実現事実の方が重い罪にあたる場合は、38条2項により重い罪で処罰することはできない。しかし、両者が重なり合う限度で、軽い認識事実に対応する故意犯が成立する（前掲最決昭和61・6・9）。

なお、この場合に注意が必要なのは、行為者は軽い認識事実について故意を有していることから、認識事実に対応する事実が実現事実の中に認められるかどうかが問題となる点である（故意の有無が問題となるわけではない）。

(ii) 認識事実より実現事実が軽い場合（認識事実＞発生事実）

認識事実よりも実現事実の方が軽い罪に当たる場合について、38条2項は何も規定していない。この場合は、軽い実現事実に対応する故意が認められるかが問題となり、両者が重なり合う限度で、軽い実現事実に対応する故意犯が成立する。

(iii) 認識事実と実現事実の重さが同じ場合（認識事実＝発生事実）

認識事実と実現事実が同じ重さの罪に当たる場合についても、38条2項は何も規定していない。この場合は、実現事実に対応する故意が認められるかが問題となり、実際の実現事実に対応する故意犯が成立するというのが判例である（前掲最決昭和54・3・27）。

III　未遂

（未遂減免）

43条　犯罪の実行に着手してこれを遂げなかった者は、その刑を減軽することができる。ただし、自己の意思により犯罪を中止したときは、その刑を減軽し、又は

免除する。

（未遂罪）

44条　未遂を罰する場合は、各本条で定める。

1　犯罪の段階における未遂の位置づけ

　基本的構成要件のすべての要素を充足することを既遂という。

　これに対し、犯罪の実行に着手したが、既遂には至らなかった場合を未遂という（43条参照）。未遂の典型例は結果不発生の場合であるが、実行行為と結果との間の因果関係が欠ける場合も未遂である。

　実行の着手に至らない段階にまで処罰を早期化させているのが、予備および陰謀である。予備とは、犯罪の実現を目的として行われる謀議以外の方法による準備行為をいう。陰謀とは、2人以上の者が特定の犯罪を実行することについて謀議し、合意に達することをいう。

　現行刑法は、既遂の処罰を原則としている。未遂は各則にこれを処罰する旨の規定がなければ処罰できないため（44条）、その処罰は例外として位置づけられている（既遂犯処罰の原則）。しかし、主要な犯罪はほとんど未遂犯処罰規定を備えており、未遂が処罰される犯罪の数は多い。一方、予備・陰謀については総則規定がなく、各則に予備罪・陰謀罪の構成要件がある場合のみ処罰されるが、その数はきわめて限られている。具体的には、刑法典上の予備罪としては、内乱予備罪（78条）、外患誘致および援助の予備罪（88条）、私戦予備罪（93条）、現住建造物等および他人所有の非現住建造物等に関する放火予備罪（113条）、殺人予備罪（201条）、身の代金目的略取等予備罪（228条の3）、強盗予備罪（237条）があるにとどまる。これに加えて、準備罪として、通貨偽造等準備罪（153条）、支払用カード電磁的記録不正作出準備罪（163条の4）がある。陰謀罪はさらに数が少なく、刑法典上は、内乱陰謀罪（78条）、外患誘致および援助の陰謀罪（88条）、私戦陰謀罪（93条）に限られる。

　そのため、大部分の犯罪においては、予備・陰謀と未遂の間が、可罰的な領域と不可罰な領域の境界となる。また、未遂の場合には既遂の法定刑が任意的

第2章　構成要件該当性Ⅰ——基本型　**043**

に減軽されるにとどまるのに対し、予備・陰謀の法定刑は既遂のそれよりもはるかに軽いことから、予備・陰謀の処罰がある犯罪においても、未遂段階に至っているかどうかにより、科されうる刑の点で大きな違いが出る。

テロ等準備罪

　2017年の組織的な犯罪の処罰及び犯罪収益の規制等に関する法律（組織的犯罪処罰法）の改正により、法定刑に長期4年以上の懲役または禁錮が定められている罪のうち、組織的犯罪集団が実行を計画することが現実的に想定されるものについて、厳格な要件のもとに計画段階の行為を処罰することを可能とする規定が設けられた（6条の2第1項。いわゆる「テロ等準備罪」）。本罪が成立するためには、本法律が掲げる罪（6条の2第1項1号、2号）にあたる行為が、①組織的犯罪集団の活動として、②その行為を実行するための組織により行われるものとして2人以上の者によって計画され、かつ、③その計画をした者のいずれかにより犯罪実行のための準備行為が行われることが必要である。

　「組織的犯罪集団」とは、団体のうち、その結合関係の基礎としての共同の目的が本法律所定の罪を実行することにあるものをいう。ここでいう「団体」とは、①共同の目的を有する多数人の結合体であり、②結合体としての継続性を有し、③指揮命令系統があるもののことを指す（2条1項）ことから、単に複数人が集まって犯罪実行を話し合うだけでは、本罪は成立しない。

　したがって、本罪が設けられたことによって、計画段階での処罰が原則化したものと理解すべきではない。

2　未遂の処罰根拠

　犯罪が既遂に至っていないにもかかわらず未遂が処罰される根拠は何かをめぐり、議論がある。行為者が犯罪意思を行為に移したことに処罰根拠を求める見解（主観説）もあるが、日本では、行為によって既遂結果発生の危険を生じさせたことにこれを求める見解（客観説）が、通説・判例として定着している。

　未遂犯論における「危険」には二つの側面がある。一つは、結果発生の可能

性という側面である。客観説に立った場合、犯罪意思に基づいて行われた行為であっても、結果発生の可能性がない行為は、未遂としては処罰すべきでない。このような場合を不能犯と呼ぶ（不能犯とはこのような理由により不可罰となる行為を指す名称であり、「不能犯」という犯罪あるわけではない）。もう一つは、実行行為を通じた結果発生にどれだけ近づいているかという側面である（結果発生の危険がどれだけ高まっているかという側面として説明する教科書もある）。主としてこのことが問題となるのが、実行の着手の問題である。

3 不能犯

(1) 学説

　未遂犯と不能犯は、既遂結果を発生させる危険の有無によって区別される。この危険の判断基準めぐって学説が対立している。以下で挙げる見解のうち、学説において有力なのは、具体的危険説と修正された客観的危険説であるが、両見解の特徴を浮き彫りにするために、他の見解も列挙することにする。

　主観説とは、行為時に行為者が認識していた事情を基礎にして、行為者が有していた法則知識を適用した場合に、結果発生の危険が認められるかを基準とする見解である。この見解に立てば、犯罪を実行する意思で実際に行為に出た場合には常に未遂犯が認められるはずであるが、この見解の主張者も、行為者が超自然的な方法によって犯罪を実現しようとした場合（これを迷信犯と呼ぶ。呪いによって人を殺そうとする場合が典型例である）については、未遂犯としては処罰すべきでないとする。主観説は、未遂犯の処罰根拠に関する客観説の立場と整合しないため、現在の日本では主張されていない。

　抽象的危険説とは、行為時に行為者が認識していた事情を基礎にして、行為時の一般人の法則知識を適用した場合に、結果発生の危険が認められるかを基準とする見解である。迷信犯は当然不能犯となるほか、法則知識に関する行為者の無知に基づき犯行が失敗した場合も不能犯となる。たとえば、カモミールティーで人を殺せると思い込んでいた者が、殺意をもって人にカモミールティーを飲ませたという事例では、一般人の法則知識を適用すれば、殺人の結果発生の危険は認められないから、不能犯となる。他方で、レストランのテーブル

第2章　構成要件該当性I——基本型　**045**

に置かれている瓶入りの白い粉末を青酸カリだと思い込み、殺意をもって、同席者の料理にその粉末を振りかけたという事例では、行為者がその粉末を青酸カリだと思っている以上、これが危険判断の基礎に置かれることになる。これに一般人の法則知識を適用すれば殺人の結果発生の危険が認められるから、殺人未遂罪が成立する。

　具体的危険説とは、行為時に一般人が認識できたであろう事情、および行為者が特に認識していた事情を基礎にして、行為時の一般人の法則知識を適用した場合に、結果発生の危険が認められるかを基準とする見解である。危険判断の基礎事情を設定する際に、行為時の一般人の視点を入れる点が抽象的危険説と異なる。レストランのテーブルに置かれている瓶入りの白い粉末を青酸カリだと思い込んだという事例では、行為時の一般人は、レストランのテーブルに置かれている白い粉末は砂糖や塩といった無害なものと考えるであろうから、殺人の結果発生の危険は否定され、不能犯となる。一般人に加えて、「行為者が特に認識していた事情」が出てくるのは、一般人が行為時にその存在を認識できない事情であっても、行為者だけが知っていた特殊事情がある場合には、それが危険判断の基礎に置かれるべきだという考慮に基づく。たとえば、殺意をもって重度の糖尿病患者に糖分が多く含まれた飲料を飲ませる場合、被害者が重度の糖尿病にり患しているという事情を一般人が知り得なくても、行為者がそれを知っていれば、危険判断の基礎に置かれることになる。重度の糖尿病患者に糖分が多く含まれた飲料を飲ませることは、殺人の結果発生の危険があるといえるから、殺人未遂罪が認められることになる。

　以上の見解が危険判断を行為時の視点から行おうとするものであるのに対し、裁判時の視点からこれを行おうとする見解もある。これを客観的危険説という。客観的危険説の内部でも諸説あるが、その中でも古典的といえるのが、絶対的不能・相対的不能説である。この見解は、裁判時までに判明した全事情と裁判時の科学的知識を用いて結果不発生の原因を明らかにしたうえで、犯行の成功が絶対に不能（絶対的不能）であったか、たまたま不能（相対的不能）であったかにより、未遂犯と不能犯を区別するものである。しかし、この見解には、事実のどこに着目するかによって絶対的不能にも相対的不能にも分類できてしまうという難点がある。たとえば、殺意をもって拳銃の引き金を引いたが

弾が入っていなかったという事例では、弾の入っていない拳銃の引き金を引くことにより殺人を成功させることは絶対に不能だといいうる一方で、拳銃に弾が入っていなかったためにたまたま不能であったのだともいうるのである。そのため、この見解は現在では支持されていない。

修正された客観的危険説は、このような客観的危険説の問題点を「仮定的事情」の存在可能性を問うという方法を用いることにより、克服しようとする。この見解の危険判断の手順は、以下の通りである。まず、裁判時までに明らかになった全事情を基礎に、科学的知識を用いて、結果が不発生に終わった原因を解明する。次に、現実に存在した事情の代わりにどのような事情が存在していれば結果が発生していたであろうかを明らかにする。そのうえで、そのような事情（仮定的事情）が存在していた可能性があったか否かを一般人基準を用いて問い、これが肯定されれば未遂犯を認める。

たとえば、レストランのテーブルに置かれている瓶入りの白い粉末を青酸カリだと思い込んだという事例では、その粉末が無害な物質ではなく青酸カリであったという仮定的事情の存在可能性が問われることになる。結論としては、そのような場所に青酸カリが置かれるはずはないから、可能性は否定されることになる。これに対し、高校の生徒が、教員のコーヒーに毒物を混ぜて殺害しようと考え、理科室の棚に置いてあった白い粉末をコーヒーに混入したが、その粉末は無害な物質であったという事例については、混入した物質が致死性の有毒物質であった可能性が問われることになる。当該理科室の管理状況からして、一般人からみても、生徒が開けられるような棚に致死性の毒物が置いてあることはあり得ないだろうといえる場合には、不能犯となる。

(2)　判例

不能犯について一般論を述べた判例として、「いわゆる不能犯とは犯罪行為の性質上結果発生の危険を絶対に不能ならしめるものを指す」とした最判昭和25・8・31刑集4巻9号1593頁がある。これは絶対的不能・相対的不能説によったものといえる。しかし、裁判例の中には具体的危険説を採用したと思われるものもあり、判例の立場を特定の学説と結びつけることは困難である。

以下では、結果不発生の原因が客体の不存在または性質に起因する類型

（「客体の不能」と呼ばれる）と手段・方法の性質に起因する類型（「方法の不能」と呼ばれる）とに分けて、重要な裁判例を取り上げる。なお、結果不発生の原因が主体要件の欠如に起因する類型（「主体の不能」と呼ばれる）もあるが、日本では裁判例が見当たらない。

(a) 客体の不能

強盗の客体の不能の事例として、通行人から財物を強取しようとしたが、財物を所持していなかったという事案について、通行人が懐中物を所持することは「普通予想し得べき事実」だとして強盗未遂罪を認めた大判大正3・7・24刑録20輯1546頁がある。殺人の客体の不能の事例としては、広島高判昭和36・7・10高刑集14巻5号310頁がある。事案は、拳銃で撃たれて地面に倒れている被害者の心臓を日本刀で突き刺したが、その時点で被害者は死亡していたというものであったが、広島高裁は、本件は「専門家の間においても見解が岐れる程医学的にも生死の限界が微妙な案件」だとしたうえで、単に被告人が行為当時に被害者の生存を信じていただけではなく、「一般人も亦当時その死亡を知り得なかったであろう」として殺人未遂罪を肯定した。

以上はいずれも客体の不存在が結果不発生の原因となった事例であるが、具体的危険説的な見地から判断がなされる傾向が見て取れる。

(b) 方法の不能

殺人のために用いた物質の性質上、結果発生の危険性がないとされた事案として、大判大正6・9・10刑録23輯999頁がある。この事件は、被告人が、殺意をもって被害者の飲食物等の中に硫黄粉末を混入したが、被害者は腹痛等を起こしたのみで死亡しなかったというものであった。大審院は、硫黄で人を殺害するという方法は「絶対不能」として殺人については不能犯であるとし、傷害罪にあたるとした。

次に、殺人のために用いたものの分量が不足していたが殺人未遂罪を認めた事例として、最判昭和37・3・23刑集16巻3号305頁がある。この事件は、殺人のために静脈内に蒸留水とともに空気を注入したが、被害者は死亡しなかったというものであるが、最高裁は、科学的鑑定に基づき「本件のように静脈内に注射された空気の量が致死量以下であっても被注射者の身体的条件その他の事情の如何によっては死の結果発生の危険が絶対にないとはいえない」とした

第一審・第二審の判断を是認し、殺人未遂罪を肯定した。

以上の二つの判例は、絶対的不能・相対的不能説に依拠したものといえる。

殺人のために用いたものの性質が被告人の予定した殺害方法には適しなかったが殺人未遂罪を認めた事例として、岐阜地判昭和62・10・15判タ654号261頁がある。この事件は、ガス中毒による無理心中を図るために室内に都市ガスを漏出させたが、同ガスには一酸化炭素が含まれていないため、中毒死するおそれはなかったというものであったが、岐阜地裁は、まず科学的見地からガス爆発や酸素欠乏症による死亡の可能性を認め、これに付け加える形で、一般人は「都市ガスを判示のような態様をもって漏出させることは、その室内に寝ている者を死に致すに足りる極めて危険な行為であると認識しているものと認められ」るとして、殺人未遂罪を肯定した。これは、科学的見地からの危険判断と具体的危険説を併用したものといえる。

これに対し、物の不存在により結果が発生しなかった事例として、福岡高判昭和28・11・10東刑判決特報26号58頁がある。勤務中の警察官の腰に装着されている拳銃を奪って同警察官に向けて引き金を引いたが弾丸が入っていなかったという事例であるが、福岡高裁は、「制服を着用した警察官が勤務中、右腰に着装している拳銃には、常時たまが装てんされているべきものであることは一般社会に認められている」として殺人未遂罪を認めた。これは、具体的危険説によったものとみることができる。

判例の傾向をまとめると、一定の事実の不存在が結果発生の原因となっている場合には具体的危険説を用い、手段の分量・性質が問題となる場合には、科学的な知見を用いた危険判断を行う傾向があるといえよう。

4 実行の着手

(1) 実行の着手の有無が争点となる場面

実行の着手の有無は、予備と未遂の区別が問題となる場面以外でも争点となることがある。

まず、行為者の予定していた結果実現行為よりも前の行為により結果が発生した場合（早すぎた構成要件実現→36頁）に実行の着手が争点となる。これが問

第2章　構成要件該当性Ⅰ——基本型　049

題となったのが、前掲最決平成16・3・22である。事案は、被害者を事故死に見せかけて殺害する計画の実行を依頼された実行犯3名が、自分たちの乗った自動車を被害者の運転する自動車に衝突させ、示談交渉を装って被害者を自分たちの自動車に誘い込み、クロロホルムを吸引させて被害者を昏倒させたうえ、約2km離れた港まで運び、被害者を自動車ごと海中に転落させたが、その死因がクロロホルムを吸引させた行為（第一行為）によるものか、被害者を自動車ごと海中に転落させた行為（第二行為）によるものなのか特定できなかったというものであった。最高裁は、第一行為の時点で殺人の実行の着手が認められるとしたうえで（実行の着手判断の内容については後述する）、実行犯3名は、一連の殺人行為に着手してその目的を遂げたのであるから、たとえ実行犯3名の認識とは異なって第一行為により被害者が死亡していたとしても、殺人の故意に欠けるところはないとした。これに対し、この種の事例で、仮に被害者の死亡が予備段階の行為によって生じた場合には、殺人予備罪と（重）過失致死罪が成立するにとどまる（→18頁）。

　次に、結果的加重犯の成否との関係でも実行の着手は問題となる。裁判例で争われる例が多いのが、強制性交等致死傷罪である。同罪は、基本犯である強制性交等罪の未遂から加重結果が発生した場合にも成立する（181条2項）。そのため、加重結果発生の原因となった行為の時点で基本犯が実行の着手の段階にまで至っていたかが争点となることがしばしばある。

　さらに、事後強盗未遂罪（238条、243条）およびこれを通じた240条の罪（強盗致傷、強盗致死、強盗傷人、強盗殺人→各論113頁）の成否との関係で、窃盗の実行の着手が争点となることがしばしばある。事後強盗未遂罪が成立するためには、窃盗部分が未遂に達していなければならず、予備では足りない。そのため、238条所定の目的（財物取戻し阻止目的、逮捕免脱目的、罪跡隠滅目的）による暴行・脅迫の時点で、窃盗の実行の着手が認められる段階に至っていたかが問題となるのである。

　後述の(3)で取り上げる裁判例の中でも、罪名としては強制性交等致死傷罪や事後強盗未遂罪・240条の罪の成否が問題となった事例が含まれている。紙幅の関係上、ここでは原則として各裁判例の実行の着手判断のみを紹介するが、判例教材を用いてより深く学習する際には、何罪の成否が問題となったのかとい

う点を意識しながら事例を読んで欲しい。

(2) 実行の着手の判断基準

(a) 総論的基準

実行の着手の判断基準については、実行行為またはこれに密接する行為の開始があったか否かを基準にする形式的客観説と、既遂結果発生の危険が現実的危険（具体的危険という表現を用いる文献もある）のレベルにまで達していたか否かを基準とする実質的客観説がある。前者は罪刑法定主義の観点から条文の文言を重視するのに対し、後者は未遂犯の処罰根拠から実行の着手の基準を導こうとするものである。現在では、両者の基準を統合し、実行行為との密接性と結果発生の現実的危険性の両方を基準とする見解が通説である。密接性および危険性は、客観的事実だけではなく、行為者の犯行計画をも考慮して判断される。

最近、実行の着手論における「危険」と不能犯論における「危険」（結果発生の可能性の有無・高低）との違いを明確にするために、「犯行計画が未遂処罰に値する程度にまで進捗したか」を実行の着手の基準にすべきだとする見解も主張されているが、本見解と通説との対立は不能犯論を含めた未遂犯論全般に及びうるため、本書ではこの問題には立ち入らない。

(b) 手段が限定された犯罪の実行の着手時期

強制性交等罪、強盗罪、詐欺罪のように、構成要件上、手段が限定されている犯罪の実行の着手時期について特別な考慮が必要かどうかをめぐって議論がある。一部の見解は、これらの犯罪では手段行為に密接する行為があっただけでは実行の着手を認めるべきでなく、手段行為の開始が必要だとする。より正確にいえば、結果発生の現実的危険性を有し、かつ手段行為の外形（強制性交や強盗であれば暴行・脅迫、詐欺罪であれば人をだます）をも備える行為の開始が必要だというのがこの見解の主張である。これに対し、このような限定は不要であり、これらの犯罪でも総論的基準を用いて実行の着手時期を判断すべきだとする見解も有力である。

なお、裁判例では、この種の犯罪で手段行為の外形を備えない行為の時点で実行の着手を認めた例はほとんどみられない。

第2章 構成要件該当性Ⅰ──基本型 051

(3) 判例

判例では、「客観的な危険性」が実行の着手を判断する際のキーワードとなっている（最決昭和45・7・28刑集24巻7号585頁、最判平成20・3・4刑集62巻3号123頁、最判平成26・11・7刑集68巻9号963頁）。「客観的な危険性」に加えて実行行為との密接性という基準を併用するもの（前掲最決平成16・3・22）や、詐欺罪の実行の着手時期が問題になった事案について、同罪の特殊性を考慮してやや複雑な判断を行った例（最判平成30・3・22刑集72巻1号82頁）もあるが、基本的には、実質的客観説にしたがっているといえる。

もっとも、窃盗罪については、伝統的に、財物に対する他人の占有を侵害するのに密接な行為の開始があったか否かを基準とした判断が積み重ねられており、これらの判断には現在でも先例的価値があるため、無視することはできない。また、長年の裁判例の積み重ねにより、犯罪類型・犯行形態ごとに、実行の着手時期の線引きの限界点がある程度固まっている。そのため、総論的基準を頭に入れるだけでなく、裁判例の学習を通じて、結論の落としどころの感覚を身につけることが必要である（もちろん、先例がないような新たな犯行形態が登場した場合には、総論的基準に立ち戻って事例解決を試みる必要がある）。

(a) 窃盗罪

窃盗にはさまざまな犯行形態がある。

まず、住居侵入窃盗については、住居侵入の時点では実行の着手は認められていない（東京高判昭和24・12・10高刑集2巻3号292頁）。他方で、窃取すべき財物を探し回る物色行為があれば着手が認められている（最判昭和23・4・17刑集2巻4号399頁）。これらの中間に位置する事例で着手を肯定した事案として、最決昭和40・3・9刑集19巻2号69頁がある。この事案では、被告人が深夜に電気器具店に侵入し、懐中電灯で周囲を照らした後、現金が置いてありそうな煙草売り場の方に行きかけた時点で窃盗の着手が認められた。

倉庫等の財物の保管のための建物への侵入窃盗の場合、建物に侵入するために錠の破壊などを開始した時点で着手が認められている（高松高判昭和28・2・25高刑集6巻4号417頁など）。

車上狙いの場合には、自動車のドアのロックをいつでも開けられる状態にした時に着手を認めた例がある（東京高判昭和45・9・8東高刑時報21巻9号303頁）。

このほか、すりの場合にはポケットの外側に触れる行為の時点で（最決昭和29・5・6刑集8巻5号634頁。ただし、原審の広島高判昭和28・10・5高刑集6巻9号1261頁は、ポケット内に財物があるかどうかを確かめるために行われる「あたり」行為については着手を否定する余地があるとしている）、権限なく他人の銀行口座からATMで現金を引き出そうとする場合にはキャッシュカードを挿入した時点で（名古屋高判平成13・9・17高刑速平成13年179頁）、鉄道の駅に設置されている自動券売機に接着剤を塗布し、そこに付着した釣銭を窃取しようとする場合には塗布行為の時点で着手が認められている（東京高判平成22・4・20東高刑時報61巻1～12号70頁）。

(b) 殺人罪

殺人の実行の着手が問題となった事例は、大きく、被害者に対面していきなり殺害行為を行おうとした類型と、被害者を失神させるなどして抵抗できなくした後に殺害行為を行おうとした計画的・段階的犯行の類型に分けることができる。前者の類型については、被害者の面前で刀を振り上げたり、銃の狙いを定めて引き金に指をかけた時点で着手が認められるとされている。

後者の類型の例として、前掲最決平成16・3・22がある（事実関係については、49頁参照）。最高裁は、実行犯3名の殺害計画によれば、「第一行為は第二行為を確実かつ容易に行うために必要不可欠なものであったといえること、第一行為に成功した場合、それ以降の殺害計画を遂行する上で障害となるような特段の事情が存しなかったと認められることや、第一行為と第二行為との間の時間的場所的近接性などに照らすと、第一行為は第二行為に密接な行為であり、実行犯3名が第一行為を開始した時点で既に殺人に至る客観的な危険性が明らかに認められる」として第一行為の時点で着手を認めた。本決定と同様に、必要不可欠性、特段の障害の不存在性、時間的場所的近接性という観点を用いた例として、名古屋高判平成19・2・16判タ1247号342頁がある。事案は、被告人が、後方から被害者に自動車を衝突させて転倒させたうえで、被害者を刃物で刺殺しようとしたというものであったが、名古屋高裁は、犯行計画によれば、自動車を被害者に衝突させる行為は被害者に逃げられることなく刃物で刺すために必要であること、被害者を転倒させた場合、それ以降の計画を遂行するうえで障害となるような特段の事情はないこと、自動車を衝突させる行為

と刃物による刺突行為との間には時間的場所的近接性が認められることを理由に、両行為は密接な関連を有する一連の行為であり、自動車を被害者に衝突させた時点で殺人に至る客観的な危険性も認められるとして殺人の着手を認めた。

(c) 放火罪

放火については、密閉した家屋内で大量のガソリンを撒いた事案について、「ガソリンの強い引火性を考慮すると、そこに何らかの火気が発すれば本件家屋に撒布されたガソリンに引火し、火災が起こることは必定の状況にあったのであるから、被告人はガソリンを撒布することによって放火について企図したところの大半を終えたものといってよく」、その時点で結果発生の切迫した危険が認められるとして放火の着手を認めた例がある（横浜地判昭和58・7・20判時1108号138頁）。

これに対し、ガソリンと比べて揮発性が低く引火点が高い燃料である灯油を用いた場合については、それを撒く行為だけでは着手は認められていない。灯油が何らかの火気により直接燃焼する状況にはないことを前提に、灯油に点火する行為に至る危険性があったか否かによって結論が分かれる。着手を肯定した例として、福岡地判平成7・10・12判タ910号242頁がある。この事案は、家屋の玄関前に灯油を散布したうえ、引火性のある液体を振り掛けた新聞紙等を左手に持ち、右手で点火したライターをこれに近づけて火を放ったが、その際、被告人の着用していたゴム手袋に火が燃え移ったことから、ゴム手袋を外してその場に投げ捨てたところ、撒いた灯油の上に落ちて燃え上がったものの、消し止められたという事案である。手袋を投げ捨てた行為は反射的な動作であり問責対象とすることができなかったことから、新聞紙等に着火した時点で放火の着手が認められるか否かが問題となった。福岡地裁は、「不測の事態の発生により行為が中断されなければ、被告人が着火した右紙類をそのまま灯油の上に置いたであろうことは十分予測できる」とし、新聞紙等に着火した時点で着手を認めた。

これに対し、同様に灯油を撒いたうえで新聞紙に着火した場合であっても、行為者が灯油が撒かれた場所から離れた位置に立っており、すぐに灯油に着火できる体勢になく、また周囲に人がいて行為者の行為に介入することが予想で

きる場合には、着手は否定されうる（千葉地判平成16・5・25判タ1188号347頁）。

(d) 強制性交罪（旧強姦罪）

強制性交については、被害者を自動車に引きずり込んで別の場所で性交しようとした事案で、車内に引きずり込もうとした時点で実行の着手が認められるかどうかが争われた例が多数ある。前掲最決昭和45・7・28は、ダンプカーで徘徊していた被告人が、1人で通行中の被害者に目を付け、下車して被害者を背後から抱きすくめてダンプカーの助手席前まで連行し、車内にいた共犯者とともに被害者を運転席に引きずり込み、発進して約5800m離れた場所に移動し、車内で強制性交をしたが、ダンプカーに引きずり込む際に被害者に傷害を負わせたという事案について、「被告人が同女をダンプカーの運転席に引きずり込もうとした段階においてすでに強姦に至る客観的な危険性が明らかに認められる」として実行の着手を認めた。本件は、共犯者が協力的であったため、被害者を車内に引きずり込むことは困難でなく、また被害者をダンプカー内に引きずり込むことに成功すれば、発見されずに目的地まで移動して強制性交に至るまで特段の障害がないといえる事案であった。

これに対し、共犯者が非協力的なため、車内に引きずり込むこと自体が困難であったり、引きずり込むことに成功したとしても車内のスペースの問題などにより他の場所に移動して車内で性交することが困難であったという事案で、実行の着手を否定した例がある（大阪地判平成15・4・11判タ1126号284頁）。また、単独犯で、引きずり込むための暴行を行った場所がマンションのエントランスホールであり、自動車に引きずり込むためには外階段を下りて約20m移動しなくてはならなかったという事案について、被害者を車内に連れ込んで性交に及ぶためには客観的に困難な事情が多々あったとして実行の着手を否定した例もある（広島高判平成16・3・23高刑集57巻1号13頁）。

(e) 詐欺罪

詐欺の実行の着手は、財物・財産上の利益をだまし取る目的で欺く行為を開始した時点で認められるとされてきたところ、最近、被害者に対して嘘は述べたが、まだ財物の交付を要求していない段階で実行の着手が認められるかが争点となった例が現れた（前掲最判平成30・3・22）。事案は以下の通りである。共犯者が、前日に詐欺被害に遭っていた被害者に電話をかけ、警察官を名乗

り、銀行預金を全額下ろした方がよい、前日の被害金を取り返す協力をして欲しいという趣旨の嘘を言い（1回目の電話）、その後に再び電話をかけ、間もなく警察官が被害者宅を訪問するという趣旨の嘘を言ったうえで（2回目の電話）、被告人が、警察官になりすまして被害者に現金を交付させるために被害者宅へ向かったが、到着する前に逮捕された。最高裁は、①本件嘘（1回目と2回目の電話で述べられた嘘）の内容は、「犯行計画上、被害者が現金を交付するか否かを判断する前提となるよう予定された事項に係る重要なものであった」こと、②「本件嘘には、預金口座から現金を下ろして被害者宅に移動させることを求める趣旨の文言や、間もなく警察官が被害者宅を訪問することを予告する文言といった、被害者に現金の交付を求める行為に直接つながる嘘が含まれて」いたこと、③「既に100万円の詐欺被害に遭っていた被害者に対し、本件嘘を真実であると誤信させることは、被害者において、間もなく被害者宅を訪問しようとしていた被告人の求めに応じて即座に現金を交付してしまう危険性を著しく高めるものといえる」ことを指摘し、着手を認めた。

　本判決の特徴は、実行の着手の総論的基準を単純に適用するのではなく、「欺く行為→被害者の錯誤→被害者による交付行為→財物・財産上の利益の移転」という経過を必要とする詐欺罪の構成要件（→各論119頁）を踏まえた実行の着手判断を行っている点にある。特に注目されるのは、①の部分である。これは、仮に予定されていた嘘がすべて述べられていた場合には、本件嘘は欺く行為の一部を構成するような重要な嘘であったことを指摘したものであると解される。翻ると、仮に詐欺の結果発生の危険が十分に認められても、いまだこのような意味での重要な嘘がない段階では、着手が否定される余地があるというのが本判決の考え方であるといえよう。

(4)　離隔犯・間接正犯の実行の着手時期

　行為者の行為と結果発生との間に時間的離隔がある場合を離隔犯という。間接正犯（→67頁）は、第三者または被害者を利用する犯行形態であるため、離隔犯にあたる場合が多い。離隔犯と間接正犯は混同されることがあるが、両者は完全に重なるわけではない。たとえば、XがAの背中に拳銃を突きつけながらAに万引きをさせる場合のように、間接正犯の場合でも離隔犯にあた

ない場合もある。逆に、間接正犯にあたらない離隔犯の例として、殺人のため翌日爆発するように設定した時限爆弾を設置する場合が挙げられる。

　離隔犯・間接正犯の実行の着手については、行為者の行為の時点で認める見解（行為時説）、結果発生が切迫した時点で認める見解（切迫時説）、結果発生が確実になったといえる時点で認める見解（個別化説）が主張されている。たとえば、XがAを殺害するために、毒入りの菓子をA宛に郵便で発送したが、郵送中に紛失したために届かなかったという事例の場合、行為時説からは殺人の実行の着手が認められ、切迫時説からは否定される。個別化説からは、日本では郵便で発送した物は送り先に届くのが確実であるという認識を前提に、実行の着手が肯定されることになる。

　裁判例では、被告人が、被害者に対し、被害者またはその家族が食用すれば中毒死することを予見しながら、贈物を装って致死量の毒物が混入した砂糖を郵送したが、被害者はこれを受領したものの、毒物の混入に気づき、食するには至らなかったという事案がある。大審院は、毒物が飲食可能な状態に置かれた時点で殺人の実行の着手が認められるとし、本件では受領の時点で着手が認められるとした（大判大正7・11・16刑録24輯1352頁）。また、被害者が日常通行する農道の道端に毒入りジュースを置き、これを被害者に拾得、飲用させて殺害しようとした事案として、宇都宮地判昭和40・12・9下刑集7巻12号2189頁がある。宇都宮地裁は、農道に単に食品が配置されただけではそれが直ちに他人の食用に供されたとはいえないとして、殺人の着手は認められないとした。これらをみる限り、裁判実務では行為時説は採用されていないといえよう。

　なお、郵便物の区分業務に従事していた被告人が、他人宛の郵便物を窃取しようと企て、密かに郵便物の宛名等を書き換えるなどしたうえ、それを郵便物区分棚に置き、配達担当者を利用して自宅に届けさせようとした事案につき、区分棚に郵便物を置いた時点で窃盗の着手を認めた例（東京高判昭和42・3・24高刑集20巻3号229頁）がある。本判決は行為時説を採用したようにもみえるが、この事案では遅くとも郵便物が被告人宅に到達した時点で窃盗が既遂に達するため、行為時説以外でも本判決と同様の結論を導くことができるという評価も有力である。

第2章　構成要件該当性Ⅰ——基本型　**057**

5 中止未遂

(1) 概説

中止未遂（中止犯とも呼ばれる）とは、犯罪の実行に着手したが、「自己の意思により犯罪を中止した」場合をいう（43条ただし書）。43条の中に規定されているため、犯罪が既遂に達していないことが前提となる。通常の未遂（中止未遂と対比して、「障害未遂」と呼ばれることがある）が刑の任意的減軽にとどまるのに対して、中止未遂は、刑が必ず減軽されるか、または免除される。中止未遂が成立するためには、①「自己の意思により」（任意性の要件）、②犯罪を中止したこと（中止行為の要件）が必要である。

予備罪処罰規定がある犯罪について、予備段階で犯罪が既遂に至るのを中止した場合に、43条ただし書きの準用を認めるべきかについて争いがある。準用を認めるべきだとする見解は、未遂段階で中止すれば同規定により刑の免除の可能性があるのに、その手前の予備段階で中止した場合には免除の可能性がないのは不均衡だと主張する。もっとも、放火予備罪と殺人予備罪については、情状により刑を免除することができるとされているため（113条ただし書き、201条ただし書き）、この議論の実益があるのは、強盗予備罪などに限られる。判例は、「予備罪には中止未遂の観念を容れる余地のないもの」とし、43条ただし書きの準用を明確に否定している（最大判昭和29・1・20刑集8巻1号41頁）。

なお、予備段階で自首した場合に刑の必要的免除（80条、93条ただし書き）または刑の必要的減免（228条の3ただし書き）を定めた規定や、身代金目的略取等罪などに関して公訴の提起前に被害者を安全な場所に解放した場合に刑の必要的減軽を定めた規定（228条の2）があるが、これらは中止未遂とは別物である。

(2) 減免の根拠

中止未遂が障害未遂よりも寛大に扱われる根拠について、政策説と法律説がある。

政策説は、任意に犯罪を中止した者を寛大に扱うことにより、犯罪の中止を奨励し、法益の侵害を未然に防ごうという政策的考慮にその根拠があるとす

る。しかし、43条ただし書は、「刑を減軽し、又は免除する」と規定しているが、政策説のみでは、どのような場合に刑が減軽され、免除されるのかについての手掛かりを提供できないという問題があるとされている。

そこで、中止未遂規定の政策的側面は認めつつ、犯罪の成立要件に関連づけて説明する法律説が多数説である。法律説には、違法減少説、責任減少説、違法・責任減少説があるが、中止行為を通じた結果発生の危険性の消滅による違法減少と、任意に中止行為を行ったことによる責任減少に根拠を求める違法・責任減少説が有力である。

(3) 要件

(a) 中止行為

「犯罪を中止した」、すなわち中止行為をしたといえるためには犯行の継続を放棄する（不作為による中止）だけで足りるのか、結果防止のための積極的行為（作為による中止）が必要かは、中止行為をしようとした時点での状況によって異なる。かつては、実行行為がいつ終了したかという問題と関連づけて論じられたが、現在では、端的に、中止行為時を基準にして、行為者にどのような行為を要求すべきかを問うべきだとする考え方が一般的となっている。

不作為による中止で足りるのは、犯行の継続を放棄しさえすれば既遂結果の発生を回避できる場合である。たとえば、射殺のために発射した拳銃の弾丸がそれたという事例で、まだ残弾があるにもかかわらず、続けて引き金を引かずにその場を立ち去ったという場合、不作為による中止をすれば、死亡結果が発生することはないので、中止行為が認められる。裁判例で不作為による中止に中止行為を認めた例として、東京高判昭和62・7・16判時1247号140頁がある。事案は、被告人が、殺意をもって、被害者の頭部付近をめがけて牛刀を振り下ろしたところ、被害者がこれを左腕で防ぎ、これにより全治約2週間の傷害を負わせたが、その後の犯行の継続を放棄したというものである。東京高裁は、「最初の一撃で殺害の目的が達せられなかった場合には、その目的を完遂するため、更に、二撃、三撃というふうに追撃に及ぶ意図が被告人にあったことが明らか」とし、「牛刀でAに一撃を加えたものの、その殺害に奏功しなかったという段階では、いまだ殺人の実行行為は終了して」いないとして、犯行の継続

第2章　構成要件該当性Ⅰ──基本型　**059**

を放棄したこともって中止行為にあたるとした。本判決は、実行行為が終了していたかどうかという観点から判断しているが、中止行為時を基準とする現在の通説からみても、被害者が負った傷害は生命に危険のある程度のものとはいえないから、不作為の中止で足りる事案であったといえる。

これに対し、結果防止のためには積極的な行為が必要な場合には、作為の中止が要求される。結果防止行為は行為者自身がすべて独力でしなければならないわけではなく、他人の手を借りてもよい。しかし、その場合には、行為者自身が結果防止行為を行ったのと同旨しうる程度の努力を払う必要がある（大判昭和12・6・25刑集16巻998頁〔放火の実行の着手後に火の勢いに恐怖を抱き、他人に対して「放火したのでよろしく頼む」という趣旨の発言をして現場を立ち去っただけでは、中止行為とは認められないとしたもの〕）。このことを指して、「中止行為の真摯性」の要件ということがある。真摯性は、作為による中止が必要な場合にのみ中止行為の要件となるものであり、不作為による中止で足りる場合には必要ないことに注意したい。また、真摯性というと倫理的に称賛されるべき行為であることが必要であるようにも聞こえるが、そのようなことまでは要求されない。

真摯性が肯定された例として、殺意をもって被害者に多量の睡眠薬を飲ませた後に、被告人自ら警察に通報し、その結果、被害者が直ちに病院に収容され、救命された事案がある（東京地判昭和37・3・17下刑集4巻3=4号224頁）。これに対し、否定された例として、大阪高判昭和44・10・17判タ244号290頁がある。事案は、被告人が、被害者の腹部を包丁で突き刺して肝臓に達する刺創を負わせた後、被害者を自動車で病院に連れて行き医師に引き渡したが、病院到着前に凶器を投棄して証拠隠滅をはかったり、病院では医師などに対して自分は犯人ではないと嘘を言ったりしたというものであるが、大阪高裁は、被告人は救助のための万全の行動をとったとはいいがたく、単に被害者を病院へ運ぶという一応の努力をしたに過ぎないとして真摯性を否定した。また、東京高判平成13・4・9高刑速3132号50頁は、アパートの自室に放火しようと企て、畳の上に積み上げられていた衣類にライターで着火した被告人が、燃えていない衣類を炎の上からかぶせて消火を試みたものの、鎮火を確認せず、またアパートの他の住人に火事を知らせることなく現場から逃走し、その後に119番通報をしたが、断片的な情報を一方的に伝えただけのものだったという事案につい

て、結果発生を防止したと同視し得る行為があったとはいえないとした。大阪
高裁の事案では、使用した凶器の形状などは治療にあたり重要な情報であるに
もかかわらず、それを伝えなかった点が真摯性を否定するのに重要な事情であ
ったといえよう。東京高裁の事案でも、放火現場で住人の協力を得つつ可能な
限りの消火行為を行わなかったほか、通報時に十分な情報を伝えなかったこと
が重要な事情と評価できよう。

(b) 結果不発生との間の因果関係

中止行為が認められたとしても、さらに中止行為と結果の不発生との間に因
果関係が必要かについては争いがある。これを必要とする見解も有力である。
しかし、因果関係が必要だとすると、たとえば、殺意をもって被害者に毒を飲
ませた後に、病院に連れて行って救命措置を受けさせたが、毒は致死量ではな
かったという事例や、宝石を盗もうとして金庫を解錠する行為を開始したが、
気が変わって犯行を中止したところ、実は金庫の中には宝石が入っていなかっ
たという事例では、中止行為がなくても結果は発生しなかったであろうといえ
るため、中止未遂が認められないことになる。この結論は、毒が致死量であっ
た場合や金庫の中に宝石があった場合と比較して不均衡であるとして、因果関
係を不要とする見解も主張されている。

(c) 任意性

任意性の判断基準については、さまざまな見解が主張されている。代表的な
見解は以下の通りである。

限定主観説は、中止行為が広義の悔悟（悔悟、憐み、同情、反省など）に基づ
く限り、任意性を認める見解である。主観説は、行為者が「やろうと思えばや
れた」にも関わらず中止行為をした場合に任意性を認め、「やろうと思っても
やれない」と考えて中止した場合には任意性を否定する見解である。客観説
は、中止行為の原因となった外部的事情が、一般の経験上、意思に対して強制
的影響を与えるような性質のものであったかどうかを基準とすべきだとする。
具体的には、外部的事情が行為者に与えた影響をみたうえで、一般人を基準と
した場合に、その影響が中止行為を強制するような物理的・生理的な障害に相
当するものである場合には任意性を否定し、そうでない場合には任意性を肯定
する。

第2章　構成要件該当性Ⅰ——基本型　**061**

以上のうち、限定主観説には、43条ただし書きが要求していない倫理的動機まで要求する点で任意性の要件を限定しすぎているという問題があり、現在ではほとんど支持されていない。学説上は主観説と客観説が有力である。

　判例は、客観説を採用しているとみられる（大判大正12・9・21刑集16巻1303頁、最判昭和24・7・9刑集3巻8号1174頁参照）。もっとも、任意性を肯定した裁判例の中には、広義の悔悟に言及したものが多い。このことをもって、判例は限定主観説を部分的に採用していると評価することも不可能ではないが、通常、ひとたび犯罪の実行に着手した者がその後に広義の悔悟の情を抱いて犯行を中止することは考えにくいから、客観説と矛盾するものではないであろう。

　任意性が否定された例として、最決昭和32・9・10刑集11巻9号2202頁がある。事案は、自殺を決意した被告人が、自分の死後の母（被害者）の人生を悲観し、被害者の苦悩を取り除く意図で殺害することを決意し、就寝中の被害者の頭部を野球バットで1回殴打した後、被害者が死亡したと思って隣室に入ったが、被告人の名を呼ぶ声が聞えたため戻ってみると、被害者が頭部より血を流し痛苦していたので、その姿をみて驚愕恐怖し、殺害行為を続行しなかったというものである。最高裁は、被害者が流血痛苦した状態で被告人の名を呼び続けるような事態は、被告人にとって「全く予期しなかったところであり、いわんや、これ以上更に殺害行為を続行し母に痛苦を与えることは自己当初の意図にも反するところであるから」、「更に殺害行為を継続するのがむしろ一般の通例であるというわけにはいかない」として任意性を否定した。

　これに対し、同じく流血を見たことが中止行為のきっかけとなった場合でも、任意性が肯定された例もある。福岡高判昭和61・3・6高刑集39巻1号1頁は、被告人が、殺意をもってAの頸部を果物ナイフで1回突き刺したが、被害者が大量の血を口から吐き出すのを見て、驚愕すると同時に大変なことをしたと思い、止血措置や救急要請などの中止行為をしたという事案について、「通常人であれば、本件の如き流血のさまを見ると、被告人の前記中止行為と同様の措置をとるとは限らない」とし、さらに「『大変なことをした。』との思いには、本件犯行に対する反省、悔悟の情が込められている」として任意性を肯定した。

　両事例を比較すると、流血という外部的事情が被告人の心理に与えた影響が

異なる。最高裁の事例では、「楽にしてやろうと」思った相手が流血して痛苦しながら自分の名前を呼ぶという予想外の事態に被告人は恐怖・驚愕しているが、このような心理的影響は、一般人からみても、中止行為を強制するような物理的・生理的な障害に相当するものといえよう。これに対し、福岡高裁の事例では、一般人からみたときに中止行為を強制するような心理的影響を行為者は受けておらず、むしろ規範意識が蘇って中止行為に出たことから、任意性が肯定されたものといえる。

第3章

構成要件該当性Ⅱ——複数人の関与

多くの犯罪類型は、1名だけで実行すること（単独正犯）を暗黙の前提として規定されている。たとえば刑法199条は「人を殺した者は、死刑又は無期若しくは5年以上の懲役に処する。」と規定し、また、刑法235条は「他人の財物を窃取した者は、窃盗の罪とし、10年以下の懲役又は50万円以下の罰金に処する。」と規定しているが、これらの条文は、いずれも、単独で人を殺した場合あるいは単独で他人の財物を窃取した場合につき規定していると解されるのである（ただし、内乱罪、騒乱罪、凶器準備集合罪のように、複数人の関与が条文上予定されている犯罪類型も存する）。

しかし、実際には、複数の者が協力して犯罪を実行することも少なくない（窃盗団を想像すれば分かるであろう）。また、犯罪を行うように唆したり、犯行を容易にするために力を貸したりする場合もある。

刑法典は、このように複数人が犯罪に関与する場面につき、共同正犯（60条→74頁）、教唆（61条1項→85頁）、従犯（62条1項→87頁）の規定を置く。

また、刑法典が明文で規定するわけではないが、解釈により、間接正犯という概念が認められている。間接正犯が成立するのは、たとえば、XがAに拳銃を突き付けて「いうことを聞かなければ殺す」と脅しつつAにBが所有する高価な壺を壊させる場合である。この場合、形式的には壺を壊す行為をしたのはAだが、実質的にはXがAを道具として利用し実行行為を間接的に行ったと評価できるため、Xは器物損壊罪を行った者として処罰される（→67頁。後述するように、間接正犯は単独正犯の一種だが、単独で自らの手で実行行為を行う直接正犯と講学上区別される）。

064

本章では、このような多様な関与形式について、それぞれどのような概念なのか、関与形式間の区別はどのようになされるのかを講ずる。

各関与形式間の区別は、従来、主として、①共同正犯と従犯の区別、②共同正犯と教唆犯の区別、③間接正犯と教唆犯の区別が論じられた。また、④共同正犯と間接正犯の区別も最決平成13・10・25刑集55巻6号519頁において問題とされたと一般に理解されている（ただし、最決平成13年は、間接正犯か共同正犯か教唆かという1段階の判断構造ではなく、まず背後者の行為につき間接正犯該当性を検討し、これが否定された場合に広義の共犯のいずれの類型に該当するかを検討するという2段階の判断構造を採用した。このため、同決定においては、間接正犯と共同正犯の区別は問題とされていないことに留意すべきである）。さらに、論理的には、⑤間接正犯と従犯、⑥教唆犯と従犯の区別も問題となる。

I　正犯と共犯

前述のように、さまざまな関与形式が、刑法典に規定され、あるいは、解釈によって認められている。

これらの関与形式は、大別して結果に対して第一次的な責任を負う正犯と第二次的な責任を負う狭義の共犯に分類され、正犯は単独正犯（直接正犯・間接正犯）と共同正犯に、狭義の共犯は教唆と従犯に分類される（なお、共同正犯・教唆・従犯をあわせて、広義の共犯と呼ぶ場合がある）。

1　単独正犯

犯罪を単独で実行する場合を、単独正犯という。

単独正犯には、直接正犯と間接正犯が含まれる。

直接正犯とは、自らの手で実行行為を直接的に行う場合であり、たとえば、Xが自らAの財物を窃取する場合がこれにあたる（窃盗罪の直接正犯）。

これに対し、間接正犯とは、他人を道具として実行行為を間接的に行う場合である。たとえば、XがAの意思を抑圧し、AにBの財物を窃取させた場合、Xは、窃盗罪の間接正犯である（ただし、威迫的な手段が用いられた場合がす

第3章　構成要件該当性II──複数人の関与　**065**

べて間接正犯となるわけではない〔→68頁〕。また、意思抑圧以外の形式での間接正犯も認められる〔→70頁〕）。

間接正犯の場合、直接正犯の場合とは異なり、犯罪の実行に複数の人物が関与しているようにも見える。しかし、意思を抑圧されている A は X が犯罪を行うための道具にすぎず、X が A を自らの手足として犯罪を実行したと考えることが適切である。このため、間接正犯は、直接正犯とともに、単独で犯罪を実行した場合である単独正犯に分類される。

単独正犯（直接正犯、間接正犯）につき、刑法典は特段の規定を置いていない。各則に列挙された各犯罪類型が単独正犯を暗黙の前提としていることから、特段の規定を置かなくとも、当然に、現行刑法上、単独正犯概念が認められるためである。

2　共犯——共同正犯、教唆、従犯

60条以下は、複数人が犯罪の実行になんらかの形で関与した場合につき、共同正犯（60条）、教唆（61条）、従犯（62条）の三つの類型を規定している。

講学上、これらの 3 類型を広義の共犯と総称する場合がある（刑法典は、共同正犯、教唆、従犯を「第11章　共犯」との見出しのもとで規定している）。また、共同正犯は単独正犯と並んで正犯であるため、その他の 2 類型（教唆、従犯）を指して狭義の共犯と呼ぶ場合がある。

ここでは、広義の共犯について、簡単に概観しておこう。

共同正犯とは、2 人以上の者が、お互いに意思を通じ共同して犯罪を実行した場合である。

共同正犯における各関与者は、たとえそれぞれが実行行為の一部しか分担していなくても「すべて正犯と」され、実現された結果全体について責任を負う（このことを指して「一部行為全部責任」という）。たとえば、X・Y がともに殺意をもって A を狙って発砲したところ、X の弾丸は命中し A が死亡したが、Y の弾丸は外れたとしよう。この場合、X・Y の間に A 殺害についての意思の連絡があれば、実際に弾丸を命中させた X のみならず、Y も殺人既遂罪の共同正犯となる。

これに対し、人をそそのかして犯罪を実行させた場合は教唆とされ、「正犯の刑を科」される。

さらに、道具や場所を提供して物理的に犯罪の実行を容易にしたり、犯罪に関する情報の提供や激励などによって精神的に犯罪の実行を促進したりして、正犯者の犯罪の実行を容易にさせた場合は従犯とされる。従犯は、正犯が実行した犯罪の法定刑に法律上の減軽（→229頁）をほどこした範囲の刑罰で処断される（63条、67条以下）。

拘留または科料のみに処すべき罪の教唆者および従犯は、特別の規定がなければ、処罰されない（64条）。

共謀共同正犯（→76頁。共同正犯の一種）が認められているため、実務上、教唆・従犯の成立が認められる事案は非常に少ない。

II　間接正犯

1　「道具として利用」

かつて学説上有力な見解は、間接正犯を処罰の間隙を埋めるための弥縫策と評した（要素従属性論と間接正犯→98頁）。しかし、そのような理解は現在では支持されていない。

現在では、しばしば、間接正犯は被利用者を道具として利用するものであって、直接正犯と同様、構成要件を実現する者であるとされる（道具理論）。判例の中にも、同様の発想によるものがある（最決平成9・10・30刑集51巻9号816頁は、関税法上の禁制品輸入罪について同罪の間接正犯を認めたが、その際、「第三者の行為を自己の犯罪実現のための道具として利用した」と述べた）。

これに対し、学説においては、道具理論は直感的に過ぎるとし、「直接正犯と質的に異ならない」という指導原理から間接正犯の成否が実際に問題となっている場面を類型別に論じ間接正犯成立の限界を明らかにしようとする見解や、行為支配あるいは自律的決定といった観点から間接正犯の成立範囲を限界づけようとする見解も存する。

第3章　構成要件該当性II──複数人の関与　067

2　間接正犯の諸類型

実務上、また、講学上、間接正犯の成否は類型ごとに論じられている。以下、間接正犯の成否を被利用者の状況別に検討する。

(1)　被利用者に是非弁別能力が欠ける場合

(a)　心神喪失者

心神喪失者には是非弁別能力が欠ける（→187頁）。このため心神喪失者は意のままに操られてしまうから、心神喪失者を利用した者には間接正犯が成立する（最決昭和27・2・21刑集6巻2号275頁は、精神疾患により「通常の意思能力もなく、自殺の何たるかを理解しない者」に方法を教え縊首させた事案に殺人罪の成立を認めた）。

(b)　幼児

幼児も是非弁別能力を欠く。このため、幼児を利用した者についても同様に考えられる（大判昭和9・8・27刑集13巻1086頁〔5歳11ヶ月の幼児に、自己を殺害するよう嘱託するまたは殺害を同意する能力はないとし殺人罪の成立を認めた事案〕。なお殺人罪の間接正犯と自殺関与等罪の区別→各論8頁）。

これに対し、刑事未成年者（→195頁）であっても是非弁別能力を有している者を利用する場合には、（当然のことながら）被利用者に是非弁別能力が欠けることを理由とした間接正犯はおよそ成立し得ない（意思抑圧を理由とした間接正犯は成立し得る）。

(2)　被利用者の意思が抑圧されている場合

被利用者の意思が抑圧されている場合に分類される事案としては、実務上、是非弁別能力のある刑事未成年者の意思を抑圧し利用する場合および、被害者の意思を抑圧して利用する場合が多い。

(a)　是非弁別能力ある刑事未成年者

是非弁別能力のある刑事未成年者の意思を抑圧し利用する場合につきリーディング・ケースとされる最決昭和58・9・21刑集37巻7号1070頁（四国巡礼事件）は、12歳の養女に対して納経所等から現金等を窃取するように命じてこれ

を行わせた被告人を窃盗罪の間接正犯としたが、その際、「被告人が、自己の日頃の言動に畏怖し意思を抑圧されている同女を利用して右各窃盗を行ったと認められるのであるから、たとえ……同女が是非善悪の判断能力を有する者であったとしても、被告人については本件各窃盗の間接正犯が成立する」とした。ここでは、被利用者が刑事未成年者であったことのみならず、被利用者の意思が抑圧されていたことが、間接正犯成立の理由とされたのである（同決定は要素従属性論に依拠しなかったことでも注目された。→98頁）。

　また、ホステスであった被告人が、長男（12歳10ヶ月、中学1年生）に命じて勤務先のスナックに強盗に入らせた事案にかかる最決平成13・10・25刑集55巻6巻519頁（スナック強盗事件）は、「本件当時〔長男〕には是非弁別の能力があり、被告人の指示命令は〔長男〕の意思を抑圧するに足る程度のものではなく、〔長男〕は自らの意思により本件強盗の実行を決意した上、臨機応変に対処して本件強盗を完遂したことなど」の事情を指摘し間接正犯の成立を否定した。ここでも、刑事未成年者であることは利用者に間接正犯の成否にとって決定的な事情とは扱われておらず、被利用者の意思抑圧の程度を中心とした諸事情が考慮されている（本決定は被告人には長男との共同正犯が成立するとした。なお、下級審裁判例ではあるが、10歳の小学5年生Aを利用した窃盗罪の間接正犯を認めた大阪高判平成7・11・9高刑集48巻3号177頁も参照。同判決は背後者が間接正犯であると判示するに際し、「事理弁識能力が十分とはいえない10歳（小学5年生）の刑事未成年者であったのみならず、……Aの年齢からいえば、日ごろ怖いという印象を抱いていた被告人からにらみつけられ、その命令に逆らえなかったのも無理からぬものがある」こと、「命じられた内容が単純」であることを指摘した）。

(b)　被害者

　被害者の意思を抑圧し利用する類型に分類される事案としては、被害者に命令して岸壁上から車ごと海中に転落させた行為に殺人未遂罪（被害者は車から脱出し死を免れた）の間接正犯が成立するとした最決平成16・1・20刑集58巻1号1頁がある。同決定では、被告人が、「被告人を極度に畏怖して服従していた被害者に対し、犯行前日に、漁港の現場で、暴行、脅迫を交えつつ、直ちに車ごと海中に転落して自殺することを執ように要求し、猶予を哀願する被害者に翌日に実行することを確約させるなどし、本件犯行当時、被害者をして、被告

第3章　構成要件該当性Ⅱ──複数人の関与　069

人の命令に応じて車ごと海中に飛び込む以外の行為を選択することができない精神状態に陥らせていた」ことが指摘されている。

このほか、被害者の意思を抑圧し利用する間接正犯の成否が問題となった事案としては、肯定例として福岡高宮崎支判平成元・3・24高刑集42巻2号103頁（強盗殺人罪の間接正犯の成立を肯定。66歳で1人暮らしの被害者から金員を借り受けたが返済の目途が立たなかった被告人が、被害者に出資法違反で刑務所に入ることになる等虚偽の事実を述べ不安と恐怖におののかせつつ、17日間にわたって逃避行をさせ、気力・体力の衰えた被害者に自殺するしかないと執拗に慫慂して農薬を自ら嚥下させ死亡させた事案）があり、否定例として広島高判昭和29・6・30高刑集7巻6号944頁（殺人罪の間接正犯を否定。妻の不倫を邪推した被告人が「常軌を逸した虐待、暴行」を加える等連日執拗に肉体的精神的圧迫を繰り返した結果妻が自殺するに至った事案。自殺教唆罪の成立を認めるに止まった）がある。

(3) 被利用者に故意が欠ける場合

判例は、被利用者が錯誤に陥っている、被利用者が情を知らない等、被利用者に故意が欠ける場合にも、間接正犯の成立を認める。

講学上しばしば掲げられる、医師が看護師に対し「治療のために必要な薬品である」と偽って毒薬入りの注射器を渡し、看護師をして患者に毒薬を注射させるという事例も、この類型である。

(a) 錯誤

被利用者が錯誤に陥っている場合としては、他人の所有管理にかかる物件をあたかも自己の所有物のごとく装い第三者に売却搬出させた行為に窃盗罪の間接正犯の成立を認めた事例（最決昭和31・7・3刑集10巻7号955頁）や、追死する意思がないのにあるかのように装い被害者に毒物を嚥下させ中毒死させた行為につき殺人罪の間接正犯が成立するとした事例（最判昭和33・11・21刑集12巻15号3519頁）がある（後者につき、最高裁は、「被害者は被告人の欺罔の結果被告人の追死を予期して死を決意したものであり、その決意は真意に添わない重大な瑕疵ある意思である……。そしてこのように被告人に追死の意思がないに拘らず被害者を欺罔し被告人の追死を誤信させて自殺させた被告人の所為は通常の殺人罪に該当する」とした。もっとも、被害者は自己が死亡することについて誤信していたわけではないため、自殺

関与罪に止まるとする見解が有力である。→各論8頁）。

(b) 情を知らない者

情を知らない者を利用する場合としては、情を知らない郵便局員を利用して書面や毒物を郵送した事例（大判大正7・11・16刑録24輯1352頁）や、情を知らない通関業者を利用して禁制品である大麻を輸入した事例（最決平成9・10・30刑集51巻9号816頁。税関検査で大麻の隠匿が発覚した後、コントロール・デリバリーが行われた事例。通関後は、大麻が荷物に隠匿されていることを捜査機関から知らされた配送業者が当該荷物を配達した。最高裁は情を知った配送業者が配達したことについても「第三者の行為を自己の犯罪実現のための道具として利用した」とした）がある。

(4) 被利用者に故意がある場合

判例上は、故意がある者を利用した場合にも間接正犯の成立が認められる場合がある。

(a) 軽い罪の故意のある者の利用

しばしば、Xが、屏風の背後にAがいることを知りつつ、そのことを知らないYに「屏風を銃で撃て」と指示し、Aを死亡させたという設例が論じられる。

この事例では、Yに器物損壊罪が成立することは疑いない（Yは、故意に屏風を損壊するつもりであり、かつ、現に屏風を損壊している）。また、Aの死についてYに過失がある場合には、Yに過失致死罪も成立する。もっとも、YはAの存在を認識していたわけではないから殺意を欠き、Yに殺人罪は成立しない。

このように、背後者の意図した重い罪（この例では殺人罪）の故意は欠くが、それと異なる軽い罪（この例では器物損壊罪）の故意がある者を利用した場合にも、通説は背後者が意図した犯罪についての間接正犯の成立を認める。重い罪との関係では、被利用者は背後者に意のままに利用されているといえるからである。

(b) 目的なき故意ある道具の利用、身分なき故意ある道具の利用

故意ある道具の利用に分類されるケースには、このほか、目的犯において被利用者が目的を欠く場合（目的なき故意ある道具）、身分犯において被利用者が身分を欠く場合（身分なき故意ある道具）があるとされる。

第3章　構成要件該当性Ⅱ──複数人の関与 | **071**

いずれの場合も、背後者に間接正犯の成立を認める見解が有力である。

目的なき故意ある道具につきしばしば掲げられる例は、Xが実際には行使の目的があるにもかかわらず行使の目的がないと偽ってYに依頼し通貨を偽造させた場合である。

この場合、Yは、偽造通貨を行使する目的を欠くため、被利用者が故意を欠く場合と同様、背後者Xの意のままに結果を実現するとされる（もっとも、通貨偽造罪の故意は行使の危険を伴った偽造の認識であるとし〔通貨偽造罪の故意→各論215頁〕、Yには同罪の故意が欠け、被利用者に故意が欠ける場合〔→70頁〕の事例であるとする指摘もある）。

身分なき故意ある道具につきしばしば掲げられる例は、公務員Xが、Aから賄賂を収受するに際しAから直接受け取らず、非公務員であるYに事情を打ち明けYに賄賂を受け取らせたという事案である。

この場合、非公務員Yは収賄罪の正犯に該当し得ずXを間接正犯と解さなければXは不可罰となってしまうとして、身分なき故意ある道具の利用は間接正犯であると解さねばならないとの見解も存する（狭義の共犯が正犯の存在を前提とするとすれば〔純粋惹起説に依拠し正犯なき共犯を認める立場もあるが、批判が強い。→94頁〕、Yが正犯でない以上Xは共犯たり得ない。このため、Xを間接正犯と解さないのであれば、Xは不可罰となる）。

もっとも、有力な見解によれば、65条1項の「共犯」には共同正犯も含まれるとする理解（→117頁）を前提に、先の事例につきXとYの共同正犯が成立する。こう解する場合、身分なき故意ある道具という概念を認める必要性は失われる。

(c) 故意ある幇助的道具の利用

故意ある幇助的道具の利用と呼ばれる類型は、被利用者が構成要件該当行為を自手的かつ故意に行ったにもかかわらず、被利用者の果たした役割が軽微であること等を理由として背後者を間接正犯とする場合をいう（被利用者は従犯に止まるとされる。実行行為を行う従犯→90頁）。

リーディング・ケースとされる最判昭和25・7・6刑集4巻7号1178頁は、食糧管理法に違反する米の輸送を使用人に行わせた被告人につき、「被告人が……〔使用人〕に命じて同人を自己の手足として……米を自ら運輸輸送した」、

「〔使用人〕がその情を知ると否とにかかわらず被告人の行為が運輸輸送の実行正犯〔である〕」と判示した。一般に、被利用者が情を知らない場合（この場合は、被利用者が錯誤に陥っている場合に該当する）のみならず、被利用者が情を知っている場合（すなわち、被利用者に故意がある場合）にも被告人が間接正犯となるとしたと解されている（最高裁が使用人の罪責につき論じていないことから、使用人を幇助的道具としたとまではいえないとの異論もある）。

　また、横浜地川崎支判昭和51・11・25判時842号127頁は、Xが覚せい剤を取引相手に引き渡そうとした際、取引相手が顔を合わせたくない人物Aであると知ったため、Xから依頼されてAに覚せい剤を引き渡しAから代金を受け取った被告人Yの行為について、「被告人は、覚せい剤譲渡の正犯意思を欠き、XのAに対する右譲渡行為を幇助する意思のみを有したに過ぎないと認めざるをえないので、いわゆる正犯の犯行を容易ならしめる故意のある幇助的道具」であるとした。同判決は被利用者Yの罪責に関するものであって、背後者Xについて直接は判断していないが、Yが「Xの右犯行〔覚せい剤有償譲渡〕を容易にさせてこれを幇助し」たと判示したため、背後者Xが間接正犯であることを前提としていると考えられる。

(5)　被利用者に違法性阻却事由が存する場合

　しばしば、違法性阻却事由が存する者を利用する場合についても、間接正犯の成否が論じられる。

　古い判例は、妊婦から依頼を受けたXが堕胎を行ったが失敗し妊婦の生命に危険を生じさせ、医師Yが妊婦の生命を救うため堕胎を行わざるを得なかったという事案において、Xに、緊急避難として堕胎を行う医師Yを利用した間接正犯が成立するとした（大判大正10・5・7刑録27輯257頁）。

　また、最高裁は、大麻隠匿の発覚後、配送業者が配達した部分についても禁制品輸入罪の成立を認めた（前掲最決平成9・10・30〔→71頁〕）。「配送業者が、捜査機関から事情を知らされ、捜査協力を要請されてその監視の下に置かれたからといって、それが被告人らからの依頼に基づく運送契約上の義務の履行としての性格を失うものということはできず、被告人らは……第三者の行為を自己の犯罪実現のための道具として利用した」とし、（麻薬特例法により大麻を適法

第3章　構成要件該当性II──複数人の関与　　**073**

に配送する）業者を利用した間接正犯の成立を認めたのである。

もっとも、これらの事案において背後者が間接正犯とされるのは、被利用者に違法性阻却事由が存したからではない。前者においては、妊婦の生命に危険が生じていたことから被利用者たる医師としては堕胎行為をするほかなく、また、後者においては、被利用者たる配送業者は運送契約上の義務を履行したにすぎない。このため、背後者が被利用者を意のままに用いたと評価できることから、間接正犯とされたのである。

このように考えれば、違法性阻却事由が存する者の利用という類型をあえて設ける必要はないこととなる。

3　間接正犯の実行の着手時期

間接正犯の実行の着手時期については、利用者が被利用者に働きかけた時点であるとする利用行為時説と、被利用者が結果を発生させる行為に着手した時点であるとする結果行為時説が対立する（→56頁）。

III　共同正犯

（共同正犯）
60条　2人以上共同して犯罪を実行した者は、すべて正犯とする。

1　総説

(1)　一部行為全部責任

60条は、2人以上の者が共同して犯罪を実行した場合をすべて正犯とする（共同正犯）。

共同正犯にあたる各関与者は、実行行為の一部しか分担していなくとも（実行共同正犯）、あるいは、実行行為の一部すら分担していなくとも（共謀共同正

犯→76頁）、「すべて正犯と」され、実現された結果全体について責任を負う（一部行為全部責任）。

たとえば、X・Y がともに殺意をもって A を狙って発砲したところ、X の撃った弾は命中し A が死亡したが、Y の撃った弾は外れたとしよう。この場合、X・Y の間に、A 殺害についての意思の連絡があれば、実際に弾丸を命中させた X のみならず、Y も殺人既遂罪の共同正犯となる（実行共同正犯）。

同様に、暴力団組長が配下の者に指示して被害者を殺害させた場合、両名は、殺人罪の共同正犯とされる（共謀共同正犯）。

共同正犯成立の法的効果である「一部行為全部責任」は、実行行為の分担や意思の連絡を通じ、法益侵害に対して物理的・心理的な意味で因果的に寄与することにより基礎付けられる。共謀共同正犯においては、形式的な意味での実行行為の共同は存在しないので、意思の連絡に基づく心理的な因果的寄与が不可欠である。

(2) 共同正犯論の重要性

通常第一審における有罪総人員中、共犯現象は実務上無視できない割合を占めている（昭和27年から平成10年の司法統計年報によれば、共犯者があった人員の割合は約25.4% である。なお、平成11年以降は統計が簡略化されたためデータが得られない。このため、以下に言及する統計数値は、やや古いものであることに注意を要する）。

複数の者が関与したケースの内訳を見ると、その約97.9パーセントが、被告人が正犯として関与した場合である。司法統計年報からは正犯者が、間接正犯として関与したのか、共同正犯として関与したのか、他の関与者に教唆・幇助された正犯者として関与したのかは必ずしも明らかではないが、教唆犯・従犯として処罰されることが稀なこと、間接正犯が成立するためには背後者が「直接正犯と質的に異ならない」関与をしたことが必要な──したがってそのような場合は自ずと限定される──ことから、共同正犯がそのうちで多数を占めているのではないかと思われる。

狭義の共犯とされた場合は非常に少なく、それぞれ、教唆が約0.2パーセント、従犯が約1.9パーセントである。また、裁判実務上、狭義の共犯とされる割合の高い犯罪類型は特定のものに偏っている（教唆犯の成立が認められる割合

第3章　構成要件該当性II──複数人の関与　｜　**075**

が高いのは、犯人蔵匿および証拠隠滅の罪、偽証の罪であり、従犯が認められる割合が高いのは、賭博及び富くじに関する罪、通貨偽造の罪である）。

このため、まずは共同正犯について理解を深めることが重要である。

(3) 共謀共同正犯

暴力団組長Xは、Aを殺害しようと暴力団員Yと計画を練った。殺害はYが担当することとなり、Yは犯行当日単独でA宅を訪れ、Aを射殺した。この間、XはA宅を訪れることはなかった。この場合、Yには殺人罪が成立する。では、現場に赴いていないXの罪責はどうなるのであろうか。

判例は、古くから（大判昭和11・5・28刑集15巻715頁、最判昭和23・1・15刑集2巻1号4頁等）このような場合も共同正犯となるとしてきた。自らの手で直接に実行行為をしていなくても、先の例のXのようにその実行行為をすることにつき共謀した者は共同正犯になるとしたのである（共謀共同正犯）。

リーディング・ケースとしてしばしば引用される最大判昭和33・5・28刑集12巻8号1718頁（練馬事件）は、「直接実行行為に関与しない者でも、他人の行為をいわば自己の手段として犯罪を行ったという意味において、その間刑責の成立に差異を生ずると解すべき理由はない。さればこの関係において実行行為に直接関与したかどうか、その分担または役割のいかんは右共犯の刑責じたいの成立を左右するものではない」とし、実行行為を行わない背後者も実行担当者と刑責の成立に差異はないとした（同判決は、この引用部分に先行し、「共謀共同正犯が成立するには、2人以上の者が、特定の犯罪を行うため、共同意思のもとに一体となって互に他人の行為を利用し、各自の意思を実行に移すことを内容とする謀議をなし、よって犯罪を実行した事実が認められなければならない」とした）。ここには、実行担当者の背後でこれを操る黒幕を、共同正犯として正犯の名のもとに処罰するという考え方が現れているのである。

これに対し、かつて学説の多くは、Xが実行行為（先の例では銃撃）を自らの手で実行したわけではない点を重視し、Xは殺人の教唆に止まるとした。実行行為（少なくともその一部）を自らの手で遂行していなければ正犯たり得ないと考えたためである（形式的実行共同正犯論→81頁）。多くの学説は、60条が規定する「2人以上共同して犯罪を実行する」という文言を、各関与者が実行行為

076

の少なくとも一部を自手的に遂行することを意味すると解したのである。

このように共謀共同正犯は、刑法学の中で判例と学説の乖離が最も激しい分野の一つであった。

もっとも、現在では、学説においても共謀共同正犯を肯定する見解が通説となった。このような学説状況の変化は、実質的には、数十年にわたって裁判所が法律によらない裁判をしていると考えるのはあまりに観念的であることや、判例が一貫して共謀共同正犯概念を認めるなかでは共謀共同正犯概念を肯定したうえでこの概念を適切に制約する必要があると考えられたことによる。また、理論的には、形式的実行共同正犯論が批判され、共同意思主体説（→81頁）や実質的実行共同正犯論（→81頁）が主張されたことによる。

共謀共同正犯も60条が規定する共同正犯の一種であるから、その成立要件は実行共同正犯の成立要件と同様である。

なお、共謀共同正犯は、実行共同正犯と同様、関与者の少なくとも１名による実行（あるいはその着手）をまってはじめて処罰される（→96頁）。共謀した時点で犯罪として処罰する共謀罪やこれに類する罪（たとえば、組織犯罪処罰法におけるテロ等準備罪や爆発物取締罰則４条の罪）とは、この点で異なる。

さまざまな共謀

「共謀」（「謀議」とも）という概念は、かねて、多義的に用いられてきた。

「共謀」の存在が否定された場合に、被告人が無罪とされる例がある一方、関与者の一部が幇助とされる例も見られた。この概念は、前者においては広義の共犯と不可罰な関与行為を区別する機能を与えられ、後者においては正犯と狭義の共犯を区別する機能が与えられていたのである。

また、前掲・練馬事件最高裁判決が述べた「謀議」・「共謀に参加した事実」という文言については、その意味するところにつき、錯綜した議論があった（「客観的謀議説と主観的謀議説の対立」と呼ばれるものがそれである。共謀共同正犯の成立には黙示の意思連絡でも足りるかという問題や、「共謀」・「謀議」とは内心の意思の合致か意思連絡かという問題、さらには手続法上の問題が、そこには含まれていた）。

現在でも、実務上、「共謀」という概念は用いられる。また、学説において

第3章　構成要件該当性II——複数人の関与　077

も、この概念の現代的意義を強調する見解がある。

　もっとも、ある概念に複数の役割を担わせれば、その概念を用いて議論する際に、複数の役割のうちどの点を問題としているのか分かり難くなってしまい、無用な混乱を生ぜしめかねない。

　共謀概念は、共犯性の問題、正犯性の問題、故意の問題の、3場面に分解されるべきである。問題を切り分けることによって、より分析的な議論が可能となるからである（本書が「共謀」という概念を殊更に用いないのは、このような理由による）。

2　故意の共同正犯の成立要件

(1)　概説

　共同正犯には、実行共同正犯のほか共謀共同正犯も含まれる（→76頁）。

　この両者は、いずれも60条が規定する「2人以上共同して犯罪を実行した者」に該当するとして「すべて正犯」とされる。このため、両者の成立要件は本来同じものであり、本書でも特に区別して論ずることはしない（ただし、学説上共謀共同正犯否定説がかつて多数説であったことから、両者の成立要件を分けて論ずる教科書も少なくない）。

　以下では、まず、故意の共同正犯の成立要件を講ずる（過失の共同正犯、結果的加重犯の共同正犯の成立要件は後述→82頁）。

　故意共同正犯の客観的成立要件は、関与者間の意思連絡、正犯性、意思連絡に基づく実行行為であり、主観的成立要件は故意である。

　関与者間の意思連絡の要件は、各関与者に、自らが直接に生ぜしめた結果のみならず、他の関与者が生ぜしめた結果をも帰責するために要求される（共同正犯のこのような側面は「共同正犯の共犯性」と呼ばれることがある）。

　正犯性の要件は、各関与者が、意思連絡の要件によって帰責された結果につき、狭義の共犯ではなく共同正犯として責任を負うべきことを根拠付ける（共同正犯のこのような側面は「共同正犯の正犯性」と呼ばれることがある）。

　故意は、故意単独正犯について故意が要求されるのと同様、責任主義から要求される。

しばしば、（共謀）共同正犯の成立要件として共謀という概念が用いられる。最大公約数的にいえば、共謀とは共同正犯の成立を認めるに相応しい意思連絡である。もっとも、共謀概念は多義的に用いられ、議論に混乱をもたらしている（→77頁）。実務上、共謀が存在しないとされたことによって、正犯性が欠け狭義の共犯に止まるとされる場合と、狭義の共犯すら成立しないとされる場合がある（共謀概念が異なる次元の複数の機能を担わされていることの現れである）。また、故意と共謀の関係も必ずしも明確に整理されていたわけではなかった。そこで本書では、従来共謀概念を用いて論じられてきた内実を腑分けし、上記のように整理する。

また、（実行共同正犯を念頭において）共同正犯の成立要件として共同実行（あるいは実行行為の分担）が掲げられることも少なくない。しかし、実行行為を分担しない者も共同正犯となり得る以上（共謀共同正犯）、共同実行（あるいは実行行為の分担）は、共同正犯の成立に必須の要件ではない。

なお、判例は、予備罪の共同正犯も認める（最決昭和37・11・8刑集16巻11号1522頁）。60条にいう「犯罪」に予備罪も含まれると解するのである。

(2) 関与者間の意思連絡

(a) 意思連絡

共同正犯の客観的成立要件として、まずは、関与者間の意思連絡が要求される。この要件が充足されることにより、自らの行為から生じた結果のみならず、他の関与者の行為から生じた結果も、各関与者に客観的に帰責されるのである。

意思連絡は黙示のものであっても足りる（→80頁）。犯行に先だって行われる場合（事前共謀）のみならず、犯行現場で行われる場合もある（現場共謀）。意思連絡は、X・Yが犯行について意思連絡を遂げた後に、YとZが同内容の意思連絡を行うように、順次行われる場合もある（順次共謀）。

関与者間の意思連絡は、共同犯行の意識とは区別される。後者は、各関与者の内心に存在する認識であるが、前者は、各関与者間で行われる外部的・客観的な行為である。

結果に対する物理的因果性は共同正犯に必須の要件ではない（X・YがAを

第3章　構成要件該当性II──複数人の関与　079

殺害する旨の意思連絡をし、Xが撃った弾のみがAに命中してAが死亡した場合、この事案ではYは結果に対する物理的な寄与はしていないにもかかわらず、X・Yは殺人罪の共同正犯とされる。ここでは、Yは、Xの行為を通じて結果に対し心理的な因果性を有することから、共同正犯とされるのである）。

　なお、振り込め詐欺等の特殊詐欺事案における意思連絡の認定については、近時、議論がある。特殊詐欺事案においては、犯行グループ内で、リーダー格の「番頭」、電話を掛ける「掛け子」、被害者から現金等を受領する「受け子」や振り込まれた金員を引き出す「出し子」といった役割分担がなされている場合が多く、たとえば「受け子」は「番頭」が誰であるのかすら知らないことも稀ではない。また、各役割を担うメンバーが入れ替わりつつ、不特定多数の被害者に対する欺罔行為が行われる。このような特徴を持つ特殊詐欺の各メンバーに、どの範囲で意思連絡が認められるのかは問題なのである（最判平成30・12・11刑集72巻6号672頁、最判平成30・12・14刑集72巻6号737頁等参照。一部の学説は、包括的共謀という概念を用いて、この問題を論ずる）。

(b)　黙示の意思連絡

　意思連絡は黙示的なものであってもよい。

　判例は背後者が実行担当者の犯行を「確定的に認識しながら、それを当然のこととして受け入れていた」こと、そのことを実行担当者も「承知していた」ことをもって、黙示の意思連絡があったと認めた（最決平成15・5・1刑集57巻5号507頁〔スワット事件〕）。

　このような判示は、互いに相手が犯意を有していると知っていれば黙示の意思連絡が認められるという趣旨で理解されるべきではない。同事件においては、当該組織において当時、組長である被告人がいちいち明示的に指示しなくとも組長が上京する際には「スワット」と呼ばれる配下の者らが拳銃を用意する等して警護する体制が確立されていた点が重要である。この体制が確立されていてはじめて、当該組織において当時組長が上京すると配下の者に伝えたことが、拳銃を用意して警護するよう組長が命じたのと同義だと評価でき（よりかみ砕いていえば、「上京する」と伝えることは、当該組織で当時は「拳銃を用意して警護しろ」と命じたのと同じだと評価でき）、被告人（組長）とスワットらとの間の銃刀法違反（けん銃および適合実包の所持）につき意思連絡を肯定できるのである。

(3) 正犯性

　共同正犯の客観的成立要件として、さらに、正犯性が要求される。この要件が充足されることにより、各関与者は狭義の共犯（教唆・従犯）に止まらず、正犯として処罰される。

　かつて、学説上は、構成要件該当行為の一部を行った者が共同正犯であり、そうでない関与者は狭義の共犯に止まるとする見解（形式的実行共同正犯論）が通説であった（この見解は共謀共同正犯概念を否定する）。

　もっとも、形式的実行共同正犯論によれば、X・Yが共同して詐欺を行おうと相談し、Xが偽物を用意し、Yがこれを本物であると偽って販売した場合、欺く行為（→各論122頁）を行ったYのみが正犯でXは従犯にすぎないとすることになるが（偽物の用意は詐欺罪の実行行為の一部ではないため）、このような結論には批判が強い。

　このため、学説上も、正犯性を実質的に決定しようとする共同意思主体説（共犯現象を共同意思主体という個人を超えた社会的・心理的存在の活動として捉え、共同意思主体を構成する者をすべて正犯とする見解。もっとも、近年では同説においても共同意思主体を構成する者のうちで正犯と共犯を区別する見解が一般的であり、同説は、正犯性に関する理論ではなくなっている）や実質的実行共同正犯論（実行概念を規範的・実質的に理解し、実行行為に準ずる重要な役割を果たした者も正犯とする見解）が主張されるに至った。

　これに対し、判例は一般に、「自己の犯罪を行う意思」によって関与したか否かにより正犯と共犯を区別してきたとされる（最判昭和24・10・1刑集3巻10号1629頁〔「従犯は他人の犯罪に加功する意思をもつて、有形、無形の方法によりこれを幇助し、他人の犯罪を容易ならしむるもの」とした〕、最大判昭和33・5・28刑集12巻8号1718頁〔練馬事件、共謀に参加した者は、「直接実行行為に関与しない者でも、他人の行為をいわば自己の手段として犯罪を行つたという意味において、その間刑責の成立に差異を生ずると解すべき理由はない」とした〕）。また、近時では、「重要な役割」を演じた者を正犯とする下級審裁判例も見られる（東京高判平成25・12・11高検速報（平25）号139頁〔「重要な役割を担ったものであるから、被告人とこれらの者との間に、本件覚せい剤の輸入について共謀が成立したことに疑いの余地はない」とした。同事件の上告審である最決平成27・2・9LEX/DB25506133は、「弁護人……の上告趣意

第3章　構成要件該当性II──複数人の関与　**081**

は……上告理由に当たらない」とするのみだが、原判断を維持した〕、福岡高判平成29・7・10裁判所ウェブサイト〔「共犯者と意思を通じて重要な役割を果たしたものといえ、共同正犯としての責任を負う」とした〕、仙台高判平成29・4・27LEX/DB25545848〔「本件計画の実現のために非常に重要な役割を果たした」とした〕等）。

(4) 共同正犯における実行の着手時期

共同正犯は、意思連絡に基づく実行行為が関与者のいずれかによって行われた時点（未遂を処罰する犯罪類型においては、関与者のいずれかが実行に着手した時点。予備・陰謀を処罰する犯罪類型においては予備行為・陰謀行為が行われた時点）で処罰可能となる。

(5) 共同正犯の主観的要件

故意の共同正犯が成立するためには、各関与者が、他人と共同して結果を生ぜしめる関与を行っているという認識、および、正犯性を基礎付ける事実の認識が要求される。

判例は、未必の故意による共同正犯も認める（最決平成19・11・14刑集61巻8号757頁）。確定的故意がある場合に限るとする見解もあるが、未必の故意で故意単独正犯が成立する以上、共同正犯においても未必の故意で足りる。

Ｘが殺人の故意、Ｙが傷害の故意をもって共働する場合のように関与者が異なる故意を有する場合にも共同正犯が成立するか否かについては後述する（→107頁）。

なお、実行しようとする犯罪が目的犯であるが関与者の一部が目的を欠いた場合に、なお共同正犯が成立するかについては後述する（目的は65条にいう身分か→118頁）。

3 過失の共同正犯、結果的加重犯の共同正犯

(1) 過失の共同正犯

過失の共同正犯と呼ばれる問題は、結果発生に至る過程で複数の者の過失が存する場合（たとえば、Ｘ・Ｙが崖下に人がいるかよく確認せずに崖の上から石を交互

に投げ落としていたところ、崖下にいたＡにいずれかが投げた石１個が当たってＡが死亡したが、いずれが投げた石が当たったのか不明な場合）に、①そもそも過失犯（先の例では過失致死罪）についても60条の適用を認めてよいか、②認めてよいとすればどのような要件のもとで適用できるのかを巡る問題である（なお、過失犯一般につき→132頁。また、過失の競合につき→144頁）。

学説上は、①のレベルで、これを否定する見解も有力である。

否定説には、各人に単独正犯としての過失犯が成立するに過ぎないとする見解（過失の共同正犯という概念を過失の同時犯に解消するという意味で、同時犯解消説と呼ばれる）と、共同正犯の成立要件（→78頁）として意思連絡を要求したうえで「過失行為により結果を発生させる」という意思連絡はあり得ない（結果を発生させる意思連絡を行ったのであれば故意の共同正犯である）とする見解が含まれる。

これに対し肯定説は、以下のように論じ、過失の共同正犯を肯定する。

肯定説は、まず、同時犯解消説では先の例ではいずれの投げた石から結果が生じたか分からない以上、いずれの投石行為も結果との因果関係が認められず、いずれにも過失犯の成立を認めることができないから不都合であるとする（同時犯解消説の中には、Ｘ・Ｙそれぞれに自分が投げた石が当たらないように崖下をよく確認する義務だけでなく相手が投げた石も当たらないように配慮する義務もあるから、先の例でＸ・Ｙ両者に過失犯の成立が認められると反論する見解もある。しかし、肯定説は、そのような配慮義務が常に認められるかは疑問があるほか、もし配慮義務を常に認めるのであれば過失犯の成立範囲が広すぎるとする。結果回避義務→139頁）。

さらに、肯定説は、共同正犯の成立要件として結果発生させることまでの意思連絡は必要ないとする（肯定説の中にはそもそも共同正犯の成立要件として意思連絡は不要であるとする立場も存する）。

判例は、戦後一貫して過失の共同正犯という概念を肯定する（なお、戦前の判例は一般に否定説によっていた）。

いわゆるメタノール事件は、Ｘ・Ｙ両名が共同経営する飲食店で、過失により法定の除外量以上のメタノールを含有する飲食物を客に販売した場合において、Ｘ・Ｙ両名が意思を連絡して右飲食物を販売したものと認められるときは、有毒飲食物等取締令（当時。メタノール等を含有する飲食物の販売等を禁止して

いた）違反の罪の共同正犯が成立するとした（最判昭和28・1・23刑集7巻1号30頁。最高裁として初の肯定例。ただし、過失の共同正犯の成立要件は詳論していない）。

　また、近時、最高裁は、いわゆる明石歩道橋事件において、「業務上過失致死傷罪の共同正犯が成立するためには、共同の業務上の注意義務に共同して違反したことが必要である」とした。過失の共同正犯概念が認められることを前提に、過失の共同正犯は、共同義務の共同違反があった場合に成立するとしたのである（最決平成28・7・12刑集70巻6号411頁。ただし、当該事案との関係では、「本件事故を回避するために両者が負うべき具体的注意義務が共同のものであったということはできない」とし、被告人には業務上過失致死傷罪の共同正犯は成立しないとした。なお、下級審裁判例ではあるが、東京地判平成4・1・23判時1419号133頁〔世田谷通信ケーブル火災事件〕も、しばしば、共同義務の共同違反という考え方により過失の共同正犯を肯定した例として引用される）。

　明石歩道橋事件最高裁判決によれば、両者が負っている注意義務が同内容のものである場合に、各関与者が共同の注意義務を負っていることとなる（学説においては、義務内容の同一性を無用な限定とする見解も有力である。また、同判決が事例判断であったことから、各関与者が負っている義務の内容がどの程度まで重なり合う場合に両者が負っている注意義務が「同内容」であると評価され共同義務の存在が肯定されるのかは、今後の解釈に委ねられた）。

　もっとも、同判決は共同違反がどのような場合に認められるかは論じていない（共同違反の前提たる共同義務がないとしたので当然である）。このため、共同違反が判例上どのような場合に認められるかは、（共同義務が肯定されれば共同違反がほぼ自動的に肯定されるのか否かも含め）必ずしも明瞭ではない。

(2)　結果的加重犯の共同正犯

　結果的加重犯についての共同正犯も認められる。

　過失の共同正犯概念を肯定する見解においては当然の帰結である。また、意思連絡が欠如することを理由に過失の共同正犯概念を否定する見解からも、結果的加重犯においては、基本犯についての意思連絡が存するため、共同正犯を肯定することとなる。

　結果的加重犯の共同正犯が成立するためには、客観的には基本犯についての

意思の連絡が、主観的には当該意思連絡についての認識が要求される。

IV　狭義の共犯

1　総説

狭義の共犯には、教唆と幇助が含まれる。

教唆は正犯に犯意を生ぜしめること、幇助は正犯の実行行為を容易にすることであり、いずれも正犯が実行に着手してはじめて処罰される（実行従属性→95頁）。

狭義の共犯の処罰根拠については争いがあったが、現在では、その処罰根拠は因果的に法益侵害を惹起したことに求められる（惹起説）。惹起説内部にもさまざまなバリエーションがあるが、多数説とされる見解は、正犯行為が構成要件に該当し違法なものであることを、共犯処罰の必要条件とする（→93頁）。

前述のように、わが国の裁判実務上、狭義の共犯の成立が認められる例は少ない（→75頁）。もっとも、近年では、いわゆる中立的行為による幇助と呼ばれる問題等、従犯に関する議論も活発化している（→89頁）。

2　教唆

（教唆）
61条　人を教唆して犯罪を実行させた者には、正犯の刑を科する。
2　教唆者を教唆した者についても、前項と同様とする。

---

(1)　概説

61条1項は、教唆の定義および科刑について規定する。

教唆とは、人を唆して特定の犯罪を行うことを決意させ、犯罪を実行させることをいう。

唆す方法は問わないが、被教唆者の意思を抑圧するようなものであってはな

第3章　構成要件該当性II──複数人の関与　　**085**

らない（この場合は、背後者は間接正犯となる。→68頁）。

　既に犯罪実行を決意している者に働きかけ犯意を強化させる場合は従犯に過ぎない。これに対し、Xの刑事事件に関する具体的な証拠偽造をYが考案して積極的にXに提案していたという事情があっても、当該証拠偽造をYに依頼したXの行為は証拠偽造教唆罪にあたる（最決平成18・11・21刑集60巻9号770頁）。

　教唆者には正犯の刑が科される。たとえば殺人を教唆した場合、殺人の正犯に科されうる法定刑（死刑または無期もしくは5年以上の懲役）の範囲内で処断される（当該事件において実際に正犯者に科される刑罰〔宣告刑〕と同じ刑罰が科されるということではない）。

　教唆が成立するためには、客観的成立要件として教唆行為および正犯者による犯罪の実行（正犯者が実行行為を行って〔未遂を処罰する犯罪においては実行に着手して〕はじめて教唆者は処罰されうる。実行従属性→95頁）が、主観的成立要件として教唆の認識（正犯者に犯意を生じさせ、結果を発生させることの認識）が要求される。

　被教唆者において教唆されたことを認識している必要はない。

　教唆の錯誤については後述する（→109頁）。

　過失による教唆（教唆する認識を欠く教唆犯）は認められない。61条1項における「教唆し」は故意によると解釈されるうえ（故意処罰の原則→25頁）、過失によって教唆した場合を処罰する規定が存しないためである。

　過失犯に対する教唆（他人に注意義務違反行為を行うよう決意させる行為）も認められない。教唆とは犯罪の実行を決意させることであるから、過失犯に対する教唆は概念矛盾であるためである（これに対し過失犯に対する幇助は認められる。→88頁）。

(2)　間接教唆、再間接教唆

　61条2項は、教唆者を教唆した者（間接教唆。たとえば、XがYに対し、「Zを唆してAを殺害させろ」と唆す場合）も「前項と同様である」と規定し、教唆として処罰する。

　判例は、さらに、再間接教唆（XがYに対し、「Zを唆して、Wに対してAを殺

086

害するよう唆させろ」と唆す場合）にも教唆の成立を認める（大判大正11・3・1刑集1巻99頁）。

　もし61条1項の「犯罪を実行させた」という文言が実行行為を行わせることであると解すれば、再間接教唆は処罰されない。この立場からは、間接教唆は実行行為を唆すものではないところ（したがって、間接教唆61条1項によっては処罰されない）、61条2項の存在によりはじめて処罰可能となるからである。

　しかし、61条1項にいう「犯罪を実行」を実質的に解すれば、教唆行為を行わせたことも「犯罪を実行させた」に含まれる。再間接教唆を処罰する見解は、このような理解に立脚している（このため、この立場からは、再々間接教唆、再々々間接教唆……も、間接的な教唆行為が結果と因果性を有する限り可罰的である）。

3　従犯

（幇助）
62条1項　正犯を幇助した者は、従犯とする。
　2項　従犯を教唆した者には、従犯の刑を科する。
（従犯減軽）
63条　従犯の刑は、正犯の刑を減軽する。

---

(1)　概説

　正犯を幇助した者は従犯とされ（62条1項）、従犯の刑は正犯の刑を減軽する（63条。正犯の行為に適用すべき法定刑を必要的に減軽〔68条以下→229頁〕した刑によって処断される）。

　従犯とは、他人の犯罪に加功する意思をもって、幇助し、他人の犯罪を容易にするものである（最判昭和24・10・1刑集3巻10号1629頁、最決平成25・4・15刑集67巻4号437頁参照）。

　従犯の客観的成立要件としてまず要求されるのは、他人を幇助し、他人の犯行を容易にすることである。方法は問わない（前掲最決平成25・4・15は、飲酒運転しようとする者に対し、車両を発進させることを了解し、同乗してその走行を黙認し続けたという消極的な行為につき、危険運転致死傷幇助罪の成立を認めた）。犯罪を

第3章　構成要件該当性II──複数人の関与　　**087**

実行するための道具を提供する等の有形的な手段によるもののみならず、情報を提供する等の無形的な手段によるものであってもよい。不作為によるものであってもよい（不作為による従犯→114頁）。

従犯も結果に対して因果的に寄与したことにより処罰されるから（→93頁）、従犯の客観的成立要件として、幇助行為と結果発生の間の因果性も要求される（ただし、従犯に要求される因果性の内容については議論がある）。

従犯の主観的成立要件（故意）は、他人の犯罪に加功し他人の犯罪を容易にし、結果に対して因果的に寄与する認識である。

過失による従犯（幇助する認識を欠く従犯）は認められない。62条1項における「幇助し」は故意によると解釈されるうえ、過失によって幇助した場合を処罰する規定が存しないためである。

これに対し、過失犯に対する従犯（他人の注意義務違反行為を故意に促進する行為）は認められよう。促進行為を行った者には故意があるため、62条1項の文言解釈も問題とならない。

(2) 因果性

従犯も、単独正犯と同様、結果に対して因果的に寄与したことが要求される。

従犯における因果性は、侵入盗に対し合鍵を貸すこと等によって生ずる物理的なもの（物理的因果性）に限定されず、犯罪に関する情報の提供や正犯者に対する激励等によって生ずる心理的なもの（心理的因果性）でもあり得る（なお、物理的因果性と心理的因果性の区別は相対的である。激励は正犯者を勇気づけるものであって純粋に心理的なものであるが、情報提供は正犯者に安心感を与える心理的なものであるとともに、住居に侵入するための合鍵を貸す場合と同様、正犯者の犯行を物理的に容易にしている面もある）。

もっとも、従犯の因果性は条件関係（→13頁）を前提としない。Aを殺害しようとしている正犯者Xに対して、Yが殺人の道具として拳銃を貸し与えたが、実際にはXが自ら用意した金属バットでAを撲殺し拳銃は使用しなかったという場合に、従犯が成立しないとすれば不当だからである。

また、物理的因果性と異なり、心理的因果性の有無は判断しがたい面がある

（正犯者を激励した事例でいえば、激励がなくとも正犯者は結果を生ぜしめ得たかもしれない）。従犯が既に犯意を生じている者に対する加功であることも、この判断を困難にする。

　このため、判例（大判大正2・7・9刑録19輯771頁、大判昭和7・6・14刑集11巻797頁）・通説は、結果を促進したといえれば、従犯における因果性が認められるとする（促進関係説）。

　促進関係説は因果性を緩和するものではあるが不要とするものではない。このため、物理的因果性・心理的因果性のいずれも欠ける場合には、従犯は成立しない（東京高判平成2・2・21判タ733号232頁〔板橋宝石商殺し事件〕は、正犯者Xが A を殺害するに際し、当初殺害場所として予定されていたが実際には殺害場所として使用されなかった部屋に自らの判断で目張りをした Y の行為〔目張り行為〕について、「目張り等の行為が X の現実の強盗殺人の実行行為との関係では全く役に立たなかったこと」〔物理的因果性の欠如〕、「Y の目張り等の行為が X に認識された事実すらこれを認めるに足りる証拠もなく、したがって、被告人の目張り等の行為がそれ自体 A を精神的に力づけ、その強盗殺人の意図を維持ないし強化することに役立ったことを認めることはできない」こと〔心理的因果性の欠如〕を指摘し、目張り行為は幇助にあたらないとした〔ただし、Y が行った他の行為は幇助にあたるとした〕）。

(3)　いわゆる中立的行為による幇助

　幇助とは正犯者の犯罪を容易にすることであり、その手段は限定されていない（→87頁）。このように幇助の定義が比較的緩やかであるため、従犯の成立範囲には日常的な活動や取引も含まれかねない。

　日常的な活動や取引について従犯の成否が実際に争われた例としては、たとえば、①闘鶏賭博に軍鶏を提供した事案（大判昭和7・9・26刑集11巻1367頁。賭博開張図利罪につき）、②預金の払戻業務に従事する者が、払戻目的が刑事上不法なものであることを知りつつ、手続上の形式的要件を完備した払戻請求に応じた事案（高松高判昭和45・1・13判時596号98頁。業務上横領罪につき）、③印刷業者が、いわゆるホテルの宣伝用小冊子を作成した事案（東京高判平成2・12・10判タ752号246頁。売春周旋罪につき）、④ソフトウェアの開発者が、適法用途にも著作権侵害用途にも利用できるファイル共有ソフトウェア（Winny）をイン

第3章　構成要件該当性II──複数人の関与　**089**

ターネット上で不特定多数の者に公開・提供した事案（最決平成23・12・19刑集65巻9号1380頁〔Winny事件〕。著作権法違反につき）がある（①～③では被告人は従犯とされ、④では無罪とされた）。

　学説においては、このような事例群では中立的行為による幇助の成否が問題となるとし、特別な判断枠組を導入してこれらの問題を解決しようとする見解が少なくない（中立的行為による幇助が処罰されるのは確定的故意がある場合に限定すべきとする、通常の業務といえない関与行為のみを幇助として処罰すべきであるとする等）。

　もっとも、中立的行為という概念の含意が多義的であること、あるいは、価値中立の意味内容がきわめてあいまいであることが指摘されている。

　このため、前掲最決平成23・12・19は中立的行為という概念を用いて議論をすることは避け、幇助の成立要件一般の問題として当該事案を処理した。

　すなわち、原審（大阪高判平成21・10・8刑集65巻9号1635頁参照）は、Winnyを「価値中立のソフト」とし、その提供が幇助にあたるのは、「提供者が不特定多数の者のうちには違法行為をする者が出る可能性・蓋然性があると認識し、認容している」のみならず「ソフトを違法行為の用途のみに又はこれを主要な用途として使用させるようにインターネット上で勧めてソフトを提供する場合」に限定されるとしたが（このような原審の判示は、中立的行為による幇助につき特別の判断枠組を導入したものと考えられる）、最高裁は、このような限定に根拠があるとはいえないとし、「幇助犯が成立するためには、一般的可能性を超える具体的な侵害利用状況が必要であり、また、そのことを提供者においても認識、認容していることを要する」としたのである（ここから、被告人にはこのような認識、認容が欠け、Winnyの提供行為は幇助にあたらないとした）。

　このような最高裁の判示によるなら、中立的行為と呼ばれる事例群も、幇助の成否が問題となるその他の一般的な事例群と同様、幇助の成立要件一般によって処罰範囲が画されるべきこととなる。

(4) 実行行為を行う従犯

　実行行為を行う従犯とは、当該関与者が実行行為を行ったにもかかわらず、正犯者とされず従犯に止まるとされる場合である（背後者は間接正犯とされる。

故意ある幇助的道具を利用する間接正犯→72頁）。

判例は、この概念を認める（最判昭和25・7・6刑集4巻7号1178頁〔→72頁。ただし、米の輸送を行った使用人の罪責を直接論じたものではない〕、横浜地川崎支判昭和51・11・25判時842号127頁〔→73頁。覚せい剤取引に際しXから依頼されYに覚せい剤を引き渡しYから代金を受け取った被告人につき、「覚せい剤譲渡の正犯意思を欠き、XのYに対する右譲渡行為を幇助する意思のみを有したに過ぎない」とし従犯とした〕）。

学説においては、実行行為を行う従犯概念に対して批判的な見解が多い。被利用者が完全に正犯としての特質を備えていること、このような概念を認める判例は主観説に傾斜していること等がその理由として掲げられる。

もっとも、前者の批判は結論の先取りである（自手的な実行があれば正犯であるという前提から、完全に正犯としての特質を備えていると述べているのであり、循環論法である）。また、（この問題に限らず）判例は、主観的な基準によって正犯と共犯を区別しているわけではない（→81頁）。

共謀共同正犯を認める見解（現在では通説の地位を占める。→76頁）は、実行行為の分担以外の要素による正犯と共犯の区別を前提とする（実行行為を行わない正犯を認める以上、当然である）。このため、実行行為を行う従犯概念を理論的に正当化することも可能であろう。

V　共犯の処罰根拠と因果性

1　共犯の処罰根拠

狭義の共犯は自らの手で犯罪を実現するわけではない。では、なぜ、狭義の共犯を処罰してよいのであろうか。

かつて可罰性借用説は、共犯は独自で可罰性を有するのではなく、正犯の可罰性を借用することにより可罰的となると考えた（可罰性借用説と共犯の従属性→95頁）。

しかし、現在では、可罰性借用説は個人責任の原則に反するとして支持されておらず、共犯にも固有の可罰性があると解されている。

第3章　構成要件該当性II──複数人の関与　**091**

では、共犯にはどのような処罰根拠があるのであろうか。一般に、責任共犯論（堕落説とも）、不法共犯論（違法共犯論とも）、惹起説（因果的共犯論とも）の3説が掲げられる。

なお、以下に講ずる共犯の処罰根拠は、主として狭義の共犯を念頭に置いて論じられてきた。もっとも、共同正犯においても、なぜ、各関与者が他の関与者が生ぜしめた結果についても責めを負うのかは問題となるため、同様の議論が妥当する。

(1) 責任共犯論

責任共犯論は、共犯の処罰根拠を、共犯者が正犯者を誘惑し同人を刑責に陥れた（構成要件に該当し、違法、有責な行為を行わせた）ことに求める。

しかし、責任共犯論には批判が強い。まず、責任共犯論は正犯者を堕落させた点に処罰根拠を求めるが、現行法は各犯罪類型が予定する法益（たとえば、殺人罪における生命、窃盗罪における財産）を保護しているのであって、「堕落させられない」という正犯者の利益を保護しているのではないとする批判がある。

さらに、誘惑し刑責に陥れたとの説明は教唆にはよく当てはまるが従犯を上手く説明できないこと（従犯とは既に犯行を決意している正犯の実行を容易にすることであるところ〔→87頁〕、幇助者は正犯者を誘惑したと評価しがたい）、（堕落させたことに重心を置けば）誘惑した時点で（正犯者がなにもしていなくとも）共犯を処罰しうることとなりかねないこと（実行従属性→95頁）、必要的共犯をすべて処罰することになりかねないこと（罰則を欠く必要的共犯者も、正犯者を誘惑し罪責に陥れているため。しかし、必要的共犯が処罰されるのは例外的である。→105頁）、責任無能力者を利用した場合に処罰の間隙が生じ得ること（責任共犯論からは責任を欠く者に対する共犯は成立し得ない。また、責任無能力者を利用した場合に常に間接正犯が成立するわけではない。→68頁）等も批判されている。

なお、責任共犯論は正犯者の行為が構成要件に該当し違法で有責であることを要求する（極端従属性説→97頁）ため、通説の前提とする制限従属性説と平仄が合わないとする批判も有力である。もっとも、要素従属性論は処罰根拠論の解釈論的帰結であるから（→97頁）、この批判は結論の先取りである。

(2) 不法共犯論

不法共犯論は、共犯の処罰根拠を、共犯者が正犯者に構成要件に該当し違法な行為を行わせたことに求める。正犯者はこのような行為を行うことで社会と対立する状態に陥る。不法共犯論はこの対立状態に着目して、共犯処罰を正当化するのである。

もっとも、不法共犯論に対しても、責任共犯論と同様の批判が妥当する（現行法は「社会と対立させられない」という正犯者の利益を保護しているわけではないこと、従犯を上手く説明できないこと、正犯者の実行を待たずに共犯を処罰することとなりかねないこと、必要的共犯をすべて処罰することになりかねないこと等が指摘される）。

(3) 惹起説

(a) 概説

前二説は、共犯の処罰根拠を、正犯を一定の状態に陥れることに求めた。

これに対し、通説とされる惹起説は、共犯の処罰根拠を法益侵害に求める。もちろん、狭義の共犯は実行行為そのものを行うわけではないから、共犯が法益を直接に侵害するわけではない。そこで、惹起説は、共犯が正犯を通じて間接的に法益侵害を惹起していることに着目し、この点に処罰根拠を求める（法益侵害を因果的に生ぜしめる点に着目して因果的共犯論とも呼ばれる。もっとも、共犯に要求される因果性が正犯に要求される因果関係と同じものか否かについては議論がある。→88頁）。

(b) 惹起説内での対立

（論者により学説の分類方法が異なり、同じ名称で呼ばれる見解の内容が異なる等、混乱もあるが）惹起説内部で、純粋惹起説、修正惹起説、混合惹起説が対立するとされる。

純粋惹起説は、正犯の責任の有無等、正犯の犯罪要件具備の程度（要素従属性→97頁）の如何を問わず、共犯が法益侵害を因果的に惹起していれば、共犯を処罰する（正犯行為と無関係に、共犯が法益侵害結果を惹起したか否かのみに着目することから純粋な惹起説とであるとされる）。この見解は、自傷行為を教唆した場合のように、直接の行為者の行為に構成要件該当性が欠ける場合でも、共犯

第3章　構成要件該当性II──複数人の関与　**093**

の成立を認める（正犯なき共犯）。

　もっとも、正犯なき共犯を認めることには批判が強い。刑法典が、「人を教唆して犯罪を実行させた」（61条1項）、「正犯を幇助した」（62条1項）と正犯の存在を前提として規定されているところ、正犯なき共犯を認めることは刑法の規定ぶりと矛盾するためである。

　これに対し、修正惹起説・混合惹起説は、正犯行為が構成要件に該当し違法なものであることを要求する。

　この両説の違いは、正犯行為が構成要件に該当し違法なものである場合に、常に共犯が成立すると理解するのか（修正惹起説）、それでもなお共犯が成立しない場合があると理解するのか（混合惹起説）にある（前者は、共犯が正犯行為を通じて犯罪を惹起することを強調する。これに対し、後者は、共犯には正犯行為を通じて犯罪を惹起するとともに、固有の不法が存するとする）。

　修正惹起説によれば、自らを傷害するよう他者Yに依頼したXは、XがYを傷害した場合、同意傷害を処罰する立場を前提とすれば（→179頁）、傷害罪の教唆として処罰される（同意傷害を違法と解した場合、Yの行為は構成要件に該当し違法なものであるため）。

　このような修正惹起説による結論は受け入れがたい（Xの身体が傷害されたことを理由にXを処罰することは、実質的にはYを罪責に陥れたことを理由に処罰するに等しい。しかしこのような処罰は正当化されない。→92頁）。このため、学説上、混合惹起説が多数説であるとされる。

(4)　片面的共犯

　片面的共犯の肯否と呼ばれる問題は、関与者間の意思連絡が欠けてもなお、共犯が成立するかというものである。

　片面的共犯においては、物理的因果性のみが存在し、心理的因果性は存在しない。このため、片面的共犯の肯否は、共犯として処罰するために心理的因果性が不可欠か否かにより決される。

　判例・通説は片面的共同正犯を否定し（共同正犯には相互の意思連絡が不可欠である〔大判大正11・2・25刑集1巻79頁〕、あるいは、相互的な意思連絡が欠ければ正犯性が欠けるとする）、片面的従犯を肯定する（大判大正14・1・22刑集3巻921頁〔従

犯成立の主観的要件として従犯者が正犯の行為を認識し幇助する意思があれば足りるとする〕、東京地判昭和63・7・27判時1300号153頁〔片面的従犯概念の肯否について特に論じていないが、肯定説を前提とする〕）。

　なお、従来は片面的共犯の肯否は共同正犯および従犯に議論が集中していたが（片面的教唆は「教唆」という文言と矛盾するとされたため）、近時では、学説上、片面的教唆を肯定する見解も有力化している（肯定説は、片面的教唆は観念できるうえ〔たとえば、XがAに対し恨みを持っていると知ったYが、このことを利用してAを殺害させるためXの目に付くところにナイフを置いておいたところ、Xが「このナイフでAを殺害しよう」と決意し、Aを殺害した場合〕、あえて教唆の成立を否定する理由がないとする）。

2　共犯の従属性

(1)　共犯の処罰根拠論と従属性論の関係

　かつて、共犯は正犯の可罰性を借用するものと考えられていた（可罰性借用説→91頁）。可罰性借用説は、その解釈論的帰結として、①正犯が可罰的な行為をして初めて共犯も処罰される（実行従属性の要求）、②正犯が処罰のためのすべての要件を具備した場合に初めて共犯も処罰される（極端従属説の採用）、③共犯に成立する罪の罪名は、正犯に成立する罪の罪名と同じである（罪名従属性の要求）と解していた。

　もっとも、可罰性借用説は支持を失い、共犯には固有の処罰根拠があると解されるに至った（→91頁）。このため、上記①〜③の点について、それぞれ、従来と異なる理解をする余地があるのではないかと論じられるようになった（さらに、これらの概念の必要性自体が議論の対象とされうる）。

　なお、従属性論が共同正犯に妥当するか否かについては、従属性論に含まれるそれぞれの議論を講ずる際に触れることとする。

(2)　実行従属性

　実行従属性とは、正犯が可罰的な行為をして初めて共犯も処罰されるとする考え方をいう（ここでいう正犯が可罰的な行為をしたとは、既遂に至って初めて処罰

第3章　構成要件該当性II──複数人の関与　095

する犯罪類型においては、既遂結果を生ぜしめたこと、未遂を処罰する犯罪類型にあっては正犯が実行に着手したこと、予備を処罰する犯罪類型にあっては正犯が予備行為を行ったことをいう〔予備罪に対する共犯〕）。

　通説は、実行従属性を要求する。共犯も自らが行った関与行為に危険性によって処罰されるが（→93頁）、当該関与行為が処罰に値する危険を生ぜしめたといえるのは、正犯が処罰に値する結果を生ぜしめた時点だからである（たとえば、XがYを唆し、Aの財物を窃取させようとする場合、Yが窃盗罪の実行に着手して初めて、Xは窃盗未遂の教唆で処罰される）。

　このように理解すれば、実行従属性の要否は共犯に固有の議論ではなく、「処罰に値する危険はいつ生ずるか」というより一般的な広く犯罪一般に妥当する議論へと解消されることとなる（このため、本来、わざわざ「実行従属性」という概念を用意することは必要ない）。また、共同正犯（共謀共同正犯を含む）にも、関与者のうちのいずれか1名が可罰的な行為をして初めて各関与者が処罰されうるという意味で、実行従属性が要求されていることとなる（しばしば、共同正犯のうちでも共謀共同正犯のみに実行従属性が要求されると説明される。しかし、実行共同正犯であっても、各関与者がまったく同時に法益侵害に着手するとは限らない。このため、共謀共同正犯のみならず実行共同正犯においても、実行従属性は問題となる）。

　なお、刑法典の各則や特別法に規定された犯罪類型の中には、ある犯罪の共犯（あるいはそれに準ずる行為）を独立に処罰するものがある（逃走援助罪、内乱幇助罪等）。これらの犯罪類型は、独立共犯と呼ばれる。独立共犯においては、上述の説明にかかわらず、実行従属性が要求されない場合がある（→各論247頁）。

(3)　要素従属性

(a)　従属の「程度」

　要素従属性とは、共犯が正犯に従属する程度の問題であるとされる。正犯者がいかなる犯罪の成立要素を具備した場合に共犯者が処罰されうるか、より具体的にいえば、たとえばXがYを唆してAを殺害させた場合、正犯者であるYに正当防衛が成立してYの行為が違法性を欠くものであっても（あるいは、Yに責任能力が欠けても）、Xに教唆犯が成立しうるかが議論されるのである（幇

助についても同様の問題が生ずる。ここでは、61条の「犯罪」、62条の「正犯」の意義が問われている）。

正犯者の行為が構成要件該当性のみを備えていればよい（違法性、責任、処罰条件のいずれも欠いてよい）とする立場は最小限従属性説（最小限従属形式とも。以下同様）、構成要件該当性と違法性を備えていればよい（責任と訴訟条件は欠いてもよい）とする立場は制限従属性説、構成要件該当性・違法性・責任を備えていることを要する（訴訟条件は欠いてもよい）とする立場は極端従属性説、構成要件該当性・違法性・責任・処罰条件を備えていることを要するとする立場は誇張従属性説と呼ばれている。

正犯者がいかなる犯罪の成立要素を具備する必要があるかは、共犯の処罰根拠論（→91頁）の解釈論的帰結である。このため、正犯者がいかなる犯罪の成立要素を具備した場合に共犯者が処罰されうるかという問題は、共犯の処罰根拠との関係で議論すれば足り、わざわざ要素従属性という概念を設けて別個に議論する実益は乏しい（かつては、要素従属性論につき態度決定したうえで、演繹的に間接正犯の成立範囲を画すという論法も存したが妥当でない。間接正犯の成立範囲→68頁）。

それでもあえてこの枠組を用いて整理するならば、通説は制限従属性説を採っているということとなる（刑事未成年者に対する共犯を認めるべき場合が存することから誇張従属性説・極端従属性説は妥当でないとされ、また、正犯者に正当防衛が成立する場合にまで共犯が成立するのは妥当でないことから最小限従属性説も批判されている。もっとも、要素従属性論は共犯成立の必要条件を論ずるに過ぎず、要素従属性に関する諸説が前提とする条件が満たされた場合に常に共犯が成立するわけではないと指摘される等、議論は錯綜している）。

判例は制限従属性説あるいは最小限従属性説を採っているものと評される。そのような理解のきっかけとなったのは最決昭和58・9・21刑集37巻7号1070頁（四国巡礼事件→68頁）である。同決定は、日頃から暴行を加えて自己の意のままに従わせていた12歳の養女に窃盗を行わせた被告人を間接正犯としたが、教唆ではなく間接正犯であるとするに際し同女が刑事未成年者であることのみを理由としたわけではなかったため、極端従属性説を否定したとの理解が生じたのである（もし判例が極端従属性説あるいは誇張従属性説に立っているのであれば、

第3章　構成要件該当性II——複数人の関与　097

被告人の行為が教唆ではないと結論づけるには、被利用者に責任が欠けることを指摘すれば十分であったため。ただし、同決定は教唆犯の成否について特段論じておらず、間接正犯の成否を論ずるのみであるから、同決定は要素従属性論にはなんら言及していないと理解するのが正確である）。

　最決平成13・10・25刑集55巻6号519頁（スナック強盗事件→69頁）は、是非弁別能力のある12歳10ヶ月の長男に指示命令して強盗を行わせた被告人について（長男を利用した間接正犯でも、長男に対する教唆でもなく）長男との共同正犯を認めた。同決定も、極端従属性説を否定したと評されている（もっとも、同決定が教唆の成立を否定する理由を特に論じていないことには注意を要する。長男の行為は構成要件に該当しているため、同決定は最小限従属性説によっても説明可能である。さらに、要素従属性論が狭義の共犯についてのみ妥当し共同正犯には妥当しないとの理解を前提にすれば、間接正犯・共同正犯の成否が狭義の共犯に先行して判断されるべきこと、本事案では共同正犯の成立が認められ狭義の共犯の成否を論ずる余地がないことから、極端従属性説を前提としつつ本事案において共同正犯の成立を認めることも不可能ではない）。

　なお、共同正犯が成立する場合における過剰防衛の成否は共同正犯者の各人につきそれぞれの要件を満たすかどうかによって判断すべきであるとしたものとして、最決平成4・6・5刑集46巻4号245頁（フィリピンパブ事件）がある（→162頁）。

(b)　要素従属性論と間接正犯

　かつて、学説上有力な見解は間接正犯を、処罰の間隙を埋めるための弥縫策と評した。

　この見解は次のように説明した。

　間接正犯は、限縮的正犯概念（自己の手によって結果を実現する者のみを正犯と捉える等、正犯概念を共犯概念と無関係に決定する立場。制限的正犯概念とも。結果に対して条件関係を有する行為はすべて処罰可能であるとするところから出発し、共犯規定は教唆・従犯について特に処罰を制限する処罰縮小事由であって、正犯概念は処罰されるべき行為から共犯を除いたものであるとする拡張的正犯概念と対置される）と（当時有力とされた）極端従属説の狭間で生ずる処罰の間隙を埋める弥縫策として考案された補充的概念である。もし正犯を自己の手によって結果を実現する者

と考え、かつ、共犯の成立には正犯者に有責性まで必要と考えるのであれば、たとえば責任無能力者 A を利用して犯罪を実現させた X は、自己の手によって結果を実現していないから正犯ではなく、A に責任が欠けることから共犯にもならない。しかし、X を不可罰とする結論は不都合であるため間接正犯という概念が考案された、と。

　間接正犯を弥縫策とする見解によれば、間接正犯の成立範囲は、正犯について限縮的正犯概念を採るか拡張的正犯概念を採るか、および、要素従属性論についていかなる立場を採るかの組み合わせで決定される。また、ある事案について間接正犯が成立するか否かを検討する際には、それに先だって、当該事案に共犯が成立するかを検討し、これが否定されて初めて間接正犯の成否を論ずる、という順序で検討することとなる。

　しかし、現在では、共犯の不成立を前提として消極的に（いわば「狭義の共犯を引き算する」ことによって）間接正犯の成否を決定する方法には疑問があるため、間接正犯の理論的根拠をより積極的に説明しようとする見解が一般化している。この立場によれば、間接正犯と共犯（特に教唆）の区別が問題となる事案では、まず、間接正犯の成否が検討され、これが否定された場合に共犯の成否が論じられることとなる（→68頁。なお、間接正犯と共同正犯の区別が問題となったとされる事案につき→69頁）。

(4)　罪名従属性

　罪名従属性とは、正犯と異なる罪名についても共犯が成立しうるかという問題であり、「罪名従属性を要求する」とは、共犯者には正犯者に成立するものと同じ罪名の犯罪の共犯が成立しなければならないと解することをいう。

　罪名従属性は、従来、狭義の共犯を念頭において論じられてきた。

　正犯者と共犯者の故意の内容が異なる場合（共犯の錯誤と呼ばれる問題。たとえば、教唆者は被害者に怪我をさせるつもりであったが、正犯者は殺意を生じ、被害者を故意に殺害した場合）や、不真正身分犯に非身分者が共犯として関与した場合（たとえば、常習賭博を行う正犯者を、常習者でない者が幇助した場合）、共犯者にいかなる罪名の犯罪が成立するのかが問題となる。

　前者の例においては、教唆者に殺人罪の教唆犯が成立し38条2項により刑は

第3章　構成要件該当性II──複数人の関与　｜　**099**

傷害致死罪のそれに止まると解するのか、教唆者に傷害致死罪の教唆が成立すると解するのかが問題となり、後者の例においては、幇助者に常習賭博罪の幇助が成立すると解するのか、単純賭博罪の幇助が成立すると解するのかが問題となる。

判例・通説は、共犯の錯誤、共犯と身分いずれの事例についても罪名従属性を要求せず、前者の例においては教唆者に傷害致死罪の教唆が、後者の例においては単純賭博罪の幇助が、それぞれ成立すると解している。その理由づけについては、それぞれ後述する（共犯と錯誤→109頁、共犯と身分→116頁）。

なお、共同正犯について罪名従属性が要求されるか否かは、共同正犯の「本質」を巡る議論において論じられた（→107頁）。

3 共犯からの離脱

(1) 離脱と中止

X・Y・ZがAを殺害しようと共謀したが、Xは実行に着手する前に思い直して殺意を放棄し、「やっぱり自分はやめる」とY・Zに告げて立ち去った。その後、Y・Zは、2人でAを殺害することとし、まずZがAに対し日本刀で切りつけた。Yはこの様子を見て怖くなり、何もいわずに現場から走り去った。ZはYが去っていたのに気付かず犯行を継続し、さらに切りつけてAを死亡させた。

このように、関与者の一部が犯行を継続しなかった場合、継続しなかった者はいかなる罪責を負うか。先の例でZに殺人罪（既遂）が成立するのは疑いない。では、X・Yは殺人既遂罪の共同正犯となるのであろうか。このように、犯行を継続しなかった者が、他の関与者が生ぜしめた結果について範囲で罪責を負うか否かが、共犯からの離脱（「共犯関係の解消」とも）と呼ばれる問題である（「離脱が認められる」とは、その時点以後の他の関与者が発生させた結果について、離脱者が責めを負わないことをいう）。

なお、関与者が犯行を継続しなかった理由はさまざまであり得る。犯行を任意に中止したと評価できる場合もあるが、犯行継続しようとしたがなんらかの障害により継続できなかったという場合もある（単独犯において中止未遂と障害

100

未遂が区別されるのと同様→58頁）。このため、共犯からの離脱の問題と、離脱した関与者に中止未遂に関する刑法43条ただし書きの適用があるか否かは別の次元の問題である（共犯と中止→102頁）。

(2) 共犯からの離脱

実行の着手前の離脱（先の例では X）と着手後の離脱（同 Y）は、かつて、区別して論じられた。前者においては離脱の意思を表明し他の関与者が了承することで離脱が認められるが、後者においては他の関与者の犯行継続を阻止しなければ離脱が認められないとされたのである（東京高判昭和25・9・14高刑集3巻3号407頁〔着手前の離脱を認めた事例〕、最判昭和24・12・17刑集3巻12号2028頁〔他の共同正犯者による犯行を「阻止せず放任した」ことから、着手後の離脱を認めなかった事例。ただし、当時は離脱の問題と中止未遂の問題が明確には区別されていなかったため、同判決において直接問題となったのは中止未遂規定適用の可否である〕等）。

これに対し、現在の通説は、離脱が認められるか否かは、離脱しようとする関与者が結果に対する因果性を遮断したか否かにより判断する（因果性遮断説。因果性を遮断した場合に離脱を認める考え方。最決平成元・6・26刑集43巻6号567頁。同決定は、残余者が「なお制裁を加えるおそれが消滅していない」場面で離脱が認められるには、「格別これを防止する措置」を講じる必要があるとした）。

共犯の処罰根拠は、共犯者の関与行為が有する結果に対する因果性に求められる（→93頁）。このため、共犯からの離脱が問題となる場面でも、各関与者が責めを負うのは自らの行為が因果性を有している結果についてのみであり、離脱によって因果性が遮断された結果については離脱した者は責めを負わない。

このように因果性に着目すれば、離脱が問題となったのが着手前か着手後かは必ずしも重要ではない（実行の着手前であれば実行の着手後より容易に因果性を遮断しうることが多い、すなわち、実行の着手前関与していた場合には、それ以前までしか関与していなかった場合に比べてすでに多くの寄与をなしているため因果性を遮断し難くなるとはいえても、実行の着手前であれば常に容易に因果性を遮断しうるとまではいえない。後掲・最決平成21年に端的に表れているように、事案による）。

現に、実行の着手前の離脱を認めるために犯行防止措置を講ずるよう求めた最高裁判例も存する。最決平成21・6・30刑集63巻5号475頁は、他の共犯者

7名と住居侵入強盗を共謀して犯行現場に赴いたが、実行担当者が住居に侵入した時点（強盗の実行の着手前）で翻意し犯行現場から立ち去った被告人Xについて、「当初の共謀関係が解消したということはでき〔ない〕」とし、（未だ着手されていない）強盗罪について共犯からの離脱を認めなかった。本件では、強盗罪につき着手前の離脱が認められるか問題となっているが、この立ち去り以前に住居侵入罪は既遂に達しており、一連の犯行計画が既に実行されている点が重要である。このため、着手前である強盗罪についても、離脱の意思を伝えて立ち去るだけでは因果性が遮断されないと評価されたのである。

(3) 中止未遂規定による減免の可否

　着手後の離脱が認められた場合、離脱者は未遂罪の罪責を負い得る（たとえば、X・Yが共謀してAの財物を窃取しようとして窃取行為に着手したが、Xが離脱した場合、Xは窃盗未遂の共同正犯としての罪責を負う）。

　離脱者に未遂罪が成立する場合、中止未遂規定（43条ただし書き）を適用し刑を減免すべきであろうか（これに対し、着手前の離脱が認められれば離脱者は原則として罪責を負わないから、中止未遂規定適用の有無を論ずる余地がない〔例外として予備罪・陰謀罪等を処罰する場合。予備罪と中止犯→58頁〕）。

　この問題は、基本的に、中止犯一般の議論に従って解決される（→58頁）。すなわち、離脱者が、「自己の意思により」（因果性の遮断は「自己の意思により」なされるとは限らない。関与者のうち1名が他の関与者に犯行の過程で殴打され失神したため、共犯関係が「解消」されたとした事案として名古屋高判平成14・8・29判時1831号158頁）、「犯罪を中止した」といえるかが問題となり、これらの要件が充足される場合に、離脱者は刑を必要的に減免されることとなるのである。

　離脱後に、他の関与者らが結果を発生させた場合、結果が発生した以上「犯罪を中止した」といえないとし、減免を認めない見解もある。しかし、離脱した者は離脱以後の他の関与者の行為に対しては因果的に寄与していないから、離脱後に結果が生じたとしても他の関与者らが別個に惹起したに過ぎない。このため、当該離脱行為が自己の意思によりなされたものであれば、離脱者には43条ただし書きを適用し、刑を必要的に減免すべきである（「犯罪を中止した」との要件は離脱が認められることにより充たされるであろう）。

なお、中止の効果が及ぶ範囲（刑の必要的減免を受ける者の範囲）は、任意に離脱を行った者に限られる。

4　承継的共犯

(1)　総説

承継的共犯とは、先行行為者の犯罪にその途中から加担した後行行為者に、加担前の先行行為者の行為及びこれによって生じた結果をも含めた当該犯罪全体に対する共犯としての刑責を問えるかという問題である（後行行為者がいかなる範囲で先行行為者の行為やその結果を「承継」するのかという形で論じられる）。

後行行為者の関与の態様に応じて、後行行為者が共同正犯に該当するか否かが問題となる場合（承継的共同正犯）と、後行行為者に従犯に該当するか否かが問題となる場合（承継的幇助）がある。

なお、教唆は正犯者に犯意を生ぜしめることであるから（→85頁）、他者の先行行為が行われた後に教唆する事態は観念しがたい。

(2)　承継的共同正犯の是非

判例は、傷害罪について承継的共同正犯を否定しつつ（最決平成24・11・6刑集66巻11号1281頁。後掲・補足意見も参照のこと）、詐欺（未遂）罪につき承継的共同正犯を認める（最決平成29・12・11刑集71巻10号535頁）。

最高裁平成24年決定以前は下級審の判断が分かれていた（なお、同決定は承継的幇助の是非については論じていない）。

その第一は、特に限定を付さずに、後行行為者に自らの関与前に先行行為者が生ぜしめた結果についても責めを負わせる立場である（大判昭和13・11・18刑集17巻839頁〔強盗殺人罪について同罪が単純一罪であることを指摘し、承継を肯定した〕等）。

これらの見解は一罪性を強調してその一部に関与すれば全体について責めを負うとするが、一罪といってもそこにはさまざまな場合が含まれること（→205頁）が指摘され支持を失った（また、この見解は、かつてかたい犯罪共同説〔→107頁〕が有力であったこととあいまって支持を集めた。しかし、学説上も判例上もかた

第3章　構成要件該当性II──複数人の関与　**103**

い犯罪共同説へ支持が次第に失われていった〔→107頁〕。このことも全面肯定説が支持を失った理由の一つである）。

その第二は、承継を限定的に肯定する立場である（横浜地判昭和56・7・17判時1011号142頁、大阪高判昭和62・7・10高刑集40巻3号720頁等）。先行行為者の行為を後行行為者が積極的に利用した場合に限定して、承継を認めるのである。

この見解に対しては、なぜ、積極的に利用した場合には、関与前に既に終了していた先行行為者による行為及びその結果を承継するのか明らかでないとの批判が強い。

その第三は、承継を一切認めない（すなわち、後行行為者は、自らの関与前に先行行為者が生ぜしめた結果について一切責めを負わない）見解である。この見解は、個人責任の原則を強調し、後行行為者は、自らが因果的に寄与した結果にのみ責任を負うべきであるとする（浦和地判昭和33・3・28判時146号33頁、広島高判昭和34・2・27高刑集12巻1号36頁等）。

前掲・最高裁平成24年決定は、先行行為者らが被害者らに暴行を加えた後に加担した後行行為者の罪責について、「被告人〔後行行為者〕は、共謀加担前に〔先行行為者〕らが既に生じさせていた傷害結果については、被告人の共謀及びそれに基づく行為がこれと因果関係を有することはないから、傷害罪の共同正犯としての責任を負うことはな〔い〕」とした。

同決定に付された千葉勝美裁判官による補足意見は、「強盗、恐喝、詐欺等の罪責を負わせる場合には、共謀加担前の先行者の行為の効果を利用することによって犯罪の結果について因果関係を持ち、犯罪が成立する場合があり得る」としていた。これを受けて、前掲・最決平成29年決定は、特殊詐欺事案において、いわゆるだまされたふり作戦開始を認識せずに関与した受け子につき、詐欺未遂罪の共同正犯にあたるとした（「作戦が開始されたことを認識せずに、共犯者らと共謀のうえ、本件詐欺を完遂するうえで本件欺罔行為と一体のものとして予定されていた本件受領行為に関与し〔た〕」ことがその理由とされる）。

(3) 承継的従犯の是非

学説においては、承継的共同正犯は認めないが承継的従犯は認める見解が有力である。

しかし、従犯においても、後行行為者が関与する前に先行行為者が生ぜしめた結果について、後行行為者の行為が因果性を持つことはあり得ない。このため、承継的従犯も原則として認めるべきではない。

　ただし、先行行為者による行為に途中から関与した場合、関与時点以後に生ずる結果については、後行行為者も因果的に寄与している。この関与後に行われた寄与を捉えて、結果発生を促進する行為を行ったものとして従犯と評価することは可能である。

VI　共犯の諸問題

　以下で取り上げる問題は、体系的には前節までに講じたところへ分類することも可能である。ただ、そのように分類した場合、教科書としてはやや煩雑な印象を生ずる憾みもある。そこで、本書では、以下の問題を本章の最後に取り上げることとした。

1　必要的共犯

　犯罪類型によっては、複数人の関与がもともと予定されている場合がある。このような犯罪類型を必要的共犯という（これに対し、複数人の関与がもともと予定されているわけではない犯罪類型〔たとえば殺人罪や窃盗罪〕を複数人が実行した場合を任意的共犯と呼ぶ場合がある）。

　必要的共犯には、対向犯（わいせつ物頒布罪や賄賂の罪のように、向かい合う両当事者が必要な場合）や集団犯（内乱や騒乱罪のように、同一方向に向かう多数の関与者が必要な場合。多衆犯・集合犯ともいう）が含まれる。

(1)　集団犯

　法が、集団犯について、集団内の役割に応じた処罰規定を置く場合がある（刑法は、たとえば、内乱罪の主体につき「首謀者」・「謀議に参与し、又は群衆を指揮した者」・「付和随行し、その他単に暴動に参加した者」、騒乱罪の主体につき「首謀者」・「他人を指揮し、又は他人に率先して勢いを助けた者」・「付和随行した者」という区別を

第3章　構成要件該当性II──複数人の関与　　**105**

し、それぞれ異なる法定刑を定めている）。

　このような場合、集団の内部にいる者については、内乱罪・騒乱罪等の各規定における区分に従って処罰されるべきであり総則の共犯規定を適用する余地はない。

　これに対し、集団の外にいて、他人を教唆してこれらの犯罪に関与させた者や有形・無形の幇助をした者に総則の共犯規定が適用されるか否かには、争いがある。

　通説は、集団の外にあって働きかけた者については総則共犯規定の適用を否定する理由はないとし、適用を肯定する（通説によれば、たとえば、集団の外にいて他人を教唆して内乱罪を犯させた者には、内乱罪の教唆が成立する）。

(2)　対向犯

　対向犯に分類される犯罪類型の中には、関与者の一部のみを処罰し、他の関与者を処罰しないものがある（片面的対向犯と呼ぶ場合がある）。

　たとえば、わいせつ物頒布罪は、わいせつな文書等を頒布する者のみを処罰し、その存在が当然に予想されるわいせつな文書等を受領する者を処罰していない。この場合、受領者にわいせつ物頒布罪の教唆・幇助は成立するであろうか。

　素朴に考えれば、「受領者が売ってくれと唆したからこそ頒布した」、「買手がいなければ頒布できないのだから、頒布者による頒布行為を助けた」として、受領者に同罪の教唆・幇助が成立するともいえそうである。

　しかし、判例は、このような場合に共犯規定の適用を原則として否定する。「ある犯罪が成立するについて当然予想され、むしろそのために欠くことができない関与行為について、これを処罰する規定がない場合に、これを、関与を受けた側の可罰的な行為の教唆もしくは幇助として処罰することは、原則として、法の意図しないところである」とするのである（最判昭和43・12・24刑集22巻13号1625頁。弁護士法違反〔非弁行為〕の事案）。

　このような見解は、「法の意図」すなわち立法者の意思により共犯規定適用の有無を決する見解であることから、立法者意思説と呼ばれる。

　立法者の意思が明確でない場合も存する（議員立法や古い時代に行われた立法に

おいて顕著である）。この場合、処罰規定を欠く関与行為が当該犯罪類型において定型的か否かによって決さざるを得ない（この「定型性」に曖昧な部分があることも否定できない。このため、学説上は、不可罰な必要的共犯の範囲を実質的観点から決そうとする〔違法性や責任が欠ける場合に不可罰とする〕見解も存する）。

また、前掲の判例が「原則として」と留保していることには注意を要する。現に、判例は、対向犯の一種と考えられる犯人蔵匿等罪や証拠隠滅等罪につき、これらの犯罪を行うよう他者に働きかけた場合、教唆の成立を認めるのである（→各論251、255頁。防御の範囲を逸脱するとする）。

2 共同正犯の成立範囲——異なる構成要件間の共同正犯

X・YがAを殺す旨の意思連絡をし、両名でAを故意に殺した場合、X・Yは殺人罪の共同正犯となる。

しかし、実際の意思連絡は、「Aを故意に殺そう」という形で（すなわち、この例では「殺人罪を共に行う」という内容で）行われるとは限らず、「Aを痛い目に遭わせよう」という形で行われることもあり得る。このような内容の意思連絡を、Xは「場合によってAを殺すこともあり得る」と理解し、Yは「Aを怖い目に遭わせる。場合によって怪我をさせることはあり得る」と理解したとしよう。こうして殺意のあるXと傷害の故意しかないYが共にAを殴打し同人を死亡させたが、X・Yいずれの行為から死の結果が生じたかは判明しなかったという場合、両者は共同正犯となるのであろうか。

古くは、共同正犯とは同一の犯罪を共同して行うものであり、異なる構成要件間の共同正犯はあり得ないとする見解も存した（かたい犯罪共同説。完全犯罪共同説とも）。しかし、この見解はまもなく支持を失った。この見解によれば先の例ではX・Yは共同正犯とならず、死の結果はいずれにも帰責されないこととなるが（いずれの行為から死の結果が生じたか判明しない以上、いずれも単独犯としては死の結果を帰責されない）、このような帰結は不当だと考えられるからである。

現在有力な見解は、異なる構成要件間にも、一定の範囲で、共同正犯が成立するとする。ただし、このような結論に至る考え方は、2通りある。

第3章　構成要件該当性Ⅱ——複数人の関与　107

先の例でいえば、まず、殺人罪と傷害致死罪の重なり合う範囲でX・Y両者に共同正犯が成立し（すなわち、傷害致死罪の限度で共同正犯が成立し）、さらに、殺意のあったXには殺人罪が成立すると考える見解がある（部分的犯罪共同説。かつて有力であった、重い罪〔ここでは殺人罪〕の共同正犯が成立し、軽い罪〔ここでは傷害罪〕の故意しかなかった者には38条2項により刑のみ軽い罪〔ここでは傷害罪の結果的加重犯たる傷害致死罪〕の刑を科すとするかたい部分的犯罪共同説〔最決昭和54・4・13刑集33巻3号179頁は、同説を明示的に否定した〕と区別するため、やわらかい部分的犯罪共同説とも呼ばれる）。

また、これと異なり、端的に、Xには殺人罪が、Yには傷害致死罪が成立し、両者が共同正犯となるとする見解もある（行為共同説。ただし、まったく異なった行為の間にも共同正犯の成立を認めるかたい行為共同説と区別するため、やわらかい行為共同説とも呼ばれる）。

両説には説明の仕方の違いしかないとする理解も有力である。しかし、軽い罪の故意しかない者の行為から重い罪の結果が生じた場合、部分的犯罪共同説を徹底すれば共同正犯は軽い罪の範囲でしか成立せず重い罪の故意があった者に重い罪の結果を帰責することはできないが、行為共同説によればこの結果を帰責できるため、両説には、実質的な差異がある（ただし、軽い罪を基本犯とする結果的加重犯が存在する犯罪類型〔たとえば傷害罪を基本犯とする結果的加重犯たる傷害致死罪〕においては、部分的犯罪共同説からも、結果的加重犯〔たとえば傷害致死罪〕の限度で共同正犯が成立するため、重い罪の故意があった者に重い罪の結果が帰責される。この場合は両説の差は小さい）。

判例の立場についても理解が分かれる。最決平成17・7・4刑集59巻6号403頁（→128頁）が「被告人には、不作為による殺人罪が成立し、殺意のない患者の親族との間では保護責任者遺棄致死罪の限度で共同正犯となる」と述べたことから、判例は部分的犯罪共同説を採用したとする見解も有力である。もっとも、同事件では、もっぱら不作為犯の成否だけが争われており、部分的犯罪共同説を採るか行為共同説を採るかは争われていない。このため、同決定が部分的犯罪共同説を採ったと理解することは早計である（最決令和2・8・24裁判所ウェブサイトは、同種事案につき、「不保護の故意のある〔者〕と共謀の上、……被害者を死亡させたものと認められ、被告人には殺人罪が成立する」と判示するにとどめ、

最高裁が特定の立場を採っていないことをより明確にした）。

　なお、古くは、行為共同説と犯罪共同説は共同正犯の「本質」を巡って対立する議論であるとされ（共同正犯は「行為」を共同するものか、「犯罪」を共同するものか争われた）、いずれの見解が正しいかを論じたうえで、正しいとされた見解から共犯論のさまざまな問題を演繹的に解決しようとされた（たとえば、「犯罪共同説によれば過失の共同正犯はあり得ないが、行為共同説によればあり得る」等）。

　しかし、そこでいう「本質」、「行為」、「犯罪」という言葉の内容は明確にされておらず、議論は嚙み合っていなかった。このため、このような思考方法は現在では支持されていない。

　現在では、行為共同説と犯罪共同説の対立は、異なる構成要件間の共同正犯が成立しうるかという問題に過ぎないと限定的に理解するのが一般である。

3　共犯と錯誤

(1)　概説

　XがYに対し、A不在中にAの家へ侵入して同人所有の現金を盗むよう教唆したとする。YがA宅に侵入したところAが在宅していたため、YはとっさにAを脅迫して同人の反抗を抑圧し現金を強取した。この場合、Xはいかなる罪責を負うだろうか。あるいは、Yが、A宅に侵入しようとしたが間違えて隣のB宅をA宅だと思い込み、B宅に侵入して同人の現金を窃取した場合はどうだろうか。

　これらは、共犯と錯誤と呼ばれる問題群である（前者のように共犯行為を上回る結果を正犯者が生じさせた場合を、共犯の過剰と呼ぶことがある。共犯の過剰は、共犯と錯誤の一場面である）。

　複数人が関与する場合、齟齬が生ずるのは、罪責が問題となった行為者（先の例ではX）の主観と客観の間のみではない。現に、先の例のうち、前者においては、Xの主観・客観（これらは一致している）とYの主観・客観（これらは一致している）に齟齬が生じており、後者においては、Xの主観・客観・Yの主観（これらは一致している）とYの客観に齟齬が生じている。

　このため、問題は単独犯の場合よりも複雑に見えるかもしれない。しかし、

第 3 章　構成要件該当性II──複数人の関与　　**109**

基本的には、単独犯における錯誤論（→32頁）によって問題を解決することができる。すなわち、罪責が問題となった行為者（先の例ではX）に客観的に帰責される結果について、当該行為者に主観的にも帰責し得るかという形で論ずればよいのである。

なお、罪責が問題となった行為者（先の例ではX）に客観的に帰責される結果がいかなるものか問題となる場合もある（共同正犯の成立範囲〔→107頁〕は、この問題の一場面である。同様のことは、狭義の共犯においても、異なる罪名についての狭義の共犯は成立しうるかという形で問題となる）。この問題は、本来は、錯誤の問題ではない。

(2) 具体的事実の錯誤

XがYに対しAの家に窃盗に入るよう教唆したところ、Yが隣のB宅をA宅だと思い込み、B宅に侵入して同人の現金を窃取したとする。

この事案では、同一構成要件内の錯誤が生じているから、具体的事実の錯誤に関する考え方に従って解決される（→33頁）。

具体的符合説によれば、本事案をXにとって客体の錯誤とみるか方法の錯誤とみるかによって結論が左右されることとなる（Yにとって客体の錯誤であることは論を俟たない）。すなわち、Xにとって客体の錯誤であると理解すれば、具体的符合説において客体の錯誤は故意を阻却しないからXには窃盗罪の教唆が成立し、Xにとって方法の錯誤であると理解すれば、故意は阻却され、Xは不可罰となる。

これに対し、判例・通説が依拠する法定的符合説によれば、Xには窃盗罪の教唆が成立する。

以上は、教唆を念頭に講じたが、共同正犯（XがYとAの家に窃盗に入ることを共謀し、Yが実行を担当することとしたが、Yが誤ってB宅に侵入し窃盗を行った場合）、従犯（Xが、Aの家に窃盗に入ろうとしているYを幇助したが、Yは誤ってB宅に侵入し窃盗を行った場合）も同様である。

(3) 抽象的事実の錯誤

XがYに対しAの家に侵入して窃盗を行うよう教唆したところ、YはA宅

で強盗を行ったという場合や、XがYに対し強盗を教唆したが、Yが窃盗を行ったという場合、Xの故意とYが実現した犯罪に、構成要件を越えた齟齬が生じている。

この場合、そもそも、Yが実現した結果がXに帰責されるかについては議論があり得るが、惹起説（→93頁）によれば、Xの教唆行為と因果関係のある結果は（Xの主観的な認識とは異なるものであっても）客観的にはXに帰責される（最判昭和25・7・11刑集4巻7号1261頁参照。なお、共同正犯の成立範囲〔→107頁〕も同種の問題である）。

このように、Yが実現した結果がXに客観的に帰責されて初めて、錯誤の問題、すなわち、Xの認識とXに客観的に帰責される結果との齟齬の取扱いを論ずる必要が生ずる（Yが実現した結果がXに客観的に帰責されなければ、錯誤の問題を論ずるまでもなく、Xは当該結果について罪責を負わない）。

この齟齬の取扱いは、単独正犯の場合と同様、錯誤論によって決される。

すなわち、軽い罪を教唆する故意であったが正犯者によって重い罪が実現された場合（共犯の過剰）、教唆者に重い罪が成立すると考えることはできないため（38条2項）、実現された重い罪の結果に軽い罪の結果が含まれているといえる限りで教唆者に軽い罪の教唆が成立する（ただし、軽い罪を基本犯とする結果的加重犯が存する犯罪類型〔たとえば傷害罪と傷害致死罪〕では、軽い罪の故意しかなかった関与者にも結果的加重犯が成立し得る。軽い罪の故意しかない者にも因果関係がある限り加重結果が客観的に帰責されるうえ、基本犯についての故意があれば加重結果について予見が可能であるからである）。

また、重い罪を教唆する故意であったが正犯者によって軽い罪が実現された場合、結果が生じていない重い罪について教唆の成立を認めることはできないため、実現された軽い罪の結果を主観的に帰責するために相応しい認識が教唆者に存する（重い罪の故意が軽い罪の故意を包含する）限りで教唆者に軽い罪の教唆が成立することとなる（→42頁）。

以上は、教唆を念頭に講じたが、共同正犯、従犯も同様である。

第3章　構成要件該当性II──複数人の関与 ｜ 111

⑷ 関与形式の錯誤

(a) 概説

関与形式につき錯誤が生ずる場合もある。

たとえば、XがYに対し目の前に落ちている札束を拾って来るよう唆したところ、実際はYの是非弁別能力が欠けていたため間接正犯の事実が生じた場合（教唆のつもりで、間接正犯の結果を生じさせた場合）や、XがYに対してある犯罪を教唆しようとして働きかけたが、Xは実際には既に犯行を決意しており、Xの行為はYの犯意を強化し結果発生を促進する幇助であったという場合（教唆のつもりで、従犯の結果を生じさせた場合）が、その例である。

前者のように、軽い関与形式（教唆は正犯の刑を科されるが、単独犯である間接正犯よりは軽い関与形式と考えられている）の故意で重い関与形式の結果を生じさせた場合、重い関与形式の成立を認めることはできないから、軽い関与形式の成否を論ずべきこととなる。

先の例では、間接正犯と教唆はいずれも他者に働きかけて他者の手によって結果を生ぜしめるものであるから、実現された間接正犯の結果の中に教唆の結果が含まれると考えることができる。このため、Xには（窃盗罪あるいは遺失物等横領罪の）教唆が成立する。

後者のように、重い関与形式の故意で軽い関与形式の結果を実現した場合も、前述したところと同様に、軽い関与形式の結果を主観的に帰責するに相応しい故意があったといえるか（すなわち、重い関与形式の故意に、軽い関与形式の故意が含まれているといえるか）が問われ、これが肯定される限り、軽い関与形式が成立する。

(b) 被利用者の変化

重い関与形式の故意で軽い関与形式の結果を実現した場合に関連して、医師Xが「治療に必要な薬である」と偽り事情を知らない看護師Yを利用して患者Aに対し毒薬を注射させようとしたところ、Yが毒薬であることに気付いたがこの機会に乗じてAを殺害しようと決意して殺害したという事例がしばしば掲げられる（被利用者の変化と呼ばれる）。

この場合、Xが生じさせた結果が殺人罪の間接正犯であるのか（そうであれば、間接正犯の故意で間接正犯の結果を生ぜしめた事案であって関与形式の錯誤は問題

とならない）、教唆であるのかがまず問題である。

　この問いに対する答は各関与形式における実行の着手時期をいつと考えるかにより左右されるが、間接正犯の実行の着手時期、教唆の実行の着手時期をいずれも被利用者・正犯者が実行に着手した時点（→74頁、86頁）と考えた場合には、間接正犯の実行の着手がないため間接正犯は成立せず、Xは殺人罪の教唆の事実を生じさせたこととなる。こう考えた場合、先の例では、重い関与形式の故意で軽い関与形式の結果を実現した場合としてXの罪責を検討すべきこととなる。

4　不作為と共犯

(1)　総説

　複数人が犯罪に関与する事案では、関与者の一部あるいは全員が不作為の形態で関与する場合もある。このような場合に関する問題群は不作為と共犯と呼ばれる（不作為犯→119頁）。この問題群には、複数の異なる問題が含まれる。

　まず、共同正犯に関する問題として、不作為者と不作為者の共同正犯の成否、不作為者と作為者の共同正犯の成否がある。

　次に、教唆・従犯に関する問題として、不作為による教唆・従犯の成否、不作為に対する教唆・従犯の成否がある。

(2)　不作為者と不作為者の共同正犯

　複数の者が意思を通じて作為義務を尽くさず、結果発生に対し重要な役割を果たした場合、各関与者に共同正犯が成立する（両親が意思を通じて、溺れているわが子を救助しない場合等）。

　複数の関与者のうち、一部の者が作為義務を負っていなくともよい。作為義務を負っていることは65条1項における「身分」にあたると考えられるから（→118頁）、作為義務を負っていない者にも共同正犯が成立し得る。

　不作為の共同正犯も、共同正犯である以上、その成立に正犯性が要求される。学説上は、作為義務を負う者はいずれも正犯となるとする見解と、作為義務を負う者の中でも、作為義務の内容によって正犯と共犯を区別するという見

第3章　構成要件該当性II──複数人の関与　　**113**

解が存する。

　なお、最決平成17・7・4刑集59巻6号403頁は、殺意のある被告人に不作為による殺人罪が成立するとし、殺意のない関与者との間では保護責任者遺棄致死罪の限度で共同正犯となるとした（不作為による殺人罪→128頁、異なる構成要件間の共同正犯→107頁）。

(3)　不作為者と作為者の共同正犯

　不作為者と作為者の共同正犯も認められる（大阪高判平成13・6・21判タ1085号292頁、広島高判平成17・4・19高検速報（平17）312頁。いずれも、不作為者の実子を作為者が殺害した際に、不作為者が制止しなかった事案。この場合も、共同正犯の成立要件〔→78頁〕として、〔少なくとも黙示の〕意思連絡が要求されることは当然である）。

　もっとも、多くの事案では、作為者を正犯とし不作為者を従犯とすべきであろう。作為者の方が不作為者よりも結果に対して寄与している程度が高い場合が多く、不作為者に正犯性が欠ける場合も少なくないからである。

(4)　不作為による教唆・従犯

(a)　不作為による教唆

　不作為による教唆は認められない。

　教唆は正犯者に犯意を生ぜしめる行為である（→85頁）ところ、不作為によって犯意を生ぜしめる事態は観念しがたいからである。

(b)　不作為による従犯

　不作為による従犯も、不作為犯一般と同じく、その成立に作為義務が要求される（不作為犯一般の成立要件→119頁）。

　判例は古くから不作為による従犯を認める（大判昭和3・9・9刑集7巻172頁〔投票への干渉行為を阻止しなかった選挙長を投票干渉罪の従犯とした〕、大判昭和19・4・30刑集23巻81頁〔配給米の騙取を知りつつこれを放置した町内会長を詐欺罪の従犯とした〕、最判昭和29・3・2裁判集刑93号59頁〔ストリッパーのわいせつな演技を知りながらストリッパーと興行主に対し微温的な警告を発するに止め公演を継続させた劇場責任者を公然わいせつ罪の従犯とした〕）。ただし、いずれも不作為による従犯とい

う概念の可否や成立要件については論じていない。

　不作為による従犯の成立を認めたものとして、最判平成12・3・16判時1711号170頁がある。同判決は、内縁の夫Xによる幼児Aに対する虐待を制止しなかったY（Aの親権者）につき、当該事件の事実関係のもとでは「Aの生命・身体の安全の確保は、被告人〔Y〕のみに依存していた状態にあり、かつ、被告人〔Y〕は、Aの生命・身体の安全が害される危険な状況を認識していた」ことを理由に、被告人Yには、XがAに対して暴行に及ぶことを阻止しなければならない作為義務があったとし、Yを傷害致死罪の従犯とした（なお、同種の事案で関与者間の意思連絡を認め、関与者らを共同正犯とした事例として大阪高判平成13・6・21判タ1085号292頁）。

　これに対し、作為義務の存在を否定した裁判例として、たとえば、東京高判平成11・1・29判時168号153頁がある。同判決は、Xらによるパチンコ店における強盗致傷事件に関するものである。Xは事件現場となったパチンコ店の経営者が同じビル内で経営するゲームセンターの従業員であり、Y（被告人）は同ゲームセンターの店長であった。YはXから強盗の計画を打ち明けられたが、犯行を阻止する措置を執らなかった。このため、Xに強盗致傷罪の従犯が成立するか否かが問題となったが、同判決は、「主任（店長）としての立場から、被告人Xに被告人Yの犯行を阻止すべき義務が認められるかを検討すると、被告人Xは……その職務内容は、ゲーム機の管理・点検、店内の巡視・監視、売上金及び両替用現金の管理・保管等、ゲームセンターとしての店舗の現場業務に関するものであって、そうした職務とは別途に、他の従業員らを管理・監督するような人事管理上の職務を行っていたわけではなく」、「被告人Xが被告人Yの行状を監督する職務を特に負っていたものではない」ことから、XにYの犯行を阻止すべき義務はなかったとし、Xを無罪とした。

　不作為犯一般については作為義務の発生根拠として排他的支配を要求する見解が有力であるが（→126頁）、不作為による従犯の成立要件としても排他的支配が要求されるか否かについては議論がある。従犯は正犯の存在を前提とするため、従犯以外に法益を保護できる者がいない事態はそもそも考えられない。このため、以前から、不作為による従犯の事案では、従犯が排他的支配を有している必要まではないと解されてきた。さらに、近時は、不作為犯一般の成立

要件としても、厳密な意味での排他的支配までは要求されないとする見解が有力化している（→127頁）。

　なお、消極的な関与であっても、不作為による従犯の成否ではなく、作為による従犯の成否が問題となる場合もある（最決平成25・4・15刑集67巻4号437頁は、正犯者の犯罪実行を了解し黙認した行為が幇助にあたるとしたが、その際、作為犯として被告人の罪責を構成した。→87頁）。

(5) 不作為に対する教唆・従犯

　不作為に対する教唆・従犯の成立が認められることについては、多言を要しない。これらの類型においては、不作為による関与行為に関する正犯と共犯の区別（→81頁）が問題となるのみである。

　もっとも、不作為犯に対する不作為による教唆は観念できない（作為犯に対するものも含め、不作為による教唆が観念できないため）。

　これに対し、不作為犯に対する不作為による従犯は成立しうる。その成立要件については、不作為による従犯一般について論じたところが妥当する（→114頁）。

5　共犯と身分

（身分犯の共犯）
　65条1項　犯人の身分によって構成すべき犯罪行為に加功したときは、身分のない者であっても、共犯とする。
　2項　身分によって特に刑の軽重があるときは、身分のない者には通常の刑を科する。

---

(1) 概説

　収賄罪のように一定の身分があってはじめて成立する犯罪類型や、業務上過失致死傷罪のように一定の身分があると加重処罰される犯罪類型を身分犯という（→11頁。前者を構成的身分犯あるいは真正身分犯、後者を加減的身分犯あるいは不

116

真正身分犯という）。

　身分犯に複数の者が関与する事案も、当然に存する。

　複数の公務員が賄賂を収受した場合のように、身分のある複数の者が身分犯に加功した場合は、特に議論をするまでもなく、各関与者に当該身分犯（たとえば収賄罪）の共同正犯が成立する。

　では、関与者の一部が身分を欠いていた場合はどうであろうか。身分のない者にも当該身分犯の共犯が成立するのであろうか。このような問いに対し、刑法典が用意した答が、65条1項・2項の規定である。

　判例（大判大正2・3・18刑録19輯353頁等）・多数説は、この65条をいわば文字通りに読んで、1項は構成的身分に関する規定、2項は加減的身分に関する規定と理解する。この見解によれば、構成的身分犯に非身分者が加功した場合（たとえば収賄罪に公務員でない者が加功した場合）は、65条1項が適用されて身分のない者も当該犯罪（先の例では収賄罪）の共犯となり、加減的身分犯に非身分者が加功した場合（たとえば常習賭博罪に常習者でない者が加功した場合）は、65条2項が適用されて身分のない者には身分によって加重減軽されていない罪（先の例では単純賭博罪）が成立する。

　このような判例・多数説の立場に対して批判的な見解は、構成的身分と加減的身分とで身分の扱いを異にする（構成的身分に関しては当該身分を有しない者も有する者と同じ罪責を負うものとし、加減的身分に関しては両者が当該身分の有無に応じて異なる罪責を負うものとする）実質的な理由が不明だとする。

　批判的な見解のうち代表的なものは、身分を違法性に関する身分（違法身分）と責任に関する身分（責任身分）に分け、1項は違法身分に関するものであり（したがって連帯的に扱われる）、2項は責任身分に関するものである（したがって個別的に扱われる）とする。しかし、このような説明は、立法論としてはともかく、65条の解釈論としては同条の文理から乖離するものであって疑問が残る。

　なお、判例は、65条は狭義の共犯のみならず、共同正犯にも適用されるとする（大判明治44・10・9刑録17輯1652頁、大判昭和9・11・20刑集13巻1514頁。学説においては、構成的身分を欠く者は共同実行できないから共同正犯たり得ないとし、共同正犯には65条1項は適用されないとする見解もある。しかし、構成的身分を欠く者も当該身分を有する者を通じて構成的身分犯に因果的に寄与することはできるから、このよ

第3章　構成要件該当性Ⅱ──複数人の関与　｜　117

うな理解は妥当ではない）。

(2) 身分の意義

65条にいう身分とは、「一定の犯罪行為に関する犯人の人的関係である特殊
の地位又は状態を指称するもの」である（最判昭和27・9・19刑集6巻8号1083
頁。「男女の性別、内外国人の別、親族の関係、公務員たるの資格のような関係のみ」に
限定されないとした）。

一定の身分を有しないことが構成要件要素とされている犯罪類型があるが
（たとえば、無免許運転罪は「公安委員会の運転免許を受けないで」自動車等を運転する
ことを罰する）、このような身分も65条にいう身分にあたる（消極的身分と呼ばれ
る）。

また、判例によれば、目的犯の目的も身分にあたる（最判昭和42・3・7刑集
21巻2号417頁〔麻薬輸入罪における「営利の目的」〕）。

第4章

構成要件該当性Ⅲ──不作為犯

199条は「人を殺した者」を、235条は「他人の財物を窃取した者」を、それぞれ処罰する。多くの犯罪類型では、同様に、「……した」ことにより犯罪が成立すると規定されている。

ある者が殺意をもって被害者の腹部をナイフで刺し死亡させた場合、この者の行為が「人を殺した」に該当するということはたやすい。人を崖から突き落として死亡させた場合も同様であろう。これらの事案では「刺す」「突き落とす」という作為（→6頁）の行為が存在しており、これらの作為が「殺した」に該当するといいやすいからである。

では、幼児Aが大きな池で溺れているところに通りかかったXが、Aが死んでも構わないと思ってAを助けず、同人が溺死するのをただ見ていた場合はどうであろうか（本章では、この事例を「池の事例」と呼ぶことがある。なお、話を単純化するため──現実には、助けを呼ぶ等の他の選択肢が存する事案もあるが──現場には他に誰もおらず、よそから誰かを呼ぶことも困難で、Aを救助するためにはXが自ら池へ飛び込むほかないとする）。この場合、XはAの死亡結果を生じさせる作為を行ったわけではないが、それでもなお、この「助けない」という行為は、不作為により結果を発生させたものとして（殺人罪の実行行為である）「殺した」に該当するのであろうか。

この問題は、①そもそも不作為に構成要件該当性が認められるかという問題と、②（認められる場合があるとして）それはどのような場合かという問題に分解される。この両者を論ずるのが、不作為犯論である。

第4章　構成要件該当性Ⅲ──不作為犯　**119**

I 不作為犯の類型

1 真正不作為犯と不真正不作為犯

犯罪類型によっては、条文がそもそも不作為の形式（「……しなかった」という形式）で記述されているものも存する（たとえば、不退去罪〔130条後段〕は一定の場所から「退去しなかった」場合について、保護責任者不保護罪〔218条後段〕は老年者等を保護する責任のある者が「生存に必要な保護をしなかった」場合について、それぞれ規定している）。このような犯罪類型は、真正不作為犯と呼ばれる。

これに対し、殺人罪のように「……した」という形式で規定されている犯罪類型を不作為によって実現する場合は、不真正不作為犯と呼ばれる。

以下では、主として、不真正不作為犯を念頭に置いて講ずる。不真正不作為犯に関しては、「……した」と規定されているにもかかわらず、「……しなかった」者が処罰される理由（換言すれば、一定の者が「……する」義務を負う理由）やその範囲について特に説明を要するのに対し、真正不作為犯については、作為義務を負う主体は条文に明記されているため、特段の問題はないと考えられてきたからである。

もっとも、真正不作為犯においても、たとえば、老年者等を「保護する責任のある者」（218条→各論13頁）のように、作為義務を負う者の範囲が抽象的にのみ定められている場合には、具体的にどのような者がそれにあたるかが解釈の問題となるから、作為義務の発生根拠に関する以下の議論が基本的に妥当することに留意すべきである。

2 不真正不作為犯の処罰と罪刑法定主義

不真正不作為犯の処罰は罪刑法定主義違反であるとする見解も存する。「……した」という形式で書かれている条文は作為の場合のみを規定しているから、不真正不作為犯の処罰は、当該条文の許されない類推解釈であるとするのである。

しかし、たとえば、殺人罪において不作為によって死亡させること（冒頭の

「池の事例」参照）を「殺した」（199条）と評価すること、あるいは、放火罪において不作為によって焼損させること（失火したが、消火せず放置する場合等。最判昭和33・9・9刑集12巻13号2882頁。→129頁）を「放火して……焼損した」（108条等）と評価することも、それぞれの条文が用いる文言の可能な解釈の範囲内に含まれる。

このため、不真正不作為犯の処罰は、罪刑法定主義に違反するものではない。

なお、不真正不作為犯の処罰一般が罪刑法定主義に違反しないとしても、あらゆる犯罪類型で不真正不作為犯の処罰が認められるわけではない。不作為によって当該構成要件が予定する行為をすることが考えにくい犯罪類型も存するからである（「脅迫した」ことを要求する脅迫罪〔222条〕等、条文が用いる文言の可能な解釈の範囲内に不作為による場合が含まれていると評価しがたい犯罪類型も存する）。

このため、不真正不作為犯が実務上処罰される犯罪類型は、殺人罪、放火罪、詐欺罪等に事実上限定されている。

II　不作為犯処罰の限定性

本章冒頭に記した「池の事例」において、通りかかったＸがＡの親であって、かつ、Ｘが泳げるのであれば、救助を法的に義務づけることも可能であろう（もっとも、ＸがＡの親であるということのみを理由として、救助を義務づけられるかは問題である。→124頁）。

他方、Ｘがまったく泳げないとしたらどうであろうか（ＸがＡの親であるか、それ以外の者であるかにかかわらず）。Ｘは自分が溺死する危険を顧みずＡを助けなければならないのであろうか。自分の命を危険に晒してまで他者を救うことは「美しい」ことかもしれない。しかし、ここで問題なのは、Ｘに対する殺人罪の成否、換言すれば、刑罰をもってこのような「美しい」行為を強制すべきか否かである。はたして、「美しい」行為を行わなかった者は、被害者の腹部をナイフで刺して死亡させた者と同じように、殺人罪で処罰されなければならないのであろうか。

あるいは、Xがたまたま通りかかっただけの第三者であったとしたらどうであろうか。Aとまったく無関係な他人にまで、刑罰をもって救助を義務づけることが可能であろうか。

このように考えると、溺れている者を救助しないという不作為を、すべて殺人罪で処罰するわけにはいかないことが分かる。

通説は、不作為犯として処罰されるのは、当該不作為が作為によって結果を生じさせた場合と同価値であると評価できる場合だとする（同価値性）。また、この同価値性は、作為義務（作為を行うべき義務。先の例であればAを救助する義務）を有する者（保証人的地位にある者とも呼ばれる）が、この作為を行うことが可能であったにもかかわらず（作為可能性）、この義務に違反して結果を生じさせた場合に、肯定される。

III　作為と不作為

不作為犯の成立には、当該不作為が、作為によって結果を生じさせた場合と同価値であると評価できることが要求される（前述）。このため、不作為犯の成立を検討する際には、当該不作為と作為との同価値性を検討する必要がある。

これに対し、作為犯の成否を論ずる際は、各構成要件が要求する諸要件が充足されているか否かを考えれば足りる。

作為と不作為の区別は、このような、思考過程の違いを導く。作為と不作為の両者を区別する意味はここにある。

では、作為と不作為はどのように区別されるであろうか。

たとえば、池で幼児Aが溺れているところに通りかかったXが、Aが死んでも構わないと思ってその場から走り去ったケースを想定してみよう。この場合、罪責が検討されるべきは、「走り去る」という作為であろうか、あるいは、「助けない」という不作為であろうか。

結論から述べれば、この事例では、「助けない」という不作為について罪責が検討されるべき（すなわち、不作為犯の問題として、不作為の殺人罪の成否が検討されるべき）である。当該事例における「走り去る」行為は、Aの生命に対す

る危険を高める行為ではない（Xが現場に止まったまま何もしない場合と、走り去った場合を比べてみるとよい）から、結果発生に寄与するものではない。これに対し、「助けない」という行為は、（既に生じているAの生命に対して危険な事態を妨げず、そのまま事態を進行させているという意味で）結果発生に寄与している（なお、結果回避可能性につき→131頁）。

このため、この事例では、結果発生に寄与した「助けない」行為が不作為犯として処罰されるべきか、すなわち、作為によって「殺した」場合と同価値といえるか否かが問題とされるべきなのである（なお、問題となり得る行為が複数あるように見える場合、実践的には、まず、作為犯の成否を検討し、作為犯の成立が認められなければ不作為犯の成否を検討するという順で考えればよい）。

Ⅳ　作為と不作為の同価値性

1　同価値性判断の構造

前述のように、不作為犯は、作為犯と同価値と評価される場合に、はじめて、処罰される。

この同価値性の判断方法（とりわけ作為義務の発生根拠）や以下で取り上げるいくつかの概念の関係（たとえば、作為義務と同価値性の関係）を巡っては学説上多様な見解が存するが、有力な見解によれば、同価値性は、①作為義務、②作為可能性を総合して判断される。

一般に、かつては、形式的な根拠に基づいて作為義務を幅広く認めた上で（形式的三分説→124頁）、緩やかに認められた作為義務を負う者のうち、その者による不作為が作為と同価値である場合にのみ不作為犯が成立すると考える見解が有力であったとされる。この見解においては、「作為義務有無の判断→同価値性有無の判断」という、２段階の作業が行われていた。

しかし、近時では、このような２段階の作業は不要であるとし、作為義務の有無を実質的に判断する見解が有力である。この立場においては、同価値性は、作為義務の有無の判断に吸収されるか（図式化すれば、「同価値性＝作為義務」となる）、作為義務が存在し作為可能性が認められる場合を総称するものと位

第4章　構成要件該当性Ⅲ──不作為犯 **123**

置付けられることとなる（図式化すれば、「同価値性＝作為義務＋作為可能性」となる。本書は後者によった）。

2　作為義務の発生根拠

作為義務の発生根拠は（学説の展開をフォローして）形式的根拠と実質的根拠に分けて説明されることが一般的であり、本書もこれに倣うこととする。

もっとも、以下に見るように、形式的根拠のみで作為義務を認めることは適当でない。このため、不作為犯の成否を論ずるにあたり重要なのは、作為義務がいかなる実質的根拠によって認められるのかである。

(1)　形式的根拠

かつての通説は、作為義務の発生根拠として、法令（たとえば、民法820条による親権者の監護義務や、医師法19条1項による医師の応招義務〔後掲〕）、契約・事務管理、条理（先行行為を含む）といった形式的な事情を指摘していた（形式的三分説）。この見解は、作為義務の根拠は道徳的なものでは足りず、法的なものでなければならないと考え、これらの事情を要求したのである。

もっとも、現在では、一般に、これらの法的な根拠を形式的に掲げるのみでは、作為義務を肯定するのに不十分であると考えられている。

たとえば、医師法19条1項は「診療に従事する医師は、診察治療の求があつた場合には、正当な事由がなければ、これを拒んではならない」として医師の応招義務を定めるが、医師がこの義務に違反して診察・治療を拒否したとしても、常に医師に不作為犯（たとえば、医師が、患者が死亡しても構わないと考えて診察治療を拒否し、患者が死亡したのであれば不作為の殺人罪）を認めるべきではない。当該行為を常に不作為による殺人罪等で処罰することは、医師法が応招義務違反を処罰していない（同法31条以下は、応招義務違反について刑罰を規定していない）という医師法の規定ぶりに反する。

このため、作為義務を認めるためには、行為者が法令等によるなんらかの義務（たとえば応招義務）を負っているということだけでは足りず、行為者が、もし当該義務に違反して結果を生じさせれば作為によって結果を生じさせた場合

と同視できる（たとえば作為によって人を殺した場合と同視できる）性質の義務を負っていることが要求される。

実は、かつての通説も、不作為犯を処罰するには、これらの形式的根拠に加えて、作為によって結果を生じさせた場合と同視できる事情も必要であるとしていた。もっとも、このような付加的な事情（いわば、「プラスアルファ」）を要求すること自体が、形式的根拠のみに基づいて作為義務を認めることの不当性を物語っていたのである。

また、条理は融通無碍な概念であるため（どのような場合に社会通念によって作為義務が認められるのかは、一義的に明らかではない）、形式的三分説が作為義務の発生根拠に条理を掲げることも、形式的判断の限界を露呈するものであった。

(2) 実質的根拠

前述のように、作為義務の存在を形式的な根拠のみによって基礎づけることはできない。このため、いかなる実質的根拠に基づいて作為義務が基礎づけられるのかが重要である（ただし、多くの見解は、実質的な根拠を求めることが単なる規範的・直感的判断に陥ることを避けようとし、たとえば先行行為の有無といった事実に着目して作為義務を基礎づけようとしたことに留意すべきである）。

もっとも、この点につき学説上は多様な見解が主張され、帰一するところがない。

(a) 先行行為説

先行行為説は、作為と不作為を等置するため、作為義務の発生根拠として当該行為者が先行行為を行ったことを要求した。先行行為があれば、自ら因果の流れを作り出した（たとえば、交通事故を起こして被害者に危険な状態を自ら生ぜしめた）として作為の場合と同視でき、結果を防止すべき作為義務が生ずるとしたのである。

もっとも、実務上は先行行為の存在のみで作為義務の存在が肯定されているわけではない（ひき逃げの場合等。東京地判昭和40・9・30下刑集7巻9号1828頁、東京高判昭和46・3・4高刑集24巻1号168頁）。このため、先行行為の存在のみで作為義務を肯定することには疑問もある。

また、先行行為説には、作為と不作為を同視するためには当該不作為そのも

第4章　構成要件該当性III──不作為犯　**125**

のと作為が同視できることが必要であり、（当該不作為そのものではない）先行行為の存在をもって作為と同視することは疑問だとの批判も向けられた。

(b) 事実上の引受け説

事実上の引受け説（保護の引受け説とも）は、事実上の保護の引受けの存在に着目して、作為義務を肯定する。

この見解によれば、作為義務が認められるのは、法益の保護に資する行為が行為者によって開始され（たとえば、親が自らの子である幼児の世話をし始め）、そのことによって法益の保護が行為者に依存している場合である。

すなわち、この見解においては、親は、親であるということによって幼児に対する作為義務を負うのではなく、世話をし始めたことによって幼児の生命が親に依存しているということを理由として作為義務を負うとされるのである。

このような事実上の引受け説に対しては、法益の保護が行為者に依存していることが重要なのであれば、保護の引受けが存しなくとも作為義務が認められるべきでないか（仮にもっぱら母親が新生児の世話をしていたとしても〔すなわち、母親だけが保護を引き受けていたとしても〕、当該新生児に対する作為義務は父親にも存するというべきではないか）との批判が向けられた。

また、この見解には、いったん引き受けると作為義務が生ずるのであれば、人びとは保護を引き受けなくなってしまうため、政策的に妥当でないとの批判もなされた。もしいったん他人の世話をしたら当該他人に対する作為義務を負うとすれば、世話をすることを躊躇する者も多いであろう。なにもしなければ作為義務が生じない以上、はじめからなにもしない方がよいと考えることも自然だからである。

(c) 排他的支配説

現在有力な見解である排他的支配説は、行為者が因果の流れを具体的・現実的に支配していたこと（排他的支配）を、作為義務の発生根拠とする。

この見解によれば、子の生命が危険にさらされている場合、放置すればその子が死亡するに至るという因果の流れを親が具体的・現実的に支配しているのであれば、その親に作為義務が認められることとなる。

事実上の引受け説と比較した場合、この見解の特徴は、自ら保護を引き受けた場合でなくとも、排他的支配を有していれば作為義務が認められる点にあ

る。

　もっとも、（大きく分ければ排他的支配説に分類される見解の中でも）支配領域説と呼ばれる見解は、排他的支配を有する者が常に排他的支配だけを理由に作為義務を負わされるべきではないとし、①自己の意思に基づいて排他的支配を設定した者には、排他的支配のみを理由として作為義務が認められ、②自己の意思に基づかず排他的支配を有するに至った者（たまたま排他的支配を有してしまった者）には、身分的・社会的関係（たとえば、行為者が、被害者である幼児の親であること等）から保護義務を負う場合のみ作為義務が認められるとする。支配領域説は、作為義務の発生根拠として、排他的支配に加え、作為を義務づける（すなわち、行為者の自由を制限する）ことを正当化する事情（①においては、自己の意思に基づき排他的支配を設定したこと、②においては身分的・社会的関係）を要求するのである（もっとも、②の場合でも、容易になし得る作為は義務づけてよいとする見解も存する）。

　なお、ここでいう「排他的」「支配」の内容については、それぞれ以下の点が留意されるべきである。

　まず、「排他的」についてであるが、近時の理解によれば、排他的支配説・支配領域説における排他的支配概念は、行為者以外に法益を保護できる者がいないことまでは要求しない。その意味で、厳密に「排他的」であることまでは要求されない。結果発生を左右できる程度の支配があり、他の者が介入することが容易でなければ足りる。作為犯において同時犯が認められること、すなわち、厳密に「排他的」でなくとも作為犯が成立することと同様である。

　次に、「支配」についてであるが、被害者に対する支配（幼児に対する親の支配等）のみならず危険源の支配もここでいう「支配」にあたる。猛犬が幼児にかみついて同人を殺傷した場合に、猛犬の飼主は、危険源たる猛犬を支配していたことから作為義務（かみついている時点で幼児を救助する、あるいは、その時点での救助を容易に為し得ないため救助義務までは負わないとしても、事前に適切に管理する義務）を負う。

(d)　その他の学説

　支配領域説（前掲）は、有力に支持される見解ではあるが、前記・②の場合の判断が規範的であるとの批判も向けられている。保護義務を負うべき場合が

いかなる場合なのか、その根拠（なぜ一定の身分的・社会的関係があると保護義務が生ずるのか）と判断基準（どのような身分的・社会的関係があると保護義務が生ずるのか。親子関係から保護義務が生ずることに異論は少ないとしても、たとえば、雇用主と被雇用者の関係はどうか、往診を依頼した医師と患者の関係〔前述〕はどうか）が不明確であると批判されるのである。

このため、学説上は、さらに作為義務の限界を事実的な観点から画そうとする見解も主張されている。

その第一は、排他的支配・危険創出説とでも呼ぶべき見解である。排他的支配の存在は作為義務を認める必要条件ではあるが十分条件ではないとし（たまたま排他的支配を有してしまった者に作為義務を認めるべきでないと考えるため）、行為者が危険を創出した（あるいは増加させた）ことが必要だと説くのである。

もっとも、この見解に対しては、親が新生児を放置して死亡させる場合（不作為の殺人罪が認められる典型例であると一般に考えられている）には、危険創出を欠くから、この見解からは不作為の殺人罪が認められないのではないかとの批判が向けられた。

また、効率性説と呼ばれる見解は、結果回避措置を最も効率的になし得る者にのみ作為義務が認められるとした。しかし、この見解には、効率的に当該措置をなし得る者が誰であるかは一義的に明らかでないほか、効率的に当該措置をなし得る者に作為義務を負わせてその者の自由を制限することがあらゆる事例で適切といえるかには疑問があるとの批判が向けられた。

(3) 判例と作為義務の発生根拠

前述のように、不真正不作為犯が実務上処罰される犯罪類型は、殺人罪、放火罪、詐欺罪等に事実上限定されている（→121頁）。

(a) 殺人罪

最高裁として初めて不作為による殺人罪の成立を認めた最決平成17・7・4刑集59巻6号403頁（なお、不作為による殺人罪の成立を認めた大審院判例として、大判大正4・2・10刑録21輯90頁〔生後6ヶ月の子に必要な食べ物を与えず餓死させた事例〕）は、被告人が「自己の責めに帰すべき事由により患者の生命に具体的な危険を生じさせた上、……重篤な患者に対する手当てを全面的にゆだねられ

た立場にあった」ことから、「直ちに患者の生命を維持するために必要な医療措置を受けさせる義務を負っていた」として作為義務を肯定した（被告人は、手の平で患者の患部をたたいてエネルギーを患者に通すことにより自己治癒力を高めるという「シャクティパット」と称する独自の治療〔「シャクティ治療」〕を施す特別の能力を持つなどとして信奉者を集めていたが、脳内出血で入院していた A の息子 B からシャクティ治療を依頼されたため、B に命じて、A を病院から連れ出させ、A を被告人が滞在中のホテルまで運び込ませた）。

同決定は、①「自己の責に帰すべき事由により……危険を生じさせた」こと、②「手当てを全面的にゆだねられた立場にあった」ことを指摘している。このうち①は先行行為あるいは危険創出に、②は排他的支配に言及したものと考えられる。

もっとも、同決定が、先行行為（あるいは危険創出）と排他的支配の双方を作為義務の発生に要求する見解に拠っているとまではいいきれない。この事案ではこれらの事情が存在していたため指摘したに過ぎず、これらを必須の要件としていないという可能性もある。

(b)　放火罪

（やや古い判例ではあるが）最判昭和33・9・9刑集12巻13号2882頁は、自己の過失により事務室内の炭火が机に引火し、燃焼しはじめているのを仮眠から覚めて発見した者が、そのまま放置すれば同事務所を焼損するに至ることを認識しながら、自己の失策の発覚をおそれる等のため、焼損結果の発生を認容して何らの措置をすることなくその場から逃げ去った事案につき、不作為による放火罪の成立を認めた。

その際、最高裁は、被告人が「自己の過失行為により右物件を燃焼させた者（また、残業職員）として、これを消火するのは勿論、右物件の燃焼をそのまま放置すればその火勢が右物件の存する右建物にも燃え移りこれを焼燬〔平成 7 年改正前。現在の焼損〕するに至るべきことを認めた場合には建物に燃え移らないようこれを消火すべき義務」を有するとした。この点は、先行行為の存在（「自己の過失行為により……燃焼させた」）および被告人の社会的な立場（「残業職員」）に言及したものと考えられる（同判決は、あわせて、「火勢、消火設備の関係から容易に消火しうる状態であった」ことを指摘した。この点は作為可能性〔→130頁〕

に言及したものと考えられる。なお、同判決以前に、大審院〔大判大正7・12・18刑録24輯1558頁、大判昭和13・3・11刑集17巻237頁〕はいずれも既発の火力を利用する意思を不作為による放火罪の成立に要求していたが、同判決はこの意思を要求しなかった）。

(c) 詐欺

詐欺罪は、判例上、不作為によっても成立する（不作為による欺罔→各論123頁。なお、不作為による欺罔と挙動による欺罔は区別される→各論122頁。挙動による欺罔は、作為による欺罔の一類型である）。

たとえば、最決平成15・3・12刑集57巻3号322頁は、自己の預金口座に誤った振込みがあったことを知りながら、その事情を秘して銀行の窓口で預金の払戻しを請求し係員からその払戻しを受けた事例について詐欺罪の成立を認めたが、その際、「銀行との間で普通預金取引契約に基づき継続的な預金取引を行っている者として……誤った振込みがあった旨を銀行に告知すべき信義則上の義務がある」こと、「社会生活上の条理からしても、誤った振込みについては、受取人において、これを振込依頼人等に返還しなければならず、誤った振込金額相当分を最終的に自己のものとすべき実質的な権利はないのであるから、上記の告知義務があることは当然というべき」ことを指摘した。

なお、不作為による欺罔と異なり、不作為による脅迫は一般に認められない（強盗罪においては、先行する暴行・脅迫により反抗を抑圧されている者から、暴行・脅迫後にはじめて領得意思を有するに至った行為者が財物を領得する場合、「不作為による暴行・脅迫は可能か」というかたちではなく、「当該行為者による新たな暴行・脅迫は必要か」という形で議論されている。→各論100頁）。

3　作為可能性

作為義務が肯定されるのみでは、行為者は不作為犯として処罰されない。

行為者にとって行い得ない作為を義務づけ、この義務に対する違反を理由に処罰すること（たとえば、泳げない者に、池に飛び込んで溺れている者を救助するよう義務づけ、飛び込まなかったことを理由に処罰すること）は不当だからである。

このため、不作為犯が処罰されるのは、作為義務が認められ、かつ、作為可能性が認められるにもかかわらず、当該行為者がこの義務を履行せず、結果を

発生させた場合に限られる。

　なお、作為可能性は当該行為者が義務づけられた行為を為し得る可能性・容易性を意味し、結果回避可能性とは区別されなければならない。作為可能性は、「池の事例」でいえば、行為者が泳げるかという問題であり、結果回避可能性は、行為者が池に飛び込めば助けられたといえるのかという可能性の問題（たとえば、手遅れであったため、飛び込んだとしても助けられなかったのではないか等）である。

V　不作為の因果関係

　不作為犯においても行為（不作為）と結果との間に因果関係が要求される。

　しばしば引用される最決平成元・12・15刑集43巻13号879頁は、不作為犯の因果関係について、「〔被害者〕の救命は合理的な疑いを超える程度に確実であったと認められる」として、被告人らによって覚せい剤を注射され錯乱状態に陥った被害者を救急医療を要請することなく放置した被告人の行為と、被害者の死亡との因果関係を肯定した（保護責任者遺棄致死罪の成立を認めた。なお、不作為の殺人罪と保護責任者遺棄致死罪の区別→各論16頁）。

　最高裁は、要求された不作為（この事案では救急医療を要請すること）を行ったのであれば、結果が回避されたであろう（結果回避可能性。この事案では被害者が死亡しなかったであろう）と評価できることから、因果関係を肯定したのである（ここでは、条件関係〔→13頁〕が認められることから因果関係が肯定されていると考えられる）。

　なお、同決定は、前掲のように判示するに先立ち、「直ちに被告人が救急医療を要請していれば、……十中八九同女の救命が可能であった」と判示した。しかし、この判示は、結果回避可能性が80〜90パーセント存すれば不作為の因果関係が認められるとしたものと理解されるべきではない。前掲・判示部分からも明らかなように、不作為の因果関係が認められるためには、救命可能性が（合理的な疑いを超える程度に）「確実」であることが必要であり、「十中八九」はこのことを慣用表現として言い換えたに過ぎないのである。

第4章　構成要件該当性Ⅲ──不作為犯　**131**

第5章

構成要件該当性IV──過失犯

　38条1項は、「罪を犯す意思がない行為は、罰しない。ただし、法律に特別の規定がある場合は、この限りでない。」としている。ただし書き部分の「特別の規定」とは、過失犯を処罰する趣旨の特別の規定を指す。つまり、故意犯処罰が原則であり、過失犯は例外的に処罰されるにすぎない（なお、刑法上は、無過失責任は存在しない）。刑法典上の過失犯の数は少なく、失火罪（116条）、過失激発物破裂罪（117条2項）、業務上失火等罪（117条の2）、過失建造物等浸害罪（122条）、過失往来危険罪（129条1項）、業務上過失往来危険罪（同条2項）、過失傷害罪（209条）、過失致死罪（210条）、業務上過失致死傷等罪（211条）のみである。ただし、特別法には過失犯を処罰する旨の規定が数多く存在する。自動車運転上の過失により人を死傷させた場合については、自動車の運転により人を死傷させる行為等の処罰に関する法律に定めがある（→各論28頁。以下、自動車運転死傷処罰法）。

I　過失犯の構造と要件

1　過失犯の構造をめぐる議論

　過失とは、不注意、すなわち注意義務に違反することをいう。その内容をめぐって、見解の対立がある。

(1) 旧過失論

　まず、古典的な見解として、旧過失論がある。この見解は、過失とは、結果発生が予見可能であったにもかかわらず、精神の緊張を欠いたために、これを予見しないで行為したことを指すとするものである。つまり、予見可能性を前提とした予見義務に対する違反を過失の本質とみる立場である（予見可能性があれば予見義務は自動的に導かれるから、以下で単に「予見可能性」という場合には、当然に予見義務を伴っているものと考えてもらいたい）。

　本見解に対しては、自動車運転などのように、社会的有用性はあるが一定の危険を伴う多くの行為が存在する現代社会にはそぐわないという批判がある。すなわち、これらの行為を行う際には結果発生の予見可能性は常に認められ、実際に結果が発生した場合には過失犯が成立してしまい不当だという批判である。たとえば、自動車運転には死亡事故の危険が常につきまとう以上、交通法規を遵守した運転をしていたとしても、事故が起きた場合には常に過失が認められることになってしまうのではないかというのである。この批判を回避するため、旧過失論の中には、結果発生の高度の予見可能性を要求する見解もあるが、そうすると処罰範囲が狭くなりすぎてしまうという問題がある。そのため、旧過失論を純粋な形で貫こうとする見解は、現在では少数にとどまる。

(2) 新過失論

　新過失論は、過失とは、結果発生が予見可能であったにもかかわらずこれを予見せず、かつ、結果回避のために社会生活上要求される措置をとらずに行為したことを指すとする見解である。つまり、予見義務違反に加えて結果回避義務違反を過失の要件とする立場である。この見解の特徴は、結果発生が予見可能であったとしても、社会生活上の行動準則を遵守した場合には過失はないとすることにより、旧過失論の問題を克服しようという点にある。

　本見解に対しては、旧過失論の側から、過失の重点が結果回避義務違反に移り、予見可能性の要件が空洞化するという批判がある。つまり、予見可能性の位置づけが結果回避義務を課すための契機にすぎなくなり、予見可能性が低い場合でも過失を認めることになるというのである。しかし、最近では、予見可能性の要件をそのように位置づけることこそが正しいのだとする主張もあり、

第5章　構成要件該当性IV──過失犯　　133

この主張をどう評価するかが現在の過失犯論の一つの争点となっている。

(3) 新旧過失論の対立の相対化

かつては、旧過失論と新過失論は先鋭に対立するものとしてとらえられてきた。しかし、最近では、旧過失論からの修正説（修正旧過失論）も有力に主張されている。修正旧過失論は、予見可能性のほかに、結果発生の実質的な危険を過失の要件に加えることにより、処罰範囲を限定しようという見解である。すなわち、具体的状況下で求められる適切な措置により危険性を低下させた場合には実質的危険は認められず、たとえ結果発生が予見可能であったとしても、過失を認めないとするのである。翻ると、実質的危険とは適切な結果回避のための措置をとらなかったことにほかならないから、修正旧過失論による過失の判断の内容は、新過失論による過失の判断と大きな差はないことになる。

現在の過失犯論の重点は、新旧過失論にあるのではなく、前述したように、予見可能性の要件をどのように位置づけるのかという問題に移行しているということができよう。

2　過失犯の要件

犯罪体系論上の過失の位置づけや要件の検討順序などの細部については争いがあるものの、現在の多くの見解は、過失の要件は、①予見可能性と、②（予見可能性の存在を前提とした）結果回避義務違反であるとする。そして、結果回避義務に違反する行為（作為または不作為。不作為犯については、119頁以下）が、過失の実行行為である。故意犯の場合と同様、実行行為と結果との間には、因果関係が必要である。刑法上の因果関係とは、実行行為の危険が結果に現実化したことをいうから、結果回避義務違反の危険が結果に実現したという関係がなければならない。

たとえば、Xが、道路を自動車で走行中にわき見をしたために、前方を走行するAの自動車が赤信号のために停止したことに気づかず、Aの自動車に自車を追突させ、Aに頸椎捻挫の傷害を負わせたという事例に過失犯（具体的には、自動車運転死傷処罰法5条の過失運転致傷罪）の要件をあてはめると次のようにな

る。自動車が通行する道路でわき見をしながら自動車を走行させれば、前方車両の動静の変化に即座に対応できず、追突により前方車両の乗員を負傷させる事故を発生させることは容易に予想できる（予見可能性）。そのため、Xには前方を注視し交通状況の変化に即応できるよう運転する義務があったのに（結果回避義務）、これを怠り、漫然と前方不注視のまま自車を走行させた（過失の実行行為）。これにより、Xの自動車はAの自動車に追突し、その衝撃により、Aは頸椎捻挫の傷害を負った。Xが運転中に前方を注視する義務を尽くしていれば、追突によるAの傷害は生じなかったであろう（過失の実行行為と結果との間の因果関係）。

　以下では、過失犯の個々の要件について詳しくみることにする。

実務における過失認定の思考順序

　実務における過失犯の要件の確認の思考順序は、結果から遡って行われるとされている。まず、結果と因果関係を有する行為を抽出し、その際にどのような措置がとられていれば結果が回避できたかを考え、予見可能性・結果回避可能性の観点から、そのような措置を行為者に義務づけることができたと判断されれば過失を肯定するという順序である。

　前述の事例では、Aの負傷の原因は追突行為にあるが、追突直前には結果を回避することは不可能である。そこでさらに時間を遡り、追突を回避できる時点でブレーキを踏まずに自動車を走行させ続けたことを過失の実行行為の候補として抽出する。同時点で前方を注視して前方車両の存在に気づき、ブレーキを踏むという措置を義務づけることができたかが問題となる。既に述べた通り、自動車が通行する道路でわき見運転をすれば、前方車両の動静の変化に即座に対応できず、追突により前方車両の乗員を負傷させる事故を発生させることは容易に予想できる。そして、同時点において上記のような結果回避措置をとることは十分可能であったことから、同措置をとらずに自動車を走行させたことを過失と認定することができることになるのである。

第5章　構成要件該当性Ⅳ──過失犯　**135**

II　予見可能性

　予見の対象としてどの程度具体的な内容を要求すべきかについて、具体的予見可能性説と危惧感説の対立がある。

1　具体的予見可能性説

　この見解は、結果発生の一般的・抽象的な予見可能性では足りず、特定の構成要件的結果とそれに至る因果経過の基本的部分についての予見可能性が必要だとするものである（現実の因果経過の詳細についてまで予見できたことは要求しない）。

　この立場を採用した下級審判例として、札幌高判昭和51・3・18高刑集29巻1号78頁（北大電気メス事件）がある。事案は、心臓病の外科手術の際に電気メス器のケーブルの接続などを担当した被告人（看護師）がケーブルを誤接続したところ、安全装置のない心電計が使用されていたという条件と相まって高周波電流に異常な回路が形成され、電気メスの対極板を装着した患者の右足間接直上部に多量の熱が発生し、重度の熱傷が生じたというものである。このようなメカニズムは、本件当時、専門家の間でも知られていなかったことから、予見可能性が認められるかが争われた。札幌高裁は、結果発生の予見の意義について、「内容の特定しない一般的・抽象的な危惧感ないし不安感を抱く程度では足りず、特定の構成要件的結果及びその結果の発生に至る因果関係の基本的部分の予見を意味するものと解すべき」という一般論を述べたうえで、本件では、「ケーブルの誤接続をしたまま電気手術器を作動させるときは電気手術器の作用に変調を生じ、本体からケーブルを経て患者の身体に流入する電流の状態に異常を来し、その結果患者の身体に電流の作用による傷害を被らせるおそれがあること」が「構成要件的結果及びその結果の発生に至る因果関係の基本的部分」にあたり、これが予見できた以上、被告人には過失が認められるとした。

　本説に対しては、因果経過の基本的部分がなにかを明確に特定することはできないという批判がある。北大電気メス事件についても、安全装置のない心電

計の併用による異常な回路の形成がなければ熱傷は生じなかったはずであるのに、これを因果経過の基本部分とは評価しなかったことに対して、疑問が向けられうる。

　最高裁判例では、具体的予見可能性説を採用することを明言したものはみられず、その立場は明らかではない。北大電気メス事件と同様に、結果発生に至る因果経過の一部を構成する現象を行為当時認識し得なかった事案に関する判断をみると、予見の対象をかなり抽象化してとらえる傾向が見て取れる。たとえば、最決平成12・12・20刑集54巻9号1095頁（生駒トンネル事件）は、トンネル内の電力ケーブル接続工事に際し、ケーブルに特別高圧電流が流れる場合に発生する誘起電流を接地するために必要な機器の設置を怠ったため、右誘起電流が大地に流されずに、本来流れるべきでないＹ分岐接続器本体の半導電層部に流れて炭化導電路を形成し、長期間にわたり同部分に集中して流れ続けたことにより火災が発生して死傷者が出たという事案について、炭化導電路の形成という現象は本件当時知り得なかったとしても、「右誘起電流が大地に流れずに本来流れるべきではない部分に長期間にわたり流れ続けることによって火災の発生に至る可能性があることは予見できた」として、予見可能性を肯定した。本件についても、具体的予見可能説の基準からは、因果経過の基本的部分の予見可能性があったと評価してよいか、疑問の余地がある（同様の問題が生じた事案として、最決平成21・12・7刑集63巻11号2641頁）。

　そこで、具体的予見可能性説に立ちつつも、現実の因果経過の基本的部分の予見可能性は不要であり、現実の因果経過と予見可能であった因果経過とが構成要件の範囲内で符合してればよいとする見解も主張されている。たとえば、生駒トンネル事件では、「右誘起電流が大地に流れずに本来流れるべきではない部分に長期間にわたり流れ続けることによって火災の発生に至る可能性があること」が予見できる以上、現実の因果経過は予見可能でなくとも過失を認めうることになる。この見解の発想は、因果関係の錯誤（→36頁）の処理において、現実の因果経過と行為者が予見していた因果経過の間に齟齬があったとしても、両者が構成要件の範囲内で符合していればよいとする通説の考え方と通底するものがある。

　次に、具体的予見可能説に立つ場合、現実に被害をこうむった具体的な客体

第5章　構成要件該当性IV──過失犯　**137**

に結果が生じることの予見可能性の要否が問題となるが、最高裁は、これも不要としているとみられる。最決平成元・3・14刑集43巻3号262頁は、被告人が、制限速度を大幅に超える速度で普通貨物自動車を走行させ、対向してきた車両に狼狽してハンドル操作を誤り、道路左側に設置してある信号柱に自車左側後部荷台を激突させ、その衝撃により、助手席にいた同乗者に傷害を負わせたほか、後部荷台に同乗していた2名を死亡するに至らせたが、被告人は死亡した2名の存在を認識していなかったという事案について、「右のような無謀ともいうべき自動車運転をすれば人の死傷を伴ういかなる事故を惹起するかもしれないことは、当然認識しえたものというべきである」として、死亡した2名が乗車している事実を認識していなかったとしても、死亡結果についての過失は認められるとした。構成要件レベルで抽象化された「人」に結果が生じることの予見可能性を問題にしている点で、錯誤論における法定的符合説（→34頁）と親和的な考え方であるといえよう。

2 危惧感説

　これに対し、特定の結果および因果経過の基本的部分の予見可能性は必要なく、同種の結果の発生がありうるという程度の危惧感があれば足りるとするのが、危惧感説である。この見解は、過失の重点を結果回避義務違反に置く新過失論をさらに推し進めたものである（そのため、「新・新過失論」とも呼ばれる。旧過失論から本説を採用することは理論的には不可能ではないが、処罰範囲が無制約になるので、不当である）。公害や企業災害による被害が多発したことを背景に1960年代から70年代に盛んに主張された（危惧感説を採用した下級審判例として、徳島地判昭和48・11・28刑月5巻11号1473頁がある。ただし、前述の通り、北大電気メス事件では危惧感説は否定されている）。

　危惧感説に対しては、責任主義に反するという批判や過失犯処罰の範囲が広くなりすぎるという批判が強い。しかし、近時、危惧感説を見直す動きがある。この立場は、単に漠然とした危惧感があれば即座に過失を認めるわけではなく、過失を認めるために必要な予見可能性の程度の判断を結果回避義務の判断と連動させようとするものである。具体的には、予見可能な結果が重大であ

り、また行為者にとって当該結果を回避する措置の負担が大きくない場合には、予見可能性がかなり低くても過失は認められるが、結果回避措置の負担が予見可能な結果の重大性に比して大きい場合には、高度の予見可能性が求められることになる。当然、結果回避義務を課す契機となる程度の予見可能性すらない場合には、過失は否定される。

最近では、結果発生の予見可能性は不要であり、危険の予見可能性があれば足りるとする見解も主張されている。これは、予見可能性は結果回避義務を課す契機にすぎず、結果回避義務の具体的内容を確定することこそが過失犯論の任務だという考え方を突き詰めたものといえる。

Ⅲ　結果回避義務違反

結果発生が予見可能である場合、次に、結果を回避する義務を課すことができるかが問題になる。

1　結果回避可能性

結果回避義務の前提として、結果回避可能性が必要だとされる。しかし、この概念は多義的であることから、整理が必要である。

まず、結果回避可能性は、結果回避措置をとりえたという意味で用いられることがある。法は不可能を強いることはできないから、この意味での結果回避可能性が結果回避義務の前提となることは自明である。たとえば、自動車運転中に何の予兆もなく突然貧血になったため、ブレーキを踏むことができず、停止中の前方車両に自車を衝突させてその運転者を負傷させた例が挙げられる。

また、結果回避可能性は、結果回避義務を履行していれば結果が回避できたという意味で用いられることがある。学説では、この意味での結果回避可能性も結果回避義務の前提に位置づける見解と、過失犯の因果関係の問題に位置づける見解に分かれているが、本書では、後者の意味での結果回避可能性は、因果関係の項目の中で扱うこととする。

第5章　構成要件該当性Ⅳ——過失犯 | **139**

2　結果回避義務の判断方法

　行為者に義務づけうる結果回避措置はあるか、あるとすればその具体的な内容は何かを判断する作業には困難が伴う。判断の重要な手掛かりとして、行政法規上の義務（たとえば、自動車運転であれば道路交通法上の義務、防火関係であれば消防法上の義務）があるが、これらは刑法上の法益の保護に間接的には役立つものの、これを直接の目的とするものではないから、刑法上の義務と同視することはできない。そのため、結果回避義務の判断は、これらを手掛かりとしつつも、別途に行う必要がある。

　既にコラムにおいて述べた通り、実務においては、結果から遡って結果回避措置を抽出し、その履行を行為者に義務づけることができたかを順次検討していくという方法がとられている。多くの場合、可能な結果回避措置は複数考えられるであろう。そのうちのどれを行為者に義務づけるかは、結果の重大性、予見可能性の程度、当該措置をとることの容易性などを考慮したうえで、現実に行われた行為と社会的有用性の比較考量をし、当該措置を義務づけることが行為者にとって過大な要求にならないかという見地から判断されなければならない（この点で参考になる裁判例として、東京地判平成13・3・28判時1763号17頁）。たとえば、自動車運転免許を有する者が人を自動車ではねて死亡させた場合、自動車の運転をしなければ結果は確実に回避できたといえるが、自動車を運転するなというのは自動車交通の社会的有用性という見地からは過大な要求である。要求しうるのは、当該道路状況において良識ある通常の自動車運転者がとるべき結果回避措置である。

　なお、前方不注視で運転していたため前方車両の存在に直前になるまで気づかず、あわててブレーキを踏もうとしたが間違えてアクセルを踏んでしまい、前方車両に追突してその運転者を負傷させた事例のように、複数の不注意が認められる場合にどれを過失の実行行為ととらえるかという問題がある。結果に直近するものだけを実行行為ととらえる見解（直近過失一個説）もあるが、直近の過失の前段階の過失も結果発生に重大な影響を与えている場合にはそれも実行行為にあたるとする見解（過失併存説）が通説である。上記の事例ではブレーキとアクセルを踏み間違える行為に加え、前方不注視で運転する行為も過失

の実行行為にあたることになる。

> #### 誰の能力を基準として過失の判断をするか──過失の標準──
>
> 予見可能性および結果回避義務を判断する際に誰の能力を基準とすべきかをめぐっては、一般人の能力を基準とすべきだとする見解（客観説）や、行為者の能力を基準とすべきだとする見解（主観説）がある。しかし、最近では、能力ごとに基準を分けて考える見解が有力である。具体的には、身体的能力、知的能力、知識・経験については行為者を基準とし、法益を尊重するように配慮し関心を持つという規範心理的能力については良識的な市民としての一般人を基準にすべきだという主張である。なお、ここでいう「一般人」とは、単なる「普通の人」ではなく、個々の事件の行為者の属性によって類型化された一般人（たとえば、自動車による死傷事件であれば「一般的な自動車運転者」、心臓手術の際の過誤であれば「一般的な心臓外科医」）のことを指す。なお、構成要件レベルでは一般人、責任レベルでは行為者を基準とすべきだという見解（折衷説）を教科書等で見かけることがあるが、二段階判断する意味は見出せないし、実務でも二段階判断が行われているとは思われない。

3　信頼の原則

　被害者または第三者（以下、両者をあわせて「他人」とする）の行動が結果発生の一因となった場合における結果回避義務の判断の手がかりとなる法理として、信頼の原則がある。この原則は、他人が適切な行動に出ることを信頼することが相当な状況においては、その信頼を前提にして行為すればよく、仮に他人が信頼に反して不適切な行動に出たことにより結果が発生しても、結果回避義務に違反したことにはならないとするものである。元々は、交通事故の際の過失認定において発展してきた法理だといわれている。

　交通事故関係で信頼の原則を適用して過失を否定した最高裁判例として、最判昭和41・12・20刑集20巻10号1212頁がある。事案は、自動車で交差点に進入して右折しようとしたところエンストを起こしたため、低速で再発進したが、その際に右側方の安全確認をしなかったことから、後方から走行してきた原動機付自転車が自車を右側から追い越そうとしているのに気づかず、自車を原動

機付自転車に衝突させ、その運転者に傷害を負わせたというものである。最高裁は、本件のような状況では、「あえて交通法規に違反し、自車の前面を突破しようとする車両のありうることまでも予想して右側方に対する安全を確認」する注意義務はないとして過失を否定した。また、最判昭和42・10・13刑集21巻8号1097頁は、原動機付自転車で走行中、右折の合図を出してセンターライン付近から右折を開始したが、その際に後方の安全を確認しなかったため、後方から高速度で走行してきた原動機付自転車がセンターラインからはみ出して自車を右側から追い越そうとしていたことに気づかず、自車をこれに接触させてその運転者を死亡させたという事例について、過失を否定した。本件当時、被告人が運転していたタイプの原動機付自転車でセンターライン付近から右折するという方法は交通法規に違反するものであったが、過失の存否には影響を与えないとされた。右折の合図を出している以上は右折の意思は明らかであり、当該違反が本件事故の危険性を高めたとはいえないことがその理由だとされている。

　信頼の原則は、複数人が仕事を分担する共同作業の場面でも適用可能である。最判昭和63・10・27刑集42巻8号1109頁は、工場での液体塩素の受入れ作業の際、熟練技術員が未熟練技術員に作業を委ねたため未熟練技術員が操作を誤って大気中に液体塩素を放散させ、周囲にいた者に傷害を負わせた事案において、安全管理、安全教育、技術員の指揮監督を行う職責を有していた者らについて、技術員に対する安全教育を徹底しておきさえすれば、技術員がこれにしたがうことを信頼してよいとし、液体塩素の受入れ現場を巡回して監視する義務まではないとした（ただし、実際には安全教育が徹底されておらず、その点についての過失が認められた）。また、北大電気メス事件では執刀医も起訴されたが、極めて単純容易な補助的作業に属する電気手術器のケーブルの接続に関しては経験豊富なベテラン看護師を信頼してよく、接続の正否について執刀医が確認する義務はなかったとして過失が否定されている。

　これに対し、信頼の前提を欠くような状況がある場合には、信頼の原則は適用できない。すなわち、具体的状況や他人の能力からみてその不適切な行動が予測できる場合（たとえば、信号のない横断歩道の近くの歩道上を小学生の集団がはしゃぎながら走っている場合や、赤信号の手前であるにも関わらず停止する気配なく高

速度で進行してくる自動車がある場合など）や、共同作業において明確な役割・責任分担が確立していない場合には、適用できない。後者について、しばしば北大電気メス事件と対比される例として、最決平成19・3・26刑集61巻2号131頁が挙げられる。複数の医師・看護師が患者の同一性確認を十分に行わなかった結果、患者を取り違えて不要な外科手術をしたという事案であるが、本件病院では患者の同一性確認に関する明確な役割分担がなかったことから、「手術に関与する医師、看護婦等の関係者は、他の関係者が上記確認を行っていると信頼し、自ら上記確認をする必要がないと判断することは許されず、各人の職責や持ち場に応じ、重畳的に、それぞれが責任を持って患者の同一性を確認する義務がある」とされた。

Ⅳ　過失犯の因果関係

　過失犯の実行行為は、結果回避義務に違反する行為である。そのため、その条件関係は、結果回避義務違反がなければ（＝結果回避義務を履行していれば）結果を回避できたかによって判断されることになる。このような意味での結果回避可能性が問題になったと思われる事例として、最決平成15・1・24判時1806号157頁がある（このほか、大判昭和4・4・11新聞3006号15頁）。事案は、被告人が、信号がなく見通しの悪い交差点に減速することなく時速約30～40kmの速度で進入したところ、交差する道路から時速約70kmで前方を注視せずに交差点に進入してきた自動車と衝突し、同車に乗車していた者らを死傷させたというものである。最高裁は、被告人が本件交差点手前で自動車を時速10～15kmに減速させて交差道路の安全を確認していれば衝突を回避することが可能であったかについては合理的な疑いを容れる余地があるとして、業務上過失致死傷罪（当時。現在は、自動車運転死傷処罰法5条の過失運転致死傷罪）を否定した。

　これに加え、刑法上の因果関係があるといえるためには、結果回避義務違反の危険が結果に現実化したと認められることが必要である。これが問題になったのが、最決平成24・2・8刑集66巻4号200頁である。事案は、トラックのタイヤが走行中に脱落し、タイヤの激突を受けた歩行者らを死傷させたというものである。最高裁は、本件事故の原因はタイヤのハブ（Dハブ）の強度不足にあ

るとした上で、被告人ら（同トラックを製造した会社の品質保証部門の部長およびその補佐役）には、Ｄハブの強度不足による死傷事故の発生について予見し、これを装備した車両についてリコール等の改善措置の実施のために必要な措置をとり、強度不足に起因する事故の発生を防止する義務があるとして、業務上過失致死傷罪を認めた。本件では、事故の原因がＤハブの強度不足にあったのか、使用者側の整備不良等による摩耗にあったのかが争点の一つになっていた。控訴審は、被告人らが上記義務を履行していれば、仮に事故原因が強度不足によるものではなかったとしても本件結果を回避できたことを理由に因果関係を肯定したが、最高裁は、事故原因が強度不足ではなかった場合には、本件結果は上記義務違反の危険が現実化したものとはいえないとして、この点に関する控訴審判決の説示は相当でないとした。リコールを実施していれば事故原因が何であれ事故は防止できたという意味で条件関係はあるが、リコール不実施の危険とは別の危険が現実化した場合には刑法上の因果関係は認められないということであろう。

V　複数人による過失の競合

　過失犯の事例では、複数人の不注意が積み重なって結果が発生することも多い。このような場合、各人の地位、職責、職務遂行の状況などを手掛かりに、信頼の原則の適用の可否も検討しながら、各人が結果回避義務を負うか、負うとすればその具体的な内容は何かを判断することになる。その結果、それぞれが具体的な内容の異なる義務を負うと判断される場合には、各人は過失の単独犯となる。これを過失の競合という。これに対し、共同して同一の義務を負う場合には、過失の共同正犯となる（→82頁）。

VI　管理・監督過失

　過失の一形態として、管理・監督過失と呼ばれるものがある。管理過失とは、一定の人的・物的組織に対する管理責任者が、事故防止のための安全な人的・物的体制を確立する義務を怠ることをいう。これに対し、監督過失とは、

事故防止のために被監督者を指導、指揮、監督する立場にある者が、その義務を怠ることをいう。ホテルやデパートなどの大規模施設の火災における、防火対策の実質的権限者の安全体制確立義務の懈怠が、管理・監督過失の典型例である。

　大規模施設の火災では、スプリンクラー等の適切な防火設備を設置しなかったこと、消防訓練・避難訓練を十分に行うなどして火災の際に従業員が適切な行動をとれるよう指導・監督しなかったことの結果として死傷者が出た場合には、防火対策の実質的権限者は業務上過失致死傷罪の責任を負いうる（従業員の不適切な行動があった場合には、これとは別に従業員にも同罪が成立しうることは当然である）。この種の事故においては、出火原因が不明なことも多いところ、具体的予見可能性説の立場から、出火の時期・原因について具体的に予見することができない以上、予見可能性を否定すべきだとする主張もある。しかし、判例は、防火体制に不備があることを認識している以上、いったん火災が起これば、発見の遅れや初期消火の失敗等により本格的な火災に発展し、建物の構造、避難経路等に不案内の宿泊客等に死傷の危険が及ぶおそれがあることは容易に予見できるとして、予見可能性を肯定している（最決平成2・11・16刑集44巻8号744頁、最決平成5・11・25刑集47巻9号242頁）。

第6章

違法性阻却とその周辺

　ある行為についてなんらかの犯罪類型の構成要件該当性が認められても、より広い事情を考慮するとその行為には否定的評価が下されるべきでない、すなわち、結論として犯罪を成立させるべきでないと考えられる場合がある。構成要件該当性があり、したがって違法だと推定されるものの、このように、結局、許容・正当化されて違法性が否定されることを違法性の阻却といい、違法性阻却の根拠となる法的理由を違法性阻却事由と呼ぶ。本章では、違法性阻却事由とその周辺の事柄を扱う。

I　総説

　違法性阻却事由には、条文の根拠のあるもの（35条：正当行為、36条：正当防衛、37条：緊急避難）と条文の根拠のないもの（超法規的違法性阻却事由）とがある。どのような場合に違法性阻却が認められるかを検討する際には、違法性阻却の原理を明らかにすることが重要であり、根拠となる条文がある場合であっても、その解釈にあたっては基礎となる違法性阻却の原理が一定の意味をもつ。そして、違法性阻却の原理は、そもそも違法性とはなにかという問題と強く結びついている。

　違法性とは、形式的には法規範に違反することであるが、刑法の条文の解釈や、条文がないところでの違法性阻却の範囲を検討するためには、刑法上の違法性の実質を刑法の目的・任務に照らして理解する必要があると考えられてきた。そして、刑法の目的は法益の保護にあるという理解に基づき、違法性の実

146

質は法益侵害・危険（結果無価値）の惹起にあるという見解（結果無価値論とよばれる）と、刑法の任務を社会倫理の保護に求める立場から、行為の反倫理性等に対する社会的非難のように法益の侵害・危殆化に解消されない否定的な行為の属性（行為無価値）に違法性の実質を求める見解（行為無価値論と呼ばれる）とが、ながらく対立してきた。さらに、刑法の目的を法益の保護に求めるとしても、それと合理的関連性のある行為無価値は考慮すべきであるという見解も、有力に主張されているところである。

　違法性阻却に目を移すと、結果無価値論からは法益衡量と法益性の欠如がその実質的な基準を提供するものとされる。これに対して、行為無価値論からは社会的相当性が指摘されることがあり、判例でも「社会観念上是認しうる」という表現が使われている。

　しかし、条文に根拠のある違法性阻却事由を、法益衡量や法益性の欠如だけで説明することはできない。各違法性阻却事由の要件は、条文の文言をみれば明らかなように、法益衡量等以外の観点も含めて定立されているからである。また、社会的相当性の検討を、法益衡量や法益性の欠如の観点を抜いて行うこともできない。社会観念上是認しうるかどうかの判断にあたっては、当該行為によって得られる利益はなにかという観点が欠かせないからである。そうすると、結果無価値論や行為無価値論は、いずれかを選択すると、そこから特定の違法性阻却事由の要件の解釈が一義的に決まるというものではなく、したがって、刑法をはじめに学習するにあたっては、まずは、それぞれの違法性阻却事由を判例がどのように扱っているかを理解することが重要である。

　以下では、まず、条文上の根拠のある違法性阻却事由のうち緊急行為に属する正当防衛および緊急避難について解説してから、さまざまな類型を含む正当行為をみたうえで、さらに被害者の同意、その他の超法規的違法性阻却事由の順で説明していく。

第6章　違法性阻却とその周辺　147

II　正当防衛

（正当防衛）
36条1項　急迫不正の侵害に対して、自己又は他人の権利を防衛するため、やむを
得ずにした行為は、罰しない。
　2項　防衛の程度を超えた行為は、情状により、その刑を減軽し、又は免除するこ
とができる。

1　総説

　正当防衛は、正当化の範囲が広い強力な違法性阻却事由であり、36条1項に
規定されている。たとえば、Aが急に殴りかかってきたので、Xは自分の身を
守るために、傍らにあった六法で殴り返して反撃した、という場合、Xの行為
はAに対する暴行罪の構成要件該当性が認められ、Aが怪我をすれば傷害罪の
構成要件該当性が認められるが、正当防衛として違法性が阻却され、Xは不可
罰となる。

　正当防衛は、緊急の状況が前提となる点は緊急避難と共通であるが、「『正』
対『不正』」の関係が前提となる点で、基本構造が緊急避難とは大きく異なる。
「正」の者が「不正」の者の法益を侵害する行為なので、緊急避難のように補
充性（ほかにより侵害性の低い手段がないこと）が要求されず、また、避けよう
とした害と結果として生じさせた害とが厳密に均衡していなくても、行為の危険
性が釣り合っているか、防衛のために必要最小限度の行為であれば、正当化さ
れる。つまり、軽傷を防ぐために重傷を負わせても許され、身体の防衛のため
に必要な行為であれば、結果的に死亡させることも許されうる。

　正当防衛の要件は、

　(i)正当防衛の前提となる状況（「急迫不正の侵害／権利」）

　(ii)防衛行為者としての資格（「正」の側にいること）

　(iii)防衛の意思（「防衛するため」）

　(iv)防衛行為としての相当性（「やむを得ずにした行為」）

である。

　このうち防衛行為としての相当性のみを欠く行為は、正当防衛は否定され犯罪が成立するが、過剰防衛として刑が裁量的に減免される（36条2項）。

　なお、他人の権利を守るための正当防衛も認められる。

2　正当防衛の前提状況

　正当防衛の前提状況の要件を担うのが、「急迫不正の侵害」である。

(1)　急迫

　急迫とは、「法益侵害の危険が緊迫したこと」（最判昭和24・8・18刑集3巻9号1465頁）または「法益の侵害が現に存在しているか、または間近に押し迫っていること」（最判昭和46・11・16刑集25巻8号996頁）であるとされ、一般には、未遂の一歩手前の危険を意味する。すなわち、防衛者は侵害者に対して、侵害者にたとえば殺人未遂が成立する少し前の段階で正当防衛ができる。正当防衛は、防衛行為者が侵害者に対して刑罰を科す制度ではないので、防衛行為者は防衛の相手方である侵害者に未遂犯が成立するまで待たなくてよいのである。

　侵害者に一度殴りかかられた後、さらに二度目の殴打が予想されるような場合には、理論的には二度目の殴打がどれくらい差し迫ったかによって急迫性の判断がなされることになるが、一般的には、一度目の殴打によって肯定された急迫性がいつまで継続するかという枠組みで整理されている。そして、急迫性の要件で要求される切迫の程度は、急迫不正の侵害の「始期」が問題になる場面と「継続性」が問題になる場面とで異なるとされ、後者の方がより緩やかに急迫性が肯定される。判例で、比較的緩やかに侵害の継続性が認められる際には、侵害者の加害の意欲が強いことと、再度の攻撃に及ぶことが客観的に可能であることが指摘され、再度の攻撃が時間的に切迫していることは言及されていない（最判平成9・6・16刑集51巻5号435頁）。

　急迫性が要求される根拠は、侵害が切迫すると、①公的機関による救援可能性がなくなること、②侵害が存在しないのに存在すると誤認する危険がなくなること、③侵害者によりすでに社会の平穏が害されるといえるので、防衛行為

を認めても新たな平穏侵害が生じないことなどに求められている。継続性が問題となる場面の方が緩い基準で急迫性が認められることは、このうち②や③で説明が可能である。

ここでは、侵害行為を個別にみたときには、第一の侵害行為はすでに終了しており、第二の侵害行為はまだ厳密にいえば切迫しておらず、したがって急迫性の要件を満たさない場合でも、第一と第二の侵害行為を一連一体のものとみることができれば、その一連の侵害行為が現に継続しているとみることで、急迫性の要件が肯定されるという構造になっている。

(2) 不正

急迫する侵害は「不正」なものでなければならない。不正とは違法ということであり、したがって、違法性が阻却される行為は不正の侵害たり得ないから、それに対する正当防衛は認められない。たとえば、警察官による適法な逮捕行為に対して正当防衛で暴行を加えて抵抗することは認められない。

(3) 侵害

急迫する「侵害」には、行為性が認められる必要があるかが議論されている。行為性は不要だと解する場合は、いわゆる対物防衛が認められることになる。たとえば、Aの飼い犬に襲われそうになったXは、正当防衛としてその犬を害することが認められ、つまり、Aに対する器物損壊罪の構成要件該当性が肯定されるものの、違法性が阻却される。侵害に行為性を要求する場合は、飼い犬による襲撃が飼い主であるAの故意行為や過失行為による場合に限って、Xは正当防衛することでき、Aの行為性が認められない限りは、Xは緊急避難しかできない（犬を攻撃する以外に逃げる方法があるのであれば、それを選択しなければならない）ことになる。

急迫する侵害は「権利」に対するものでなければならない。そこにいう権利は、刑法上の保護法益である必要はない。たとえば、夫権に対する急迫不正の侵害も認められる（福岡高判昭和55・7・24判時999号129頁）。

3 防衛行為者としての資格

客観的・事実的に正当防衛の前提状況としての急迫性が認められる場合であっても、当該行為者の事前のふるまいなどに基づいて、防衛行為者としての資格が規範的に否定され、正当防衛が認められなくなることがある。判例においては、次の二つが指摘されている。

(1) 侵害の予期

防衛行為者に侵害の予期があった場合、一定の範囲で正当防衛が否定されている。

次のように判示した最高裁判例がある。「刑法36条が正当防衛について侵害の急迫性を要件としているのは、予期された侵害を避けるべき義務を課する趣旨ではないから、当然又はほとんど確実に侵害が予期されたとしても、そのことからただちに侵害の急迫性が失われるわけではない……。しかし、同条が侵害の急迫性を要件としている趣旨から考えて、単に予期された侵害を避けなかったというにとどまらず、その機会を利用し積極的に相手に対して加害行為をする意思で侵害に臨んだときは、もはや侵害の急迫性の要件を充たさないものと解するのが相当である」（最決昭和52・7・21刑集31巻4号747頁）。

正当防衛では、侵害回避・退避義務不存在の原則がある。侵害が予期されても、回避・退避せずに対抗応戦してよい。ただし、防衛行為を行う者は、「正当な権利が保護されるべき者の側」すなわち「正の側」に属するといえなければならず、事前に「積極的加害意思」をもって侵害に臨んだ場合はそれが否定される。侵害が時間的に切迫しているところだけをみれば急迫性が認められそうである場合であっても、侵害の予期と積極的加害意思がある場合は、その行為者との関係では、急迫性の要件が否定されるのである。

ここでは、ⓐ侵害を予期したうえで敢えてそれを受け入れた者は、正当防衛を認めることによって保護する必要がないという見方と、ⓑ侵害を予期したうえで積極的加害意思をもって臨んだ者は、そのような意思の悪さに着目すると、「正」の側にとどまっているとは評価されないという見方とがありうる。通常は両者に違いはないが、他人のための正当防衛が問題となるような事案で

第6章 違法性阻却とその周辺 **151**

は結論がわかれうる。行為者の主観面に着目して、行為者ごとに急迫性を判断しようとしている判例の立場は、⑥の見方に親和的であるとも考えられる。ⓐの見方からは、被侵害者に侵害の予期＋積極的加害意思がある場合は、第三者も他人のための正当防衛ができないことになる。

　なお、急迫性というと客観的な要件であるという印象を受けるが、侵害を事前に予期してそれに積極的に臨んだ者にとっては、当該侵害は「急に迫って」くるものではないと考えれば、不自然な処理ではないであろう。

　最近の判例では「積極的加害意思」という用語は絶対的なものではなくなっており、むしろ、〈正の側〉にとどまったかどうかを判断する際に着目すべき事情が具体的に挙げられている。従来、「積極的加害意思」の判断は客観的事情に基づいてなされており、そうであれば「意思」だけに決定的な意義を認めるよりも、客観的事情も含めた事前の状況の全体が急迫性要件の判断資料であることを正面から認めた方がよいと考えられる。なお、そうだとしても、「侵害の予期」があることが大前提である。少し長くなるが、重要な判例なので直接引用する。

　「刑法36条は、急迫不正の侵害という緊急状況の下で公的機関による法的保護を求めることが期待できないときに、侵害を排除するための私人による対抗行為を例外的に許容したものである。したがって、行為者が侵害を予期した上で対抗行為に及んだ場合、侵害の急迫性の要件については、侵害を予期していたことから、直ちにこれが失われると解すべきではなく……、対抗行為に先行する事情を含めた行為全般の状況に照らして検討すべきである。具体的には、事案に応じ、①行為者と相手方との従前の関係、②予期された侵害の内容、③侵害の予期の程度、④侵害回避の容易性、⑤侵害場所に出向く必要性、⑥侵害場所にとどまる相当性、⑦対抗行為の準備の状況（特に、凶器の準備の有無や準備した凶器の性状等）、⑧実際の侵害行為の内容と予期された侵害との異同、⑨行為者が侵害に臨んだ状況及び⑩その際の意思内容等を考慮し、行為者がその機会を利用し積極的に相手方に対して加害行為をする意思で侵害に臨んだとき……など、前記のような刑法36条の趣旨に照らし許容されるものとはいえない場合には、侵害の急迫性の要件を充たさないものというべきである」（最決平成29・4・26刑集71巻4号275頁〔丸数字は筆者〕）。

ここで挙げられた具体的判断資料を整理すると、主に②・③・⑧が侵害の予期に関わる事情、主に④・⑤・⑥が侵害の事前回避に関わる事情である。前者を前提にしたときに、後者を考慮して、被侵害者が事前に侵害を回避すべきだったといえるかどうかが判断されていると整理されている。つまり、ⓐ予期された侵害を回避すべきだったのに侵害に臨んだ者は、正当防衛を認めて保護する必要がない、あるいは、ⓑ「予期された侵害を回避すべきだったのに侵害に臨んだ者」vs「先に手を出した者」＝「不正」vs「不正」となって正当防衛の基本構造を満たさないということになるのである。

　ただし、基本的には以上にみたように侵害に先立つ事前の事情に基づいて判断するのではあるが、⑨⑩のような侵害時の事情も判断資料として挙げられており、事前の事情によれば侵害を回避すべきだったといえる場合であっても、侵害時にもっぱら防御的対応に終始したような場合には、再び「正」の側に戻るという判断もありうる。

　なお、上記の判例によっても「積極的加害意思」の概念は放棄されていないので、それが認められると説明できる場合には、それを理由に急迫性を否定すればよい。

(2)　侵害の自招

　侵害の予期がなかった場合であっても、侵害を自ら招いたときは、一定の範囲で正当防衛が否定される。

　最高裁は、次のような事案でＸの正当防衛を否定した。Ｘは、道路上でＡと口論中、いきなりＡの左ほおを手けんで殴打し、直後に走って立ち去った。Ａは自転車でＸを追いかけ、90ｍほど進んだ歩道上でＸに追いつき、自転車に乗ったまま、水平に伸ばした右腕で後方からＸの首付近を強く殴打した。前方に倒れたＡは起き上がり、護身用に携帯していた特殊警棒でＡの顔面等を殴打して傷害を負わせた。なお、この事案を検討する際の前提は、Ｘの第一の暴行による急迫不正の侵害が終了した後でＡによる暴行が行われており、Ａの暴行はＸに対する正当防衛にはならないということと、Ａによるその暴行で認められる急迫不正の侵害は、Ｘの第二の暴行による反撃の時点でまだ終了しておらず、そこだけみればＸにとって正当防衛の前提状況があるようにみえることで

ある。最高裁は次のように判示した。

「Xは、Aから攻撃されるに先立ち、Aに対して暴行を加えているのであって、Aの攻撃は、Xの暴行に触発された、その直後における近接した場所での一連、一体の事態ということができ、Xは不正の行為により自ら侵害を招いたものといえるから、Aの攻撃がXの前記暴行の程度を大きく超えるものでないなどの本件の事実関係の下においては、Xの本件傷害行為は、Xにおいて何らかの反撃行為に出ることが正当とされる状況における行為とはいえないというべきである」（最決平成20・5・20刑集62巻6号1786頁）。

このような場合、①侵害に先立って不正な先行行為があり、②それにより侵害が触発されたという心理的因果性があり、かつ、③先行行為と侵害の間に時間的・場所的近接性が認められるときは、先行行為と不正の侵害とは一連・一体の事態であって、不正な侵害だけを切り出して「正 対 不正」の関係であるということはできず、むしろそれは自招侵害による相互闘争状況であり、「不正 対 不正」の関係となる。

上の判例では、「なんらかの反撃行為に出ることが正当とされる状況」ではないとされ、急迫性の要件を否定するという処理がなされてはいない。これに対しては、正当防衛だけでなく緊急避難の可能性も否定する趣旨であるという理解や、侵害の予期がある場合（前述(1)）とは別の類型であることを示す趣旨であるという理解がありうる。

なお、自招侵害であれば必ず正当防衛が否定されるものとはされていない。上の判例では、「Aの攻撃が被告人の前記暴行の程度を大きく超えるものでないなどの本件の事実関係の下においては」という留保がついているからである。つまり、自招侵害であっても、侵害がそれを触発した先行行為と比較して「緩やかな均衡」を害するような強い攻撃であるときは、例外的に正当防衛は否定されないとされているのである。

たとえば、Xの不正な先行行為が、Aを手拳で殴打する行為であるのに対して、それに触発されたAの侵害行為が、サバイバルナイフで刺す行為であるような場合は、行為の危険性において均衡を失するので、Aの侵害行為はXが自ら招いたものとはいえるものの、「不正 対 不正」の関係であるとまではいえず、XはAに対して正当防衛できることになる。このような不均衡は、不正な

先行行為が暴行ではなく侮辱行為であるような場合に、認められやすくなると考えられる。

(3) 他人のための正当防衛

急迫不正の侵害が「他人の権利」に対するものである場合も、正当防衛は認められる。たとえば、AがXに殴りかかろうとしているのを見たYは、Xの身体を守るために、傍らにあった角材でAを殴打して傷害を負わせたという場合、XにはAに対する傷害罪の構成要件該当性が認められ、しかし正当防衛で違法性が阻却される。

では、AがXを殴りに行こうとしているのを知ったYは、これを機に恨みのあるAを痛めつけてやろうと考え、角材を用意してAを待ち構え、Xに殴りかかろうとしたAを殴打して傷害を負わせたという場合はどうか。「正 対 不正」の関係は、(1)被侵害者（X）と侵害者（A）の間と、(2)防衛行為者（Y）と侵害者（A）の間の、両方に必要であると解される。(2)において「正 対 不正」の関係が否定されるときは、当該防衛行為者との関係でのみ侵害の急迫性が否定される。Yのみが積極的加害意思を有しているのであれば、「不正」者になり急迫性の要件が欠けるのはYのみであり、XはAに正当防衛で反撃できる。

4　防衛の意思

正当防衛の前提状況および防衛行為者としての資格が認められたとしても、あらゆる行為が防衛行為として正当化されるわけではない。まず、防衛の意思が必要である。

もっとも、最高裁は、「刑法36条の防衛行為は、防衛の意思をもつてなされることが必要であるが、相手の加害行為に対し憤激または逆上して反撃を加えたからといつて、ただちに防衛の意思を欠くものと解すべきではない。」とし（最判昭和46・11・16刑集25巻8号996頁）、また、「急迫不正の侵害に対し自己又は他人の権利を防衛するためにした行為と認められる限り、その行為は、同時に侵害者に対する攻撃的な意思に出たものであつても、正当防衛のためにした行為にあたると判断するのが相当である」のであつて、「防衛の意思と攻撃の意

第6章　違法性阻却とその周辺 **155**

思とが併存している場合の行為は、防衛の意思を欠くものではない」のである
が、「防衛に名を借りて侵害者に対し積極的に攻撃を加える行為［は防衛の意
思を欠く］」（最判昭和50・11・28刑集29巻10号983頁）としている。

　つまり、防衛の意思は、もっぱら攻撃の意思の場合にはじめて消滅するとさ
れており、防衛の意思が否定される場面は相当に限定される。防衛の意思が否
定される場合は、正当防衛が否定されるだけでなく、あとで述べる過剰防衛も
認められない。

5　防衛行為としての相当性

(1)　判例の展開

　防衛行為は、「やむを得ずにした行為」でなければならない。これに関して
最高裁は、まず、Ｘが、Ａから突然左手の中指および薬指をつかんで逆にねじ
あげられたので、痛さのあまりこれをふりほどこうとして、右手でＡの胸のあ
たりを1回強く突き飛ばし、Ａを仰向けに倒してその後頭部を、たまたまそこ
に駐車中であったＡの自動車の後部バンパーに打ち付けさせ、Ａに全治45日間
の頭部打撲傷の傷害を負わせたという事案で、「やむを得ずにした行為」とは、
「急迫不正の侵害に対する反撃行為が、自己または他人の権利を防衛する手段
として必要最小限度のものであること、すなわち反撃行為が侵害に対する防衛
手段として相当性を有するものであることを意味する」とし、「反撃行為が右
の限度を超えず、したがって侵害に対する防衛手段として相当性を有する以
上、その反撃行為により生じた結果がたまたま侵害されようとした法益より大
であっても、その反撃行為が正当防衛行為でなくなるものではないと解すべき
である。」（最判昭和44・12・4刑集23巻12号1573頁）としていた。つまり、防衛行
為としての相当性は、侵害から予測された「結果」と防衛により現に生じた
「結果」を比較するのではないとしていた。

　次いで、最高裁は、Ｘが、年齢も若く体力にも優れたＡと車の通行をめぐっ
て口論になり、Ａから、「お前、殴られたいのか」と言って手拳を前に突き出
し足を蹴り上げる動作を示して近づかれ、さらに後ずさりするのを追いかけら
れて目前に迫られたため、その接近を防ぎ、Ａからの危害を免れるため、自車

内に置いてあった菜切包丁を手に取ったうえ、腰のあたりに構えて、「切られたいんか」などと脅迫したという事案で、Xは「Aからの危害を避けるための防御的な行動に終始していたものであるから、その行為をもって防衛手段としての相当性の範囲を超えたものということはできない。」と判示した（最判平成元・11・13刑集43巻10号823頁）。つまり、防衛行為としての相当性は、侵害行為に用いられた「武器」と防衛行為に用いられた「武器」を形式的に比較するのでもないことが示された。

　これらの判例を経て、今日では、防衛行為としての相当性は、侵害行為の危険性と防衛行為の危険性を実質的に比較して判断すべきものとされている。

(2) 必要最小限度性と相当性の関係

　その際、上の昭和44年判例が、防衛手段としての「必要最小限度性」と「相当性」とを同義のものとして位置づけていたことをどのように考えるかが問題となる。「正」が「不正」に譲歩しないという原則に照らせば、行為の危険性が釣り合っていなくても、防衛のための必要最小限度の行為である場合は正当防衛を認めるべきだということになろう。それを徹底するのが一つの立場である。

　しかし、殺害行為に限っては、正当防衛として正当化することには慎重になるのが一般的であり、身体を守るために侵害者を殺害する行為は、それが防衛のための必要最小限度の行為であっても、正当防衛を否定して過剰防衛にするのが妥当な結論であることが少なくない。ただし、そこでは、正当防衛にあたりうる行為の選択肢がないにもかかわらず過剰防衛を認めてよいか——つまり、侵害者の侵害行為により身体を害されるか、それとも反撃して身を守りつつも処罰されるか、のいずれかを、「不正」に譲歩しないはずの被侵害者に強いてよいか——が問題になる。それを超える価値を、生命侵害の回避に認めるかどうかという問題であり、過剰防衛を認める場合には、生命侵害の回避の価値を優越させていることになる。

　さらに、財産を守るために殺害行為を行うような著しく不均衡な場合は、相当性の判断以前に、そもそも防衛行為にあたらないという見解も有力である。その場合は、防衛の意思が否定される場合と同様に、正当防衛だけでなく過剰

防衛にもあたらないことになる。

6　過剰防衛とその限界

　防衛行為としての相当性は、単発の行為についてと、時間的に幅のある一連の行為についてと、両方が判断対象となる。相当性が前者について欠けると「質的過剰」、後者について欠けると「量的過剰」と呼ばれ、いずれも正当防衛が否定されるが、過剰防衛として刑の裁量的減免の対象となる（36条2項）。すなわち、過剰防衛には、正当防衛が否定されるという側面と、したがって犯罪は成立するが刑が減免されるという側面とがある。なお、過剰防衛は、正当防衛の要件のうち、防衛行為としての相当性のみが欠ける場合であって、急迫性や防衛の意思などの要件は満たされていることが前提である。

　過剰防衛において刑の減免が認められるのは、急迫不正の侵害に対して防衛するという心理的に圧迫された状況における行為なので、責任減少が認められるからだというのが、有力な説明である。そのことから、典型的な量的過剰が問題となる場合に、裁量的減免が認められるためには、侵害終了前の第一行為と侵害終了後の第二行為との間に一連一体性がなければならない。たとえば、Xが、Aから執拗に殴りかかられたので、Aを殴り返したが、Aがやめる気配がないので、さらに殴り続けたところ、途中でAは意識を失って倒れ込んだが、Xは勢い余ってなおも数回Aを殴打したというような場合であれば、量的過剰防衛として一連の暴行行為の全体に暴行罪が成立し、それが刑の減免の対象になる。

　これとは異なり、防衛行為により侵害者が意識を失って倒れ込んだが、侵害者に対する憤激から、動かない侵害者に対してさらに激しい暴行を続けた場合のように、侵害の終了を認識し、防衛の意思を失ってもなお反撃を続け、しかも、行為態様がより激しくなっているような場合は、行為間に断絶が認められ、第一行為には正当防衛が認められる一方で、第二行為には過剰防衛すら認められない、つまり刑の減免の余地のない純粋な犯罪が成立する（最決平成20・6・25刑集62巻6号1859頁）。

　なお、そうすると、第一の暴行から傷害結果が発生し、第二の暴行は暴行止

まりだった場合、量的過剰となる事案では、一連一体の暴行から傷害が発生しているので、防衛行為者には傷害罪が成立する（過剰防衛による裁量的減免の対象にはなる）のに対して、第一行為と第二行為が断絶する事案では、第一行為についての傷害罪は正当防衛により不可罰となり、第二行為については暴行罪のみが成立することになって、より悪質である後者の方が、成立する犯罪は軽くなるという逆転が生じる。不均衡だが、量刑で対応するしかないものとされる（最決平成21・2・24刑集63巻2号1頁参照）。

7 誤想防衛・誤想過剰防衛

(1) 誤想防衛

客観的に構成要件該当性が認められ、かつ、違法性阻却事由が存在しなくても、行為者の主観面に描かれている事実が違法性阻却事由に該当する事実である場合は、犯罪事実の認識・認容である故意が否定される。

その典型が誤想防衛である。たとえば、Xが、AがBに襲われていると勘違いして、Aを助けるためにBを羽交い締めにしたという場合、Xの行為は、暴行罪の構成要件該当性があり、かつ、違法性阻却も認められない（客観的に急迫不正の侵害がないので正当防衛は成立しない）が、故意が否定されて不可罰となる。構成要件該当事実の認識があっても、正当防衛に該当する事実の認識もある場合は、結局それは犯罪事実の認識ではないので、故意が否定されるのである。構成要件該当事実の認識としての故意を「構成要件的故意」とよび、違法性阻却事由該当事実の認識がある場合を「責任故意がない」ということがある。

これに対して、たとえば、Xが、AがBに襲われていると勘違いして、Aを助けるためにBを羽交い締めにしたところ、バランスを崩したBは転倒し、その際にBはかすり傷を負い、Xは、よく注意して見れば、BがAを襲っているのではないことに気づけたという事案では、上の事案と同じく、Xには暴行・傷害について責任故意がないから、故意を要件とする傷害罪は成立しない。しかし、Xの主観面には、傷害罪の故意に至る可能性が認められるので、過失傷害罪が成立することになる。

つまり、正当防衛が成立する場合は、故意・過失の有無にかかわらず、違法性が阻却されて犯罪不成立となるのに対して、誤想防衛の場合は、故意が否定されるだけなので、過失犯の可能性は残る。

(2) 誤想過剰防衛

存在しない急迫不正の侵害を誤信して行為に出た場合のうち、行為者の主観面に描かれている事実が過剰防衛に該当するときは、誤想過剰防衛として故意が肯定され、犯罪が成立する。ただし、客観的に過剰防衛が成立する場合と同じく、急迫不正の侵害を認識することによる心理的圧迫が認められ、そのような行為に出てしまうことについて非難の程度が減じるといえるので、36条2項（裁量的減免）が適用されるべきである。

最高裁は、空手三段の英国人Xが、夜間帰宅途中の路上で、酩酊したA女とこれをなだめていたB男とが揉み合ううちA女が尻もちをついたのを目撃して、B男がA女に暴行を加えていると誤解し、A女を助けるべく両者の間に割って入ったうえ、A女を助け起こそうとし、次いでB男の方を振り向き両手を差し出して同人の方に近づいたところ、同人がこれを見て防御するため手を握って胸の前辺りにあげたのをボクシングのファイティングポーズのような姿勢をとり自分に殴りかかってくるものと誤信し、自己およびA女の身体を防衛しようと考え、とっさにB男の顔面付近に当てるべく空手技の回し蹴りをして、左足を同人の右顔面付近に当て、同人を路上に転倒させて頭蓋骨骨折等の傷害を負わせ、8日後に脳硬膜外出血および脳挫滅により死亡させたという事案について、「本件回し蹴り行為は、Xが誤信したBによる急迫不正の侵害に対する防衛手段として相当性を逸脱していることが明らかであるとし、Xの所為について傷害致死罪が成立し、いわゆる誤想過剰防衛に当たるとして刑法36条2項により刑を減軽した原判断は、正当である。」（最決昭和62・3・26刑集41巻2号182頁）と判示している。

上の事案では、まず、構成要件該当性としては、客観面では行為と死亡結果とその間の因果関係が認められ、そして、主観面は暴行・傷害の故意であるから、傷害致死罪の構成要件該当性が認められる。次いで、違法性阻却を考えると、客観的に急迫不正の侵害が存在しないから、正当防衛は不成立である。さ

らに、責任阻却を考えると、主観面に描かれているのは違法行為である——というのは、Xが誤信したBによる急迫不正の侵害との関係で、Xの防衛行為は危険性が均衡を失していて過剰だからである——ので、責任故意は否定されない。したがって、傷害致死罪が成立することになる。ただし、XはBに殴られると思っており、その心理的に圧迫された状態で行為に出ているという点で、やむを得ない部分がなくはないから、36条2項による刑の減免の可能性を認めるべきである、ということになる。

8 共犯と正当防衛

⑴ 正当防衛における共犯の判断

共犯者間の意思連絡に基づき心理的因果性の及ぶ範囲が、正当防衛の事案でも問題になることがある。

たとえば、Xが、Y・Zとともに、Aによる急迫不正の侵害からBを防衛するためにAに暴行を加え、Aによる侵害が終了した後も、YとZがAに対する暴行を継続し、Yの暴行によりAに傷害が生じたという場合、直接の実行によりAに傷害を負わせたYに傷害罪が成立し、その暴行を共同して実行していたZにも傷害罪の共同正犯が成立するが、当初、防衛行為としてAに暴行を加えることにつき意思連絡していたXは、積極的に離脱して共犯関係を解消しない限り、傷害罪の共同正犯が成立することになるかという問題がある。

このような事案について、最高裁は次のように判示した。「本件のように、相手方の侵害に対し、複数人が共同して防衛行為としての暴行に及び、相手方からの侵害が終了した後に、なおも一部の者が暴行を続けた場合において、後の暴行を加えていない者について正当防衛の成否を検討するに当たっては、侵害現在時と侵害終了後とに分けて考察するのが相当であり、侵害現在時における暴行が正当防衛と認められる場合には、侵害終了後の暴行については、侵害現在時における防衛行為としての暴行の共同意思から離脱したかどうかではなく、新たに共謀が成立したかどうかを検討すべきであって、共謀の成立が認められるときに初めて、侵害現在時及び侵害終了後の一連の行為を全体として考察し、防衛行為としての相当性を検討すべきである」(最判平成6・12・6刑集

第6章 違法性阻却とその周辺 **161**

48巻8号509頁）。つまり、新たな意思連絡が認められない場合は、Xは、侵害現在時の暴行については正当防衛による違法性阻却が認められ、侵害終了後の暴行・傷害についてはそもそも因果性を有しないことになるから、結局、犯罪は成立しないという結論になる。

意思連絡の効果が及ばなくなる理由をどのように理解するかが問題であるが、急迫不正の侵害に対する反撃としての暴行につき意思連絡したのであるから、侵害終了後にはその射程は及ばないと解するのが一つである。

(2) 共犯における正当防衛の判断

共犯の事案で正当防衛の成否を検討する際には、共犯者間で共通の判断がなされる要件と、共犯者ごとに個別の判断をすべき要件とがあることに注意が必要である。

正当防衛の前提状況のうち、客観的に急迫不正の侵害があるかどうかは、共犯者間で共通する。また、現場で共同して防衛行為を行う場合、防衛行為としての相当性の判断は、共同防衛行為の全体を対象にして行うのが通常である（そのうえで、客観的な共同防衛行為の一部しか認識していなかった共犯者については、錯誤の処理をする）。

これに対して、行為者の主観面を判断資料にする要件は、個別の判断となる。わかりやすいのは防衛の意思であるが、侵害の予期および積極的加害意思によって急迫性の要件が否定されるのも同様である。

たとえば、Aによる急迫不正の侵害に対して、XとYが意思連絡して反撃を行い、Aに傷害を負わせたが、Yは、事前にAの侵害を予期し、この機会にAを痛めつけようと考えていたという場合、XとYに傷害罪の構成要件該当性が認められることを前提に、Xは正当防衛であるのに対して、Yは侵害の予期および積極的加害意思により急迫性が否定されて、正当防衛不成立となる。結論としては、Yにのみ傷害罪が成立する。

同じ状況が、Xにとっては急迫不正の侵害であるのに対して、Yとの関係では急迫不正の侵害ではない、というのは違和感が生じうるところであるが、「正 対 不正」の関係を前提とする正当防衛において、防衛行為者の事前の主観面をも資料にして「正」の側にとどまっているといえるかどうかを判断し、

「不正 対 不正」となったときはその者との関係では急迫性を否定するという構成をとる以上、急迫性の有無が個別化するのは、むしろ自然なことである。判例にも、共犯者間で急迫性の判断が個別化することを認めたものがある（最決平成 4・6・5 刑集46巻 4 号245頁。ただし、過剰防衛の事案）。

　同じように、共同して防衛するときに、一部の者がもっぱら攻撃の意思であった場合には、その者だけが正当防衛不成立となる。もっとも、防衛の意思は、事前の意思ではなく反撃の時点での主観面の問題であり、そして、もっぱら攻撃の意思であるとされて防衛の意思が否定される事案は、通常、客観的に激しい態様の反撃がなされるから、ほかの防衛行為者がそれに気づかないのは例外的な場合に限られるであろう。

III　緊急避難

（緊急避難）
37条 1 項　自己又は他人の生命、身体、自由又は財産に対する現在の危難を避けるため、やむを得ずにした行為は、これによって生じた害が避けようとした害の程度を超えなかった場合に限り、罰しない。ただし、その程度を超えた行為は、情状により、その刑を減軽し、又は免除することができる。
　2 項　前項の規定は、業務上特別の義務がある者には、適用しない。

1　総説

　他人の行為や自然災害などを原因としてある法益が害されそうになっている場合、その法益を守るために第三者の法益を侵害する行為は、何らかの構成要件該当性が認められても、一定の条件のもと、緊急避難として違法性が阻却される（37条 1 項本文）。たとえば、Xが道を歩いていたところ崖の上から大きな岩が転がり落ちてきたので、自分の身を守るために、横にいたAを突き飛ばしてよけたような場合、Xの行為には暴行罪の構成要件該当性が認められるが、緊急避難として違法性が阻却されて、不可罰となりうる。

第 6 章　違法性阻却とその周辺　163

緊急避難の要件は、

(ⅰ)個人的法益に対する現在の危難（「自己又は他人の生命、身体、自由又は財産に対する現在の危難」）

(ⅱ)避難行為（「避けるため……した行為」）

(ⅲ)補充性、すなわち、ほかに手段がないこと（「やむを得ずに」）

(ⅳ)害の均衡（「これによって生じた害が避けようとした害の程度を超えなかった場合」）

である。

　緊急避難では、〈法益 α〉と〈法益 β〉のいずれかは害されざるを得ないという緊急の状況があり、守ろうとする〈法益 α〉は、その代わりに害される〈法益 β〉と同等か、それよりも価値の高いものでなければならない。その条件を満たす行為は、社会全体の法益の量を増大させているか、少なくとも減少させてはいないことになるので、処罰しないことが望ましいか、少なくとも処罰する必要はなく、正当化される。これが緊急避難における違法性阻却原理の説明の一つであり、優越的利益の原則と呼ばれる。

　なお、他人の利益を守るための緊急避難も認められる。

2　現在の危難

　生命、身体、自由又は財産に対する現在の危難とは、個人的法益が侵害される危険が切迫している状態をいう。

　個人的法益は、保護価値の認められるものに限られる。したがって、たとえば、死刑囚が緊急避難として職員に暴行を加えて死刑執行を免れることはできない。

　すでにみた正当防衛においても急迫性の要件が定められており、緊急避難における危難の現在性は、基本的にはこれと同内容であると解されているが、求められる切迫性の程度について、緊急避難の方がより緩やかなものでありうるとする見解がある。

　現在の危難は、人の行為によるものであっても、自然災害等によるものであってもよい。人の行為による場合、それは違法な行為でも適法な行為でもよ

い。身代金目的拐取の犯人から、子の殺害を脅迫された親が、強盗を命じられて実行したような場合、強盗について緊急避難による違法性阻却がなされうるが（強要による緊急避難とよばれる）、これは違法行為を原因とする緊急避難の例である。

3　避難行為

避難行為は、客観的に現在の危難を避ける効果をもつ行為である。現在の危難と無関係の第三者に向けられる避難行為と（この場合を、攻撃的緊急避難という）、現在の危難の源に向けられる避難行為とがある（この場合を、防御的緊急避難という）。

避難行為には、行為者の主観面において避難の意思が必要であると解される。

4　補充性

緊急避難は、危難を回避するための、より侵害性の低い行為がほかに存在しない場合に限って認められる。これは補充性の要件とよばれ、条文上は、「やむを得ずにした」との文言が用いられている。正当防衛と同じ文言が用いられているが、意味が異なるので注意が必要である。

たとえば、自動車を運転中、対向車が中央線を越えて進行してきたので、進路を左に変更したところ、バイクに接触してその運転者に傷害を負わせたという事案で、補充性を認めた判例がある（大阪高判昭和45・5・1高刑集23巻2号367頁）。これに対して、急病人を搬送するために自動車を無免許で運転した場合、救急車を要請できたのであれば、補充性に欠け、無免許運転罪が成立する（東京高判昭和46・5・24東高刑時報22巻5号182頁）。

5　害の均衡

緊急避難では、回避しようとした法益侵害と、避難行為によって現に生じさ

第6章　違法性阻却とその周辺　165

せた法益侵害とを比較して、前者の方が大きいか、少なくとも両者が同等であることが要求される。

　異なる種類の法益に対する侵害を比較する際には、基本的には法益の価値序列に従った判断がなされる。法益の価値序列は、37条の条文に現れている順序、すなわち、生命＞身体＞自由＞財産の順である。生命侵害を回避するためには、身体・自由・財産の侵害が許され、身体侵害を回避するためには、自由や財産の侵害が許される（この価値序列を超えた判断が例外的に許されうるか、許されるとしたらどのような場合かについては、一般的な見解は存在しないと考えられる）。

　同種の法益どうしの場合は、侵害の程度を具体的に比較する必要がある。自己の軽傷を回避するために他人に重傷を負わせることは、害の均衡の要件を満たさない。財産どうしの場合は、市場価値で比較するほかないと考えられる。

　なお、上記の客観的な価値序列や市場価値による比較は、二つの法益が異なる法益主体に属する場合の基準である。1人の法益主体に属する法益どうしを比較する際には、法益主体の意思による判断がなされる。たとえば、Xが、Aの身体を守るために、Aのペット（財産に位置づけられる）を害したという場合、Aが、愛するペットが害されるくらいなら、自分が傷害を負った方がましだったと考える場合は、害の均衡の要件を満たさないことになる。

　〈法益 α〉の侵害を回避するための避難行為によって、〈法益 β〉と〈法益 γ〉を同時に侵害したという事例で、〈法益 β〉と〈法益 γ〉を個別にみればいずれも〈法益 α〉よりも価値が小さいが、〈法益 β〉と〈法益 γ〉を合わせると〈法益 α〉よりも価値が大きくなるような場合に、害の均衡を肯定してよいかどうか、否定するとすればどのような理由によるべきかが議論されている。違法性阻却は構成要件該当性ごとに判断すべきものだとすれば、それぞれ害の均衡は満たされることになる。これに対して、社会全体の法益の量が増える、または、少なくとも減らない点に緊急避難における違法性阻却の基礎を求める観点からは、全体として比較し、害の均衡は認められないという結論になる。

6　人格的価値の比較

　〈法益 α〉を守るために緊急避難として〈法益 β〉を害する行為が行われる

事例において、〈法益α〉と〈法益β〉が同価値の場合や、さらにそのうち〈法益α〉と〈法益β〉がともに生命または身体である場合には、違法性は認めたうえで緊急避難を責任阻却事由として位置づける見解が主張されている。緊急避難を行う行為者が不可罰になる点は同じであるが、侵害を転嫁する違法行為から〈法益β〉を守るための正当防衛が認められることになり、本来侵害される運命にあった〈法益α〉よりも、緊急避難によって侵害を転嫁される〈法益β〉の方に優越的な地位を与えようとするものである。

　たとえば、Xが、転がり落ちてきた岩につぶされるのを避けるために、横にいたYを突き飛ばそうとした場合、Xの突き飛ばし行為が緊急避難として違法性阻却されると解するのであれば、Yは突き飛ばされて怪我するのを回避するために正当防衛としてXを突き返したり投げ飛ばして傷害を負わせたり死亡させたりすることは認められない。つまり、Yは、要件の厳しい緊急避難の限度での対応しか許されず、Xによる突き飛ばしを避けられるのであれば避けなければならないし、突き返すしか方法がなくても、Xに対しては、避けようとしたYの傷害の程度以下の傷害を負わせることしか認められない。これに対して、身体を守るための身体侵害については、責任阻却しか認められないと解する場合は、Xの突き飛ばし行為は違法だということになるから、YはXに対して正当防衛することが認められるのである。

　このように緊急避難による違法性阻却を限定する際に生命や身体に着目する見解は、生命・身体といった人格の根本要素は、他の目的を実現する手段として用いられるべきではないという考え方によっている。

　それと類似した問題として、一見、緊急避難の要件をすべてみたすが、違法性阻却を肯定してよいかどうかが問題となる場面がある。たとえば、医師Xが、ただちに臓器移植手術をするよりほかに手がない入院患者A、B、C、D、Eを助けるため、血液型等の条件がたまたま合致した外来患者Fから無理やりその臓器を摘出してA〜Eに移植し、A〜Eは助かり、Fは死亡したという場合、Xの行為はFに対する殺人罪の構成要件該当性があるが、A〜Eの生命を守るための緊急避難を認めてよいだろうか。生命の重さは比較できないので、5人の生命の方が1人の生命よりも価値が高いという判断をすべきでないと指摘されることがある。では、次のような事例はどうか。すなわち、医師X

が、緊急輸血が必要な患者Ａを助けるため、血液型が合致したＢから無理やり採血してＡに輸血したという場合である。生命同士は価値を比較できないと考えたとしても、身体より生命の方が価値が高いことは否定できない。しかし、上のような強制採血が正当化されると考えるべきではないのではないか。

ここでも、生命や身体といった即物的な法益の背後に人格的価値が観念されており、緊急避難で考慮すべき「害」の範囲は、必ずしも明確ではない。

7 自招危難

避難行為者自身が現在の危難を招いていた場合に、緊急避難を認めてよいかが問題とされる。これは自招危難とよばれ、判例は、緊急避難が不成立となりうることを認めている（大判大正13・12・12刑集 3 巻867頁）。

その理論構成として、学説上は、危難を自招したことによって緊急避難の成立自体が否定されるとする見解のほか、現在の危難が生じた後に行う避難行為については緊急避難を肯定しつつ、危難を招いた行為を実行行為とし、そこから自らの避難行為を介して間接的に結果が発生したものとして犯罪を構成することができるとする見解が主張されている。

8 過剰避難

害の均衡の要件を欠くなど緊急避難が成立しない場合は、犯罪が成立することになるが、37条 1 項但書が、「その程度を超えた行為」について刑の裁量的減免を定めている。現在の危難を認識した行為者が、心理的に圧迫された状態で行う避難行為であることから、責任が減少するためだとするのが、一つの有力な説明である。

現在の危難を回避するために避難行為が行われたことを前提に、①補充性は満たしつつ、害の均衡を失した場合だけでなく、②補充性を逸脱した場合にも過剰避難による刑の減免を認めるべきであるとする見解が、学説上は有力であり、それを支持する裁判例もある。

9 誤想避難・誤想過剰避難

客観的には認められない現在の危難を誤信して、それに対する避難行為や過剰避難行為を行った場合、前者は誤想避難として責任故意が否定され、後者は犯罪が成立したうえで刑の裁量的減免が認められる。これは、誤想防衛および誤想過剰防衛と同じ構造である（→159頁）。

IV　自救行為

自救行為とは、権利を侵害された者が、公的な紛争解決制度に依らず、自らの実力を行使して権利の救済・実現を図る行為をいう。民事法では自力救済とよばれる。国家に実力を独占させた近代法の大原則として、自力救済・自救行為は禁止される。しかし、正当防衛や緊急避難という緊急行為に準ずるものとして、①権利に対する違法な侵害が生じ、②権利侵害から回復する緊急の必要性があり、③回復行為として相当性が認められる場合には、例外的に、超法規的な違法性阻却が肯定されている。たとえば、窃盗犯人による財産侵害の急迫性が認められるタイミングでは、これに対して正当防衛が可能であるが、犯人が財物の占有を確保した後は、もはや急迫性が認められないので、財物の取戻しは自救行為としてのみ正当化されうることになる（→なお、各論84頁も参照）。学説には、急迫不正の侵害や現在の危難が生じるよりも前のタイミングにも自救行為を認めるべきだとする見解もある。いずれにせよ、自救行為は、正当防衛や緊急避難の前提状況を満たさないがそれに類似する緊急の状況において違法性阻却が認められるという、緊急行為の周辺的な行為である。

最高裁も、自救行為の存在自体は認めているが（最決昭和46・7・30刑集25巻5号756頁）、具体的な事案でこれを認めたことは、まだない。下級審では、たとえば、建物賃借人が、賃貸人である所有者から建物の占有を侵奪されたので、その4日後に建物の鍵を交換するなどして占有を奪回したという事案で、器物損壊罪および不動産侵奪罪につき自救行為により違法性阻却を認めたものがある（福岡高判昭和45・2・14高刑集23巻1号156頁）。

第6章　違法性阻却とその周辺　**169**

V　正当行為

（正当行為）
35条　法令又は正当な業務による行為は、罰しない。

1　正当行為

　35条は違法性阻却事由として正当行為を規定する。これは、正当な行為、すなわち、実質的違法性が欠ける行為は処罰されないという当然の原則を確認した規定であるという理解があり、それによると、35条が明示する法令行為および正当業務行為以外の実質的違法性阻却事由も、すべて35条に基づくものであると整理される。これに対して、35条に基づき違法性阻却が認められるのは法令行為と正当業務行為のみであり、それ以外の実質的違法性阻却は、特定の条文に基づかない超法規的なものであるという整理もある。整理の仕方の問題にすぎないので、ここでは後者の整理により、本項では法令行為と正当業務行為のみを扱うことにする。

2　法令行為

　正当行為の第一は、法令行為である。なんらかの犯罪の構成要件に該当する行為を遂行することが、法令上、許容されている場合には、当該法令に定められた要件を満たす限り（ただし、要件の逸脱が軽微な場合も含む）、法令行為として違法性が阻却される。法秩序の統一性が、その根拠として指摘されている。より実質的な根拠としては、法令行為は、他人の法益を侵害・危殆化する行為であるが、より大きな法益を保護するために法令により許容されている行為であり、優越的利益保護の原則から違法性が阻却されるという説明もなされている。

　法令行為は、職務行為、権利行為、その他政策的に違法性阻却が認められて

いる行為に分類される。

(1) 職務行為

職務行為の類型にあたる典型は、警察官による被疑者の逮捕行為（逮捕監禁罪。括弧内は違法性阻却の前提となる犯罪を示す。以下同じ）や、刑罰の執行（たとえば、死刑なら殺人罪）である。

母体保護法14条の人工妊娠中絶では、指定医師による業務上堕胎罪の違法性が阻却される。死体解剖保存法2条の死体の解剖は死体損壊罪、精神保健福祉法29条の精神障害者の措置入院は監禁罪につき違法性阻却を認めるものである。

(2) 権利行為

私人による現行犯逮捕は、権利行為の類型である。逮捕に際して加えられた傷害も正当化されうる（最判昭和50・4・3刑集29巻4号132頁）。告訴・告発や刑事被告人による防御権行使は、名誉毀損罪にあたる場合であっても、同じく権利行為として違法性阻却が認められるが、防御権等を濫用すると違法性阻却の効果は否定される。

親権者の懲戒権（民法822条「親権を行う者は、第820条の規定による監護及び教育に必要な範囲内でその子を懲戒することができる」）や、教師の懲戒権（学校教育法11条「校長及び教員は、教育上必要があると認めるときは、文部科学大臣の定めるところにより、児童、生徒及び学生に懲戒を加えることができる。ただし、体罰を加えることはできない」）も権利行為であるが、要件が必ずしも明確でないため、法益衡量等による実質判断が求められる。判例には、教員の生徒に対する暴行罪を認めたもの（最判昭和33・4・3裁判集刑124号31頁）と、否定したもの（東京高判昭和56・4・1刑月13巻4＝5号341頁）とがある。親権者による暴行等も一定の範囲では権利行為となりうるが、正当な懲戒といえなければならないから、虐待が正当化されないことはもちろんである。

(3) 政策的に違法性が阻却される行為

いわゆる公営ギャンブル（宝くじ、スポーツ振興くじ、競馬、競輪、競艇およびオ

ートレース）は、富くじ発売等罪の構成要件に該当するが、いずれも特別法（当せん金付証票法、スポーツ振興投票実施法、競馬法、自動車競技法、モーターボート競走法および小型自動車競走法）によって違法性が阻却される。主催する公法人等の財政的利益が優越的利益にあたるものと解される。

臓器移植法6条による臓器移植は、死体損壊罪の違法性が阻却される法令行為である。臓器のレシピエントの生命が優越的利益である。

3 正当業務行為

刑法35条の条文上、正当化の対象は「正当な業務による行為」であるが、正当な業務の範囲内のすべての行為が正当化されるわけではなく、当該行為自体も正当なものでなければならない。

(1) 労働争議行為

勤労者の争議権は憲法28条で保障され、労働組合法1条2項も、正当な目的のためにする争議行為には刑法35条の適用がある旨を規定している。したがって、ストライキ、ピケッティング、団体交渉等の正当な争議行為は、法令行為としての権利行為だともいえるし、正当業務行為であるともいえる。いずれにせよ、威力業務妨害罪や暴行罪、逮捕監禁罪、建造物侵入罪などの構成要件に該当しても、正当行為として違法性が阻却されうる。

判例は、「勤労者の組織的集団行動としての争議行為に際して行なわれた犯罪構成要件該当行為について刑法上の違法性阻却事由の有無を判断するにあたっては、その行為が争議行為に際して行なわれたものであるという事実をも含めて、当該行為の具体的状況その他諸般の事情を考慮に入れ、それが法秩序全体の見地から許容されるべきものであるか否かを判定しなければならない」とする（最大判昭和48・4・25刑集27巻3号418頁〔久留米駅事件〕）。実質的違法性の判断を「法秩序全体の見地から」行うこのような方法は、「久留米駅事件方式」と呼ばれることがある。

なお、労働争議行為を題材として、かつては違法一元論が華々しく論じられた。争議行為が労働法上の違法性を帯びる場合、刑法においても違法性阻却が

否定されるべきではないかという問題である（違法一元論を認めた判例として、最判昭和38・3・15刑集17巻2号23頁）。しかし、今日では、刑法上の違法性は刑法において検討すれば足りるとするのが学説の趨勢であり、判例も基本的にはその立場である（最大判昭和52・5・4刑集31巻3号182頁）。

(2) 弁護士の弁護活動

弁護士が刑事弁護人として、被告人を擁護するために行う正当な弁護活動は、名誉毀損罪や秘密漏示罪の違法性が阻却される。もっとも、判例は違法性阻却を限定する傾向にあり、「行為が弁護活動のために行われたものであるだけでは足りず、行為の具体的状況その他諸般の事情を考慮して、それが法秩序全体の見地から許容されるべきものと認められなければならない」とし、判断基準として、法令上の根拠、弁護目的との関連性、および、被告人自身が行えば違法性が阻却されうる性質の行為であることを挙げて、弁護人が被告人の無罪を主張するために被告人の親族こそが犯人であるとの記者会見を行うなどした行為に、名誉毀損罪の成立を認めている（最決昭和51・3・23刑集30巻2号229頁）。

(3) 報道機関による取材活動

報道機関の取材活動は、憲法21条で保障される国民の知る権利に奉仕するものであり、正当業務行為として建造物侵入罪や国家公務員法の秘密漏示そそのかし罪等の違法性が阻却されうる。判例も、報道機関による国政に関する取材行為は、真に報道の目的から出たものであり、その手段・方法が法秩序全体の精神に照らし相当なものとして社会観念上是認されるものである限りは、実質的に違法性を欠き正当な業務行為であるとしている（最決昭和53・5・31刑集32巻3号457頁）。

もっとも、同決定は、男性新聞記者が女性公務員と肉体関係をもったうえで、沖縄返還に係る秘密を漏示させたという秘密漏示そそのかし罪（国家公務員法111条・109条12号）の事案についてのものであり、具体的には、「被告人は、当初から秘密文書を入手するための手段として利用する意図で〔女性公務員〕と肉体関係を持ち、同女が右関係のため被告人の依頼を拒み難い心理状態に陥

第6章 違法性阻却とその周辺 173

ったことに乗じて秘密文書を持ち出させたが、同女を利用する必要がなくなるや、同女との右関係を消滅させその後は同女を顧みなくなったものであって、取材対象者である［女性公務員］の個人としての人格の尊厳を著しく蹂躙したものといわざるをえず、このような被告人の取材行為は、その手段・方法において法秩序全体の精神に照らし社会観念上、到底是認することのできない不相当なものであるから、正当な取材活動の範囲を逸脱しているものというべきである。」と判示して、違法性阻却を否定した。

　ここでは、記者が公務員と肉体関係をもたずに秘密文書の持ち出しをそそのかしたのであれば、正当な取材活動として違法性が阻却されたはずであるのに、取材の手段として肉体関係をもったことのみによって違法性が肯定されており、実質的に「取材対象者の個人としての人格の尊厳を著しく蹂躙した」ことが国家公務員法の秘密漏示そそのかし罪を基礎づけてしまっているとの強い批判が加えられている。

　刑法の目的は、社会倫理の保護ではなく法益の保護にあるとするのが定説である。そして、各犯罪類型ごとに、保護対象である法益が具体的に定まっている。法益保護の目的を達成するには、現に法益を侵害・危殆化した行為のみを、当該法益の侵害・危殆化を要素とする犯罪類型で処罰するべきであり、それを超える処罰を認めるとしても、少なくともその行為を禁止することが将来の法益の保護に資するという合理的なつながりが認められる行為に対象を限定する必要がある。

　国家公務員法の秘密漏示罪や秘密漏示そそのかし罪の法益は、国家の秘密である。正当な取材活動であることにより秘密漏示そそのかし罪の違法性が阻却されるとき、国家の秘密という法益は侵害・危殆化されているものの、その結果無価値は、取材活動が有する価値によって止揚（中性化）され、打ち消される。そうであるにもかかわらず、上記の判例のように、「取材対象者の個人としての人格の尊厳を著しく蹂躙した」ことを理由に違法性阻却を否定すると、その処罰は法益の保護には資さないものとなり、社会倫理を保護することが目的になってしまうというのである。

(4) 宗教活動

宗教活動は、憲法20条で保障される信教の自由に奉仕するものであり、正当業務行為として違法性が阻却されうる。判例には、教会牧師が、建造物侵入の容疑で警察に追及されていた高校生を、その改善・更生を図るべく、教会教育館内に1週間にわたり宿泊させたという事案で、犯人隠避罪の違法性阻却を肯定したものがある（神戸簡判昭和50・2・20刑月7巻2号104頁）。これに対して、病気平癒を祈願するための加持祈祷行為により被害者を死亡させた事案では、暴行の程度等からみて著しく反社会的な行為であり、信教の自由の保障の限界を逸脱し、正当業務行為でもないとして、傷害致死罪の成立が認められている（最決昭和38・5・15刑集17巻4号302頁）。

(5) スポーツ活動

身体的接触を伴うスポーツでは、他のプレーヤーに対し、その意思に反して傷害を負わせた場合に、傷害罪や過失傷害罪の違法性阻却が認められないかが問題となる。一般的には、少なくとも当該競技のルールに従ったプレーである限り、違法性が阻却されると解されている。競技ルールは、類型的に危険が許容範囲内に収まるように策定されているからである。そして、被害者がそのルールに同意して競技に参加している点も重要である。

VI　被害者の同意とその周辺

1　被害者の同意・総説

被害者が自らの法益を失うことに同意している場合、刑法がその法益を保護する必要はない。不必要な処罰はするべきでないので、違法性が阻却される。これは、法益性欠如の原則と呼ばれる。もっとも、多くの犯罪類型においては、被害者の同意がある場合、そもそも構成要件該当性がないということができる。たとえば、建造物侵入罪の実行行為は建造物の管理権者の意思に反する立ち入りをいうものとされ、また、窃盗罪の実行行為は、被害者の意思に反する財物の占有移転であるとされている。それでも、傷害罪においては、被害者

の身体に傷害を負わせればそれだけで傷害罪の構成要件該当性が認められ、被害者の同意は違法性阻却事由に位置づけるのが一般的である。そこで、本書では、被害者の同意を違法性阻却事由の章で扱っている。なお、今日の通説的見解からは、ある行為について、構成要件該当性がないとするのと、構成要件該当性はあるが違法性が阻却されるとするのとで、法的な効果に違いはないため、両者の区別は厳密に考える必要がない。

　個人的法益（生命・身体・自由・名誉・財産など特定の個人に属する法益）に対する罪は、被害者の同意があれば違法性が阻却されるのが原則である。もっとも、法益の種類によっては、同意の効果が制限されている。生命侵害については、同意があると殺人罪は成立しないものの、自殺関与罪・同意殺人罪（202条）で捕捉される。性的利益については、13歳未満の者には同意能力がないものとされ、13歳未満の者に対するわいせつ行為・性交等は同意があっても処罰される（176条後段・177条後段）。被害者が13歳以上でも18歳未満の場合は、その監護者について同様の処罰が用意されている（179条）。さらに、傷害罪については、判例は、被害者の同意があるだけでは違法性阻却の効果を認めず、被害者の同意を、違法性阻却の判断資料の一つにすぎないものと位置づけている。

　被害者の同意があるといえるためには、権限ある法益主体による有効な同意が必要である。同意に瑕疵がある場合にどうするかが重要な問題で、具体的には、脅迫により抑圧された意思に基づく同意と、欺罔による錯誤に基づく同意の扱いが議論されている。

2　同意の有効要件

　同意の主体は、問題となる当該法益の主体でなければならない。ただし、例外的に同意能力を欠く年少者については、親権者等の代理人による代諾が認められる。

　同意の主体には、同意能力がなければならない。同意の対象となる法益侵害の意味を理解する精神能力が必要である。生命侵害につき、6歳未満の幼児や意思能力を欠く精神障害者につき、同意能力を否定した判例がある（大判昭和

9・8・27刑集13巻1086頁、最決昭和27・2・21刑集6巻2号275頁）。

　同意の対象・内容は、構成要件該当事実の認識・認容である。結果を予見するだけではなく、それでも構わない、と認容することが必要である。また、当該犯罪類型についての同意があれば、同罪にあたる行為がすべて許容されるわけではない。たとえば、手で叩く暴行に対する同意に基づいて、バットで殴る暴行を加える行為は、被害者が傷害を負わず暴行にとどまったとしても、通常は違法性が阻却されない。同様に、被害者がXに対して同意したのに、Yが行為に及んだような場合も問題となる。これらの場合は、結局、同意の趣旨を明らかにして、行為の侵害性を同意が完全にカバーしているといえるかどうかを検討する必要がある。

　同意の存在の基準時は、理論的には結果発生時とも考えられるが、実行行為の時点で必要であるとする見解が有力である。さらに、同意は被害者の主観面に存在すれば足りるとする見解と、それでは不十分で外部に表明されなければならないとする見解が主張されている。

3　瑕疵ある意思に基づく同意

(1)　錯誤に基づく同意

　瑕疵ある同意の第一類型は、被害者に錯誤がある場合である。事実としては被害者が同意しているとしても、その同意は無効なのではないか、無効になるとしたらどのような錯誤がある場合かが問題とされる。

　たとえば、ある女性が自分を熱愛し、追死してくれるものと信じていることを利用し、追死する意思がないのにあるかのように装って誤信させ、毒薬を飲ませて死亡させたという場合は、有効な同意があるとみて同意殺人罪にとどまると考えるか、それとも、同意は無効であるとして殺人罪の成立を認めるかが問題となる。最高裁は、類似の事案で、「本件被害者は被告人の欺罔の結果被告人の追死を予期して死を決意したものであり、その決意は真意に添わない重大な瑕疵ある意思であることが明らかである。」として、殺人罪の成立を認めた（最判昭和33・11・21刑集12巻15号3519頁→各論8頁参照）。

　学説においては、被害者に同意の付与を強く動機づけた錯誤がある場合、す

なわち、真実を知っていたら同意していなかったと明確にいえる場合に、同意が無効になるとする見解が強い。これによると、動機の錯誤にすぎない場合であっても重大な錯誤なのであれば同意が無効となる。上記の判例も、このような見解を採用したものと解される。これに対しては、殺人罪が、生命ではなく、だまされない自由を保護することになってしまうとの批判がある。

そこで、法益の有無・量・質などに関係する錯誤のみが同意を無効にするとする見解も主張されている（法益関係的錯誤説）。生命侵害の場合であれば、不治の病に罹っているとだまされたり、余命の長さや身体的な苦痛の有無についてだまされたりしたうえで、その錯誤に基づいて生命の放棄に同意した場合にのみ、同意は無効になることになる。この見解によると、上記の事案では、被害者は死亡すること自体には同意しており、相手が追死してくれるかどうかは自己の生命法益に関係しないから、法益関係的錯誤は存在せず、同意殺人罪が成立するにとどまることになる。このように解すると、殺人罪で保護するものは生命に純化できるが、動機の錯誤があるにすぎない場合はすべて同意が有効となることから、法益関係的ではないが重大な錯誤に陥った被害者の保護が弱くなるという問題がある。

(2) 意思抑圧に基づく同意

瑕疵ある同意の第2類型は、被害者が意思抑圧されていた場合である。強い意思抑圧に基づいてなされた同意は、自由意思に基づくものではないので、違法性阻却の効果をもたないと解される。

たとえば、Xが、自己と偽装結婚させた女性Aを被保険者とする生命保険金を入手するために、Aに対し、事故死に見せ掛けた方法で自殺することを暴行、脅迫を交えて執ように迫り、ついに、Aに、命令に従って車ごと海に飛び込んで自殺することを決意させ、海中に車ごと転落させたという事例で考えよう。ここでは、Xの行為がAに対してどの程度の意思抑圧をもたらしていたかを検討する必要がある。最高裁は、類似の事案で、「被害者をして、被告人の命令に応じて車ごと海中に飛び込む以外の行為を選択することができない精神状態に陥らせていた」と指摘して、自殺教唆罪ではなく殺人罪を認めた（最決平成16・1・20刑集58巻1号1頁。被害者が結果として助かった事案なので、正確にい

えば殺人未遂罪である）。「それ以外の行為を選択することができない精神状態に陥らせていた」といえる場合に、自由意思に基づかないから同意は無効であると解されているといえよう。

4　同意の効果

法益性欠如の原則からは、個人的法益に対する罪について、同意はそれが存在することだけに基づいて違法性阻却効果を有するのが原則である。しかし、生命や身体の侵害が関係する場合には特殊な問題が生じる。

(1)　同意殺人

被害者の同意があれば殺人罪は成立しないが、被害者の同意に基づいて殺害することを要件とする同意殺人罪（202条）が別途規定されている。生命は最重要の法益であり、被害者自身が放棄したいと言っていても、自由かつ無制限な放棄は認めるべきでないと考えられている。その根拠は、自己決定できない状態に陥ることについての自己決定を認めるのは背理であるというところに求めることができる。

生命が最重要の法益であるとしても、不治の病で身体的苦しみが極限にある患者に対して、その明示的な依頼に基づいて、医師が薬剤を投与して安楽死させるような場合にまで同意殺人罪を認めるべきではなく、完全に不可罰にすべきではないかが議論されている（後述5(2)参照）。

(2)　同意傷害

傷害罪についても、判例では同意の効果が制約されている（なお、「承諾」の用語法もあるが、「同意」と同義である）。保険金詐欺の目的で、共犯者の同意に基づき、その自動車に故意に自車を追突させて共犯者に傷害を負わせたという事案で、最高裁は、「被害者が身体傷害を承諾したばあいに傷害罪が成立するか否かは、単に承諾が存在するという事実だけでなく、右承諾を得た動機、目的、身体傷害の手段、方法、損傷の部位、程度など諸般の事情を照らし合せて決すべきものである」として、保険金詐欺という違法な目的に利用するために

第6章　違法性阻却とその周辺　**179**

得られた違法な承諾によっては、傷害罪の違法性は阻却されないと判断した（最決昭和55・11・13刑集34巻6号396頁）。ここでは、社会観念上是認されることを根拠とする「社会的相当性」が違法性阻却事由であり、同意の存在はそれを判断するための一要素として位置づけられていると解される。

　被害者の同意が存在することだけで犯罪の成立を否定する立場からも、生命侵害における同意の制限（すなわち、同意があっても同意殺人罪が成立すること）を根拠に、生命の危険の伴う傷害に対する同意や、それと同等のレベルで自己決定の基礎を毀損する行為といえる重大な身体機能（四肢や視覚・聴覚など）の放棄については、同意の有効性を否定するのが一般的である。

　しかし、軽い傷害については、同意があれば、目的が違法でも不可罰にすべきであり、上の判例は妥当でないとする見解が学説では強い。また、判例実務も、傷害罪以外の、たとえば器物損壊罪についてまで、同じ立場をとっているとは解されない。すなわち、同じく保険金詐欺目的であっても、損害保険をだまし取る目的で他人の同意に基づきその財産を損壊したような場合には、器物損壊罪を否定するのが実務の立場であると考えられる。

5　被害者の同意の周辺

(1)　治療行為

　治療行為は、外科手術のように傷害罪の構成要件に該当する行為を多く含んでいる。これをいかなる原理に基づいて正当化するかが問題である。

　治療行為には、緊急避難と被害者の同意の両方の要素がそなわっている。患者の長期的な健康のために、短期的に身体にメスを入れるなどする点では、緊急避難に類似の構造がみられる。しかし、守ろうとする法益も現に侵害する法益もともに1人の患者に属する法益であるので、いずれが優越的利益であるかは患者の意思によらなければ決定できないという特徴がある。その意味では、治療行為の違法性阻却の根拠は、被害者の同意がその中核に位置することになり、患者の明示の意思に反する治療行為は許容されない。しかし、単に法益を放棄することに同意するという通常の被害者の同意とは異なり、適切な治療行為が客観的に患者の利益になることは疑いない。そこから、生命に対する危険

のある行為であっても正当化されうる点で被害者の同意とは異なる違法性阻却事由となり、また、厳密にいうと被害者の同意が存在しない場合であっても違法性阻却が認められうることになる。

　以上から、一般的には、①患者の同意（推定的同意で足りる）、②医学的適応性（治療行為が患者の生命・健康の維持・増進に必要であること）、③医術的正当性（治療行為が医学上承認された医療技術に従って行われること）が要件とされる。

(2)　安楽死

　安楽死とは、死期が間近に迫った患者を激しい肉体的苦痛から解放するために、患者の意思に基づいて、その生命を絶つことをいう。同意殺人罪等の構成要件該当性が認められるが、例外的に違法性が阻却されないかが問題とされている。

　安楽死には、ⓐ患者を苦痛から解放する手段として生命を絶つ場合（直接的安楽死や積極的安楽死とよばれる）、ⓑ患者の苦痛を除去・緩和する措置が間接的に死期を早める場合（間接的安楽死とよばれる）、そして、ⓒ苦痛を長引かせないために延命措置を中止する場合（消極的安楽死とよばれる）に分類される。このうちⓒは、後述する治療の中止というカテゴリーの中の特殊な場合にすぎないと解されている。また、ⓑは、苦痛の除去・緩和を目的とする治療行為の範囲内にあるとみなせると指摘される。そのため、独自の違法性阻却事由としての安楽死で問題となるのは、上記ⓐの直接的・積極的安楽死である。

　安楽死はそもそも正当化されうるか、正当化されるとしてどのような要件の下においてか、を定めた法令は存在しないため、いくつかの判例がその要件を提示してきた。近年でも、東海大学安楽死事件判決は、①患者が耐えがたい肉体的苦痛に苦しんでいること、②死が避けられず、その死期が迫っていること、③患者の肉体的苦痛を除去・緩和するために方法を尽くし、他に代替手段がないこと、④生命の短縮を承諾する患者の明示の意思表示があること、という4要件を示している（横浜地判平成7・3・28判時1530号28頁。ほかに、直接的安楽死の6要件を示した名古屋高判昭和37・12・22高刑集15巻9号674頁が有名である）。もっとも、直接的・積極的安楽死が正当化された具体的事案はない。

　この問題はむしろ、緩和ケアによる苦痛の除去等によって医学的に解決され

るべきであると考えられるようになってきている。上記の東海大学安楽死事件判決も、生死に関する国民の認識等が変化する中で安楽死の確立された一般的要件を示すことは困難であり、提示された要件は当該事件および判決の時点でのものであると断っている。

(3) 治療の中止・尊厳死

医師が患者の延命措置を中止する行為は、いかなる範囲で許容されるか。行為が純然たる不作為の場合は作為義務の有無の問題となるが、生命維持装置の取り外しなど、作為の要素が伴う場合は、治療の中止に独自の違法性阻却の要件を検討する必要がある。さらに、類似するものとして尊厳死があり、これは、不治の病に冒された患者に対し、延命措置を中止して人として尊厳の認められる自然な死を迎えさせることである。

治療の中止は、少なくとも、患者の推定的意思（家族の明示の意思表示から推定される場合も含む）がなければならないと考えられている。判例には、昏睡状態にあった患者の回復をあきらめた家族からの要請に基づき行われた、医師による気管内チューブの抜管行為について、その要請は患者の病状等について適切な情報が伝えられたうえでされたものではなく、抜管行為が患者の推定的意思に基づくということもできない、として殺人行為にあたるとしたものがある（最決平成21・12・7刑集63巻11号1899頁）。

(4) 推定的同意

学説においては、被害者の同意が現に存在しなくても、被害者の推定される意思に合致する行為は、違法性が阻却されると解されている。たとえば、隣家の室内で水道の蛇口から水が出続けているのを外から発見した隣人が、それを止めるために不在中の隣家に立ち入る場合（住居侵入罪）や、友人が一時席を離れている間に勝手にガムを1枚もらう場合（窃盗罪）などである。

学説の多くは、行為の時点で状況から推定される被害者の意思に合致する行為であれば、実は被害者の意思に反することが事後的に判明したとしても、違法性阻却を肯定する。これに対しては、そのような判断の誤りは行為者が負担すべきであり、基本的には事後に判明した被害者の意思に合致していた場合に

限定して違法性阻却を認めるべきであるという主張もなされている。

(5) 危険の引受け

　危険な行為が被害者の意思に基づいて行われ、そこから被害者の意思に反する結果が発生した場合、生じた結果について被害者の同意は存在しないが、一定の範囲で違法性が否定されると解されている。危険の引受けと呼ばれる事例である。

　判例には、ダートトライアルの練習走行中に運転操作を誤り、自車を暴走させ柵に激突させて同乗者を死亡させたという事案で、発生した死亡結果はダートトライアルの経験者である被害者が引き受けていた危険が現実化したものだとして、違法性阻却を認めたものがある（千葉地判平成 7・12・13判時1565号144頁）。

　学説上は、被害者による危険の引受けにより危険な行為に出ない義務が否定されて、過失犯における注意義務違反が認められなくなる、といった説明がなされている。

Ⅶ　実質的違法性阻却

1　超法規的違法性阻却

　条文に規定された違法性阻却事由に該当しない場合であっても、違法性阻却の実質的な原理を適用することにより、超法規的な違法性阻却が認められる。超法規的違法性阻却の基準として、次の三つが主張されている。

　第一は、社会的相当性である。構成要件に該当する行為であっても、社会倫理に照らして否定的評価に値する行為でないと判断されれば、違法性が阻却される。明確性をもってその判断を行うことは難しいが、行為の動機・目的、手段・方法の態様、結果の具体的内容など諸般の事情を総合的に考慮することになる。

　第二は、正当な目的のための相当な手段といえるかという基準である。構成要件該当行為について、目的が正当で、かつ、手段として相当であれば、違法

第6章　違法性阻却とその周辺　**183**

性が阻却される。これは、社会的相当性の判断における考慮事情のうち、目的と手段に対象を限定するものであるともいえる。問題となっている行為は少なくともなんらかの構成要件に該当する行為であるから、手段としての相当性は、それ以外の構成要件に該当する場合などに否定されうる。

　第三の基準は、法益衡量である。ある法益を侵害する構成要件該当行為であっても、より大きな法益を守る効果がある場合には、違法性が阻却されることになる。これは、上記の第二の基準を限定し、他の法益を守る目的で、より小さな法益を害したときのみ、手段としての相当性を肯定するものといえる。法益衡量は、37条に規定された緊急避難の違法性阻却原理であると解する場合、緊急避難の要件が厳密には満たされないところに同じ原理で違法性阻却を認めることになる。

2　可罰的違法性の否定

　ある構成要件に定められた法益の侵害・危殆化を生じさせても、その程度が軽微であり、違法性が当該犯罪の法定刑で処罰するレベルに達しない場合には、犯罪の成立は否定されるべきである。このような考え方を、可罰的違法性論という。

　違法性が軽微な場合にあたるのは、①生じさせた法益侵害・危殆化自体が軽微である場合（絶対的軽微型）と、②生じさせた法益侵害・危殆化は軽微とはいえないものの、同時に一定の法益保護の結果を生じさせており、その差し引きの結果として残る違法性が軽微である場合（相対的軽微型）である。

　絶対的軽微型は、構成要件該当性が否定される。たとえば、他人のティッシュペーパーを1枚盗んでも、それは窃盗罪の客体である「財物」にはあたらず、窃盗罪の構成要件該当性が否定されると解される。判例にも、煙草耕作人である被告人が価額1厘相当の葉煙草を国に納付せずに消費したという煙草専売法違反の事案や（ちなみに、10厘で1銭、100銭で1円である）、旅館業を営む被告人が宿泊客のために常時約20箱の煙草を買い置いたというたばこ専売法違反の事案で、犯罪の成立が否定されている（大判明治43・10・11刑録16輯1620頁、最判昭和32・3・28刑集11巻3号1275頁）。もっとも、電話の通話料が課金されない

184

ようにする「マジックホン」という機器を加入電話回線に取り付け、1回通話を試みただけで取り外したという事案では、有線電気通信妨害罪および偽計業務妨害罪の成立が認められており（最決昭和61・6・24刑集40巻4号292頁）、厳格な姿勢が示されるようになってきている。

　相対的軽微型は、構成要件には該当するが違法性阻却が認められる。たとえば、緊急避難で、害の衡量をみたすものの、他にとりうる手段があり補充性の要件を逸脱するが、その手段があまり容易なものではないために、逸脱の程度がわずかであると判断されるような場合は、結局、違法性阻却が肯定されうる。また、超法規的違法性阻却事由についても、手段の相当性をわずかに逸脱したにすぎない場合には、違法性阻却が認められることになる。判例には、学問の自由を守るために警察官に有形力を加えてこれを連行した事案で、超法規的違法性阻却事由として方法の相当性を欠くものの可罰的評価には値しないとした原審の判断を維持したものがある（最決昭和48・3・20判時701号25頁）。しかし、その後の最高裁は、違法性阻却事由について、違法性が軽微であるという理由で犯罪の成立を否定することには消極的である。

　わが国では、検察官に起訴裁量が認められており、可罰的違法性が否定されるような事案はそもそも公訴提起されないということ、逆にいえば、公訴提起されるのは一定の違法性が認められる事案であり、裁判所が判断する対象はそのように選別されたあとの事案であるということが重要である。

第6章　違法性阻却とその周辺　185

第7章
責任

　構成要件該当性、違法性に続く第三の犯罪成立要件が責任（有責性）である。たとえば、心神喪失者や14歳未満の者が人を殺した場合、構成要件に該当し、違法であっても、責任無能力（39条1項、41条）であるから、犯罪は成立しない。ここでの責任とは、違法行為をしたことについて行為者を非難できること（非難可能性）を意味する。非難が可能な限度でしか処罰は認められないという原則（責任なければ刑罰なし）を「責任主義」という。

I　責任の意義

　刑罰には、違法行為をしたことに対する非難という特別の意味が込められている（その意味で応報である）。とすると、違法行為をした行為者が、その意思決定を非難されても仕方がないといえる（非難可能性がある）のでなければ、それを科すことは正当化されない。そのような観点から、非難可能性としての責任が、犯罪の第三の成立要件となる。

　ここにいう非難可能性の内実について、伝統的な通説は、自由意思と他行為可能性を基礎とした説明を行ってきた。すなわち、自由な意思を有し、違法行為に出ない可能性（他行為可能性）を有する者が、そうした者に向けられる期待に反し、違法行為を選択したからこそ、非難に値するというのである。

　このような基本的理解は、多くの法律家の素朴な刑法観にマッチするものであるために通説的地位を保っているが、他方で、①人間の自由意思や他行為可能性は、経験科学的に証明されていない点、②責任の重さが自由意思や他行為

可能性の程度に応じるとしたら、規範意識が低いため、良心の咎めなく犯罪を繰り返すような人は、責任が軽いことになりかねない点への対処が課題となる。有力な見解は、①について、自由意思は、経験的事実としての存否にかかわらず、法秩序が前提とせざるを得ない仮設（フィクション）であり、これを認めることが、個人の自由や自律を重んじる現行憲法の価値観にふさわしいなどと説明する。そして、そのことを前提に、②については、平均的な社会構成員に要請される規範意識を仮定したうえで、それでも違法行為に及ばないことを期待しにくくする事情だけが責任を軽くする（「悪い人であること」自体が自由意思や他行為可能性を制約するわけではない）との理解が示されることが多い。

　学説上は、こうした説明に満足せず、自由意思や他行為可能性を前提とせずに責任非難を基礎づけようとする議論も、さまざまに行われている。ただ、現状、責任要素に関する説明は、伝統的な通説を前提に行われることが通例である。学習者としても、まずはその立場から一通りの理解を得ておきたい。

II　責任能力

1　心神喪失・心身耗弱

> （心神喪失及び心神耗弱）
> 39条　心神喪失者の行為は、罰しない。
> 2　心神耗弱者の行為は、その刑を減軽する。

(1)　心神喪失・心神耗弱の意義

　責任の第一の要件は、責任能力である。責任能力とは、有責に行為をしたと認められるのに必要な能力のことをいう。

　責任無能力として、「心神喪失」（39条1項）が定められている。その状態でした行為については、犯罪は成立しない。また、限定責任能力として、「心神耗弱」（同条2項）が定められている。その状態でした行為については、犯罪は

第7章　責任　187

成立するが、刑が必要的に減軽される。

　心神喪失・耗弱とはどのような状態かは、条文に定められておらず、解釈にゆだねられている。判例（大判昭和 6・12・3 刑集10巻682頁）・通説によれば、心神喪失とは、精神の障害により、事物の理非善悪を弁識する能力（弁識能力）またはその弁識に従って行動を制御する能力（制御能力）を欠く状態をいう。心神耗弱とは、精神の障害により、弁識能力または制御能力が著しく減退した状態をいう。弁識、制御能力の一方だけでも欠ければ責任無能力、著しく減退していれば限定責任能力である。能力が減退していても「著しく」なければ、限定責任能力ではない（「完全責任能力」と呼ぶが、完全無欠という意味ではなく、39条が適用されない状態という意味にすぎない）。

　上記定義にいう精神の障害のことを「生物学的要素」、弁識・制御能力のことを「心理学的要素」ともいう。そして、両要素を考慮する判断方法のことを「混合的方法」と呼ぶ。

　ここでの精神の障害は、たとえば、統合失調症（かつて精神分裂病と呼ばれていたが、その差別的な響きから、名称が変更された）、うつ病といった精神病のほか、飲酒や薬物の作用による、またはいわゆる情動行為にみられる一時的な精神状態の異常をも含む。ただし、酔って気が大きくなった、憤激逆上したという程度で完全責任能力が疑われることはないことには注意したい。

　弁識能力にいう弁識の対象である「事物の理非善悪」とは、行為の違法性のことをいう（最決昭和29・7・30刑集 8 巻 7 号1231頁）。もっとも、「行為が犯罪であること」を認識していたとしても、「事理の弁識をなし得る能力を、実質を備えたものとして有していた」と直ちにはいえないとした判例もある（最判平成20・4・25刑集62巻 5 号1559頁）。実際、心神喪失とされる者も、自分のしたことは違法で、見つかれば捕まってしまうという程度の認識は持っていることが少なくない。それでも、たとえば、統合失調症の患者が、被害者には「悪魔が乗り移っている」という妄想（訂正不能な誤った確信のこと）に支配されて殺害行為に及んだ場合、やってよいことか悪いことかを、通常人と同じように判断する能力は欠けていたと評価され得る。

　なお、違法性を弁識する能力と、事実を認識する能力は別であるから、責任能力（弁識能力）を欠く者が犯罪事実の認識としての故意を持ちえないわけで

はない。ただ、幻覚・妄想が両方の能力を害することで、責任能力のみならず故意の認定にも疑義が生じる場合はあり得る。

制御能力にいう「（弁識に従った）行動の制御」とは、通説によれば、違法性の認識を反対動機として働かせることで、犯罪の衝動を制御する、つまり犯行を思いとどまることをいう。ただ、現に犯行に及んだ者が、制御能力があったのに制御しなかったのか、制御できない状態だったのかの判断は容易ではない。安易に後者に流れれば、規範意識の低さから犯罪を繰り返す者は皆制御無能力とされかねない（そのことから、制御能力の要件自体に懐疑的な見解もある）。また、弁識能力との境界もはっきりしない。たとえば、うつ病の母親が「自分の子は不治の病で、苦しみから逃れるには殺すほかない」といった妄想から殺人をした場合、違法だと分かっているが思いとどまりにくい精神状態として制御能力の問題ともいえるが、そもそも行為の意味合いをまともにとらえられておらず、弁識能力に問題があるともいえる。そうした難しさもあるためか、実務上は、制御能力を独立にではなく、弁識能力と一括して判断することが多い。

(2) 責任能力の判断と精神鑑定

責任能力が争われる事案では、精神科医による精神鑑定が行われるところ、裁判所の判断における鑑定意見の位置づけが問題になる。

責任能力の判断は、①精神障害の有無・内容と②その精神障害が当該意思決定にいかなる仕方で影響したか（機序）をできる限り明らかにしたうえで、③そのような仕方で精神障害の影響を受けた意思決定が、弁識・制御能力に基づくといえるかを評価して行う。かつては、精神医学になしうるのは病名診断（①）までで、その犯行への具体的影響（②）を知ることはできないという不可知論から、たとえば「統合失調症ならば基本的に心神喪失」といった「慣例」に従うべきという立場も有力であった。しかし、裁判実務は、基本的には可知論を前提としており、「慣例」重視の立場からは距離をとっている。

この①②③の判断過程のうち、③は純然たる法的評価であり、現在の裁判実務の主流は、それについては鑑定人に意見を求めない運用をしている。それに対し、①と②の認定は、「臨床精神医学の本分であることにかんがみれば、専

門家たる精神医学者の意見が鑑定等として証拠となっている場合には、鑑定人の公正さや能力に疑いが生じたり、鑑定の前提条件に問題があったりすることなど、これを採用し得ない合理的な事情が認められるのでない限り、その意見を十分に尊重」すべきである（前掲最判平成20・4・25）。そのことは、経験則に基づく合理的な事実認定という観点からは当然のことである。

　もっとも、他の事実認定と並んで、責任能力に関する事実認定（上記①②）も、その権限は裁判所にあり、鑑定に法的拘束力があるわけではない。したがって、鑑定を「採用し得ない合理的な事情」があれば、異なる認定も妨げられない。判例はかねて、責任能力の判断は法律判断であり、究極的には裁判所の評価にゆだねられるとして、証拠により認定される犯行当時の病状、犯行前の生活状態、犯行の動機・態様等を総合考慮して、鑑定と異なる判断をすることを認めてきた（最判昭和58・9・13裁判集刑232号95頁、最決昭和59・7・3刑集38巻8号2783頁）。最近の判例も、このことを改めて確認し、また鑑定意見の一部を採用しても、他の部分に拘束されないとしたうえで、「犯行当時の病状、幻覚妄想の内容、被告人の本件犯行前後の言動や犯行動機、従前の生活状態から推認される被告人の人格傾向等」の総合考慮により、「病的体験が犯行を直接支配する関係にあったのか、あるいは影響を及ぼす程度の関係であったのかなど統合失調症による病的体験と犯行との関係、被告人の本来の人格傾向と犯行との関連性の程度等を検討」する判断方法を是認している（最決平成21・12・8刑集63巻11号2829頁）。

　具体的な判断は、荒唐無稽な幻覚・妄想のもと、正常な思考では了解不能な動機から、支離滅裂な行為に及ぶなど、精神障害の圧倒的影響のために罪を犯したといえる場合には、責任能力を否定する方向に傾く。ただ、心神喪失が明らかな事案は、検察官が不起訴にする。裁判で争われるのは、正常な精神作用に基づく自己の判断も残っているのではないかが問題になるような微妙な事案であることが少なくなく、難しい判断が迫られることがしばしばである。

> **心神喪失者等医療観察法**
>
> 　2003年に制定された心神喪失者等医療観察法は、殺人、放火、強盗、強制性交等の重大行為をしたが心神喪失または耗弱と認定されて不起訴処分、無罪判決又は（全部）執行猶予判決を受けた者の精神状態を改善し、同種行為を行うことなく社会復帰することを促進するために必要と認める場合に、裁判所が入通院治療を命じる制度を設けている。2005年の施行から2018年までに、3247名が入院決定を、622名が通院決定を受けたとされる。最決平成29・12・18刑集71巻10号570頁により、同法の合憲性が確認された。

2　原因において自由な行為

(1)　問題の所在

　大量の飲酒や薬物摂取など、心神喪失（または耗弱）状態を招く行為（原因行為）を自ら行い、現にその状態に陥って、殺人、傷害、道交法の酒酔い運転といった違法行為（結果行為）をした者に、常に39条を適用し、無罪（または刑の減軽）を認めるのは不当ではないか。そうした見地から、行為者が原因行為の時点では完全責任能力があり「自由」であったことに着目し、完全な責任を問おうとするのが、「原因において自由な行為」の理論である。条文上そのような制度があるわけではなく、問責がそもそも可能か、いかなる範囲で可能かは、解釈の問題である。学説上、どの行為を実行行為（構成要件該当行為）ととらえるか、実行行為の時点で責任能力が存在しなければならないという考え方（行為と責任の同時存在の原則）との関係をいかに解するかという切り口で、大きく二つの立場が存在してきた。

(2)　学説

(a)　構成要件モデル（原因行為説）

　一方の立場は、飲酒などの原因行為を実行行為として把握し、その時点で完全責任能力があることを理由に、39条の適用を否定する。飲酒がいかなる意味で犯罪の実行行為（殺人行為、傷害行為、運転行為）にあたるのかについては、

第7章　責任　**191**

責任無能力状態の自分を道具として利用する間接正犯だと説明する。たとえ
ば、心神喪失状態に陥って人を殺す意思で大量に飲酒し、自らを殺人へと仕向
ける行為は、是非弁別能力のない他人の利用と同様に、殺人の実行行為性を帯
びるというのである。この理論構成は、行為と責任能力の同時存在の原則を崩
さず、構成要件該当行為（実行行為）を遡らせることにより問題解決を図るた
め、「構成要件モデル」と呼ばれる。

　この立場に対しては、①飲酒や薬物摂取をたとえば「人を殺」す行為とする
のは不自然だし、②原因行為が実行行為だとすると、人を殺す意思で飲酒した
だけで殺人未遂となり、未遂の成立時期が早すぎるという批判が加えられた。
しかし、そもそも間接正犯は、それ自体構成要件的特徴を備えない利用行為を
した者を殺人行為者として扱うものであるし、間接正犯の実行の着手時期に関
して、判例は利用行為がなされただけで直ちに着手ありとはしていない（→57
頁）とすると、飲酒しただけで殺人未遂が成立すると解する必然性はないか
ら、これらの批判はさほど重要とはいえない。また、構成要件モデルは、③結
果行為時に心神耗弱にとどまった場合には、限定されているとはいえ責任能力
がある自分を「道具」とはいえないから間接正犯構成はできず、結果行為に犯
罪成立を認め、39条2項を適用せざるを得ないが、それは不当であるとも批判
されてきた。これに対し、構成要件モデルを支持する論者は、限定責任能力者
を利用する間接正犯を一般的に肯定するかはともかく、他人を利用するより
は、すでに犯行を決意している自分の方が利用しやすいことから、この場合に
も間接正犯構成は可能であるなどと反論している。さらに、④構成要件モデル
のもと、原因行為時に故意があったといえるためには、犯罪結果を実現する認
識に加えて、実行行為性（間接正犯性）を基礎づける事実の認識として、自ら
が心神喪失・耗弱の状態に陥る認識（「二重の故意」）を要するが、それにより
処罰範囲が狭まり過ぎないかも問題視されうる。この点に関し、構成要件モデ
ルの支持者は、心神喪失・耗弱状態に陥る認識といっても、故意における事実
認識の程度として、法的概念にあてはめて認識する必要まではなく（→28頁）、
「泥酔して見境がなくなる」といった素人的な認識（→28頁）で足りるから、大
きな問題はないとの理解を示している。

（b）　責任モデル（例外モデル、結果行為説）

　他方の立場は、結果行為を実行行為として把握しつつ、責任能力がその時点で存在しなくても、完全な責任を問えるとする。その代表的な見解は、完全責任能力がある段階で最終的な意思決定がなされ、これが実行行為（結果行為）に実現していれば、自己の判断で実行行為をしたものとして、責任非難には十分であるという。そのために、原因行為時の故意が結果行為に実現した関係が要求される。この理論構成は、構成要件該当行為の遡及ではなく、責任の領域で、同時存在原則の例外を認める（原因行為から結果行為までをカバーする広い意味での「行為」の時点で責任能力があれば足りるというように緩和する）ことで問題解決を図るため、「責任モデル」「例外モデル」と呼ばれる。

　この立場によれば、①殺人行為としての特徴を有する結果行為を実行行為とでき、②実行の着手も結果行為時となる。また、③当初の意思決定の実現である限り、結果行為が心神耗弱状態で行われても問題なく、④責任能力低下状態に陥ることは構成要件該当性にとり本質的ではないから、二重の故意も要求されないというように、穏当と思われる帰結がシンプルに導かれる。

　もっとも、責任モデルに対しては、完全責任能力段階での意思決定が実現していれば足りるというならば、行為者が責任能力の低下を招く原因行為を自ら行う必要もないことにならないか（たとえば、殺人を決意して被害者宅に向かう途中、意に反して第三者に薬物を摂取させられ、責任無能力状態に陥って殺人を実行したような場合でも完全な責任が問われてしまい、不当ではないか）という指摘もある。別の角度からいえば、そう解さず、自ら原因行為に及ぶまでは「最終的な」意思決定は留保されているというのであれば、結局、原因行為を問責対象行為ととらえる構成要件モデルと紙一重ではないかということである。

（3）　判例

　判例は、原因において自由な行為に関する理論構成を示してはいないが、故意犯の完全な責任を、原因行為の時点で存在する故意の限度でしか認めない態度（これは、構成要件モデルと責任モデルの主流の見解に共通する）は一貫している。

　まず、酒乱癖のある被告人が大量飲酒して心神喪失状態に陥り、同席者を刺

第7章　責任　　193

殺したケースで、「多量に飲酒するときは病的酩酊に陥り……心神喪失の状態において他人に……害悪を及ぼす危険ある素質を有する者」は、飲酒を制限し危険の発生を防止する注意義務があるとし、過失致死罪の成立が認められている（最大判昭和26・1・17刑集5巻1号20頁）。この事案では、結果行為は殺意をもって行われたが、原因行為の時点では殺人はおろか暴行・傷害の故意も認定されなかったため、過失犯の限度で責任が問われた。

次に、覚醒剤を以前常用していた者が再び使用し、心神喪失状態に陥り、同居者を刺殺した事案で、「薬物注射をすれば……幻覚妄想を起し或は他人に暴行を加へることがあるかも知れないことを予想しながら敢て之を容認して薬物注射を為した」以上は暴行の未必の故意があるとし、傷害致死罪が成立するとした裁判例（名古屋高判昭和31・4・19高刑集9巻5号411頁）がある。このケースでは、上記昭和26年判決とは異なり、原因行為の時点で暴行の未必の故意が認定されたため、結果的加重犯としての傷害致死罪の成立が認められている。

これらに対し、典型的な原因において自由な行為としての故意の殺人罪の成立を認めた判例は見当たらない。故意犯の原因において自由な行為のリーディングケースは、自動車を運転してバーに行き、ビール20本位を飲んだ後、酒酔い運転に及んだ事案で、「酒酔い運転の行為当時に飲酒酩酊により心神耗弱の状態にあつたとしても、飲酒の際酒酔い運転の意思が認められる場合には、刑法39条2項を適用して刑の減軽をすべきではない」としたものである（最決昭和43・2・27刑集22巻2号67頁。なお、途中で同乗させた者に対する恐喝行為にも及んでいるが、それについては原因行為の時点で故意がなく、原審で39条2項が適用されている）。この判例は、限定責任能力の事案で、二重の故意も問題とせずに、故意犯の原因において自由な行為を認めており、責任モデルに親和的なものとの見方が有力である。

(4)　実行行為の途中で責任能力が低下した場合

殺人や傷害の実行行為を開始したが、その途中で（いわゆる情動や飲酒等の影響により）心神喪失・耗弱の状態に陥り、その状態で致命傷を与えて死亡させるなどした者に39条が適用されるかが争われる。

この場合、完全責任能力がある状態で開始された行為と一連一体の実行行為

が継続していると評価される限り、途中で責任能力が低下しても、原則として全体について完全な責任を肯定できるとの理解が有力である。そうした場合には、実行開始時の意思決定が実現している関係が容易に認められるからである。これによれば、責任能力低下の前後で客観的・主観的態様が甚だしく断絶している例外的場合でない限り、39条は適用されない。

裁判例には、些細なきっかけから、妻に対し、飲酒しながら約9時間にわたり断続的に暴行を加えたが、その途中から飲酒酩酊の影響で心神耗弱状態に陥り、その状態で致命傷を与えた事案で、暴行全体が、「同一の機会に同一の意思の発動にでた……継続的あるいは断続的に行われた」ものであるとして、傷害致死罪について39条2項の適用を否定したものがある（長崎地判平成4・1・14判時1415号142頁）。暴行（群）の間には何度も小休止があり、また、ある段階から暴行がかなりエスカレートしているにもかかわらず、一連一体の実行行為として処理されていることが注目される。

なお、一連一体の行為として全体を帰責できる場合にも、故意犯として完全な責任を問える罪名は、完全責任能力下での故意により制約されることに留意したい。たとえば、暴行・傷害の故意で実行を開始した後、心神喪失状態に陥って未必の殺意を生じ、その後に致命傷を与えたような場合、成立するのは傷害致死罪にとどまる。

3　刑事未成年

（責任年齢）
41条　14歳に満たない者の行為は、罰しない。

行為当時、14歳未満であった者（刑事未成年者）も、責任無能力者である（41条）。これは、13歳までは是非弁別能力や行動制御能力がおよそないという趣旨ではない。年少者の判断能力の低さに加え、成長と教育の途上にあることから社会の寛容を期待できること、その可塑性から刑罰より教育的措置が望まし

第7章　責任 | 195

いことを考慮し、刑罰による非難を控えたものである。年齢で一律に区切っているのは、能力の個別判断は難しく、適当でもないからである。

Ⅲ　故意と違法性の意識の可能性

1　犯罪事実の認識としての故意——構成要件的故意と責任故意

　責任能力に次ぐ責任の第二の要件は、通説によれば、責任故意である（故意犯の場合）。

　故意すなわち「罪を犯す意思」（38条1項）があるといえるには、犯罪事実の認識が必要である。犯罪事実の認識があるといえるには、まず、その罪の客観的構成要件に該当する事実の認識が必要であるが、それについては、「構成要件的故意」として、すでに構成要件該当性の段階で判断されている（→25頁以下）から、責任段階で重ねて判断することはない。

　責任段階で、犯罪事実の認識に関して何を判断するのかといえば、それは、違法性阻却事由の錯誤、すなわち、違法性阻却事由に当たる事実の認識（誤信）がないかである。構成要件に該当しても、違法性阻却事由（たとえば正当防衛）に当たる事実があれば、行為は適法であり、「犯罪事実」とはいえない。とすると、そうした事実が存在すると認識（誤信）している者には、「犯罪事実の認識」としての故意が認められない。このようにして、構成要件的故意があっても故意が認められない場合に、通説は、「責任故意」を欠くとするのである。典型事例は誤想防衛（→159頁）であるが、それ以外の違法性阻却事由についても、全く同じ論理が妥当する。

　これに対し、少数説（厳格責任説）は、故意＝犯罪事実の認識とは、構成要件該当事実の認識のみをいうと解し、違法性阻却事由の錯誤は、故意があるのに許されると誤信した違法性の錯誤（→197頁以下）の一場合として、その錯誤が回避不可能であった場合を除き、故意犯が成立すると主張する。しかし、構成要件に該当する事実を認識していない場合も、違法性阻却事由に当たる事実を認識（誤信）している場合も、いずれも認識されているのは適法な事実であり、それを「犯罪事実の認識」ということはできないとの批判が向けられる。

2　違法性の意識の可能性

(1)　違法性の錯誤と違法性の意識の意義

　通説によれば、責任を認めるためには、犯罪事実の認識に加えて、「違法性の意識の可能性」が要求される（→その体系的位置づけについて、199頁を参照）。この要件の意義を理解するには、違法性の錯誤と違法性の意識をめぐる議論を一通り把握しなければならない。

　違法性の錯誤とは、犯罪事実を認識しながら、違法性の意識を欠く、すなわち、行為が法律上許されていると誤信している場合をいう。禁止法令の存在を知らなかった「法の不知」と解釈を誤って自己の行為には適用されないと誤信した「あてはめの錯誤」がある。

　違法性の錯誤の犯罪の成否への影響は、違法性の意識を故意等の要件とするか、どのような形で要件とするかにかかっている。刑法は、38条1項で「罪を犯す意思」を故意として要求しつつ、同条3項で「法律を知らなかったとしても、そのことによって、罪を犯す意思がなかったとすることはできない。ただし、情状により、その刑を減軽することができる」と定めており、これらの条文の解釈が問題となる。

　なお、違法と認識している限り、具体的な規定や法定刑の重さまでは知らなくとも、違法性の意識を欠いたことにはならない（最判昭和32・10・18刑集11巻10号2663頁。そのような場合は、38条3項但書の減軽の余地はない）。

(2)　違法性の意識の要否をめぐる議論の状況

(a)　違法性の意識必要説（厳格故意説）

　違法性の意識が故意の要件であるとする立場は、違法と知りつつあえて実行したからこそ故意犯として重く非難されると主張するが、問題が多く、少数説にとどまっている。

　38条3項は、「法律を知らなかった」としても故意は否定されない旨を定めるところ、この「法律を知らなかった」は、本説からは、「違法性の意識はあったが具体的な条文を知らなかった」場合をいうものと解釈される。しかし、条文を知らなくとも故意が否定されないのは当然すぎるし、違法性の意識があ

第7章　責任 **197**

ったにもかかわらず、条文を知らなかったというだけで、同項但書で刑の減軽の余地を認めるのは不当である。理論的にも、よく調査もせずに適法と軽信した者を有利に扱う理由はないと考えられる。

(b) 違法性の意識不要説

判例は、伝統的には、犯罪事実の認識がある限り、違法性の意識は不要であり、違法性の錯誤はその理由を問わず故意責任を阻却しないと解してきた。国民は何が法であるか知っているべきだという理解（「法の不知は許さず」）が背景にある。これによると、38条3項は、違法性の意識を欠いたとしても故意は否定されない旨を定めたものであるという（自然な）解釈になる。そして、違法性の意識を欠いたことにつき酌むべき情状がある場合には同項但書で刑の減軽の余地があるから、それで十分だと考えることになる。

(c) 違法性の意識の可能性必要説

しかし、具体的状況のもとで、違法性の錯誤に相当の理由があった、いいかえれば、違法性を意識して反対動機を形成する機会が存在しなかったのであれば、行為者を非難できず、そのような場合にまで犯罪の成立を認めることは、責任主義に反する。そこで、現実の違法性の意識は不要だとしても、適切に努力すれば違法性の意識を持ち得たこと（違法性の意識の可能性）は犯罪成立要件として必要であるとの立場が、学説上通説化した。

下級審裁判例は、この立場によるものが少なくない。最高裁も、違法性の意識の可能性を否定した無罪判決を、判例違反ではなく、被告人に違法性の意識があったと認定して事実誤認で破棄したり（最判昭和53・6・29刑集32巻4号967頁〔羽田空港ロビー事件〕）、違法性の錯誤に相当の理由がないとした原審の有罪判決を、その判断は是認できるから、相当の理由があれば犯罪は成立しないという見解の採否に立ち入るまでもなく維持できると判示する（最決昭和62・7・16刑集41巻5号237頁〔百円札模造事件〕）など、違法性の意識の可能性必要説を一般論として排斥しないよう、配慮をしているとみる余地がある。このことから、学説は、将来の判例変更を期待している。

故意説と責任説

違法性の意識可能性必要説には、理論的基礎を異にする二つの立場があり、いずれによるかで、責任要件の整理のしかたが異なる。

一つの立場は、違法性の意識を故意の問題として扱う「故意説」を前提に、その要求内容を、現実の意識が必要だとする説（厳格故意説）よりは緩和し、その可能性で足りるとする「制限故意説」である。これによれば、違法性の意識の可能性を欠くときは、「責任故意」が否定される。（故意犯における）責任の要件は、①責任能力、②責任故意（違法性阻却事由の錯誤がないこと＋違法性の意識の可能性があること）、③期待可能性ということになる。

もっとも、制限故意説には、故意の有無が、違法性の意識の可能性という過失的要素により左右されるのは概念矛盾ではないか、違法性の意識の可能性が欠ければ故意犯のみならず過失犯も否定されるべきだとすると、それは故意の要件ではないのではないかといった疑問が向けられている。

そこで、いま一つの立場は、違法性の意識の可能性を、故意犯・過失犯に共通する責任の独立要件とする（責任説）。その主流の見解（制限責任説）によると、責任の要件は、①責任能力、②責任故意（違法性阻却事由の錯誤がないこと）、③違法性の意識の可能性、④期待可能性となる。38条3項但書は、違法性の意識を欠いたことにつき酌むべき事情がある場合について刑の減軽を認めているところ、その延長線上で、超法規的に責任が阻却されるのが③を欠く場合だということになる。

現在の学説上は、この責任説が通説といってよいが、違法性の意識の可能性の欠如を理由に無罪とする裁判例は、制限故意説によるものが多い。超法規的な無罪判断となる責任説の処理よりも、38条1項に依拠できる制限故意説の方が、実務家にとってはハードルが低いという事情もあるようである。

なお、責任説の中で主流の見解として紹介した「制限責任説」に対置される「厳格責任説」とは、構成要件該当事実の認識さえあれば故意を認め、責任故意のカテゴリーを認めず、違法性阻却事由の錯誤は違法性の錯誤（したがって、違法性の意識の可能性）の問題として扱う少数説の立場（→196頁）をいう。これによれば、責任の要件は、①責任能力、②違法性の意識の可能性、③期待可能性となる。「厳格」責任説というネーミングは、故意と責任の問題を峻別する責任説を厳格に徹底しているという含意である。「制限」責任説は、なお責任故意というカテゴリーを残す点で、責任説をそこまで徹底していない

という含意である。

　いったい何のためにこのような議論をしているのかと辟易する読者もいるかもしれない。そのような読者は、細かい対立は気にせず、「責任を問うために、（現実の違法性の意識は不要であるが、）違法性の意識の可能性は必要である」という本文の理解を身につけることを優先してほしい。

(3)　違法性の意識の可能性（違法性の錯誤の「相当の理由」）の具体的判断

　通説の立場からは、違法性の錯誤に相当の理由が認められ、違法性の意識の可能性が否定されるのは具体的にいかなる場合かが重要だが、その限界は必ずしも明らかではない。

　実際に問題となるのは、何らかの情報源により適法と誤信する事例であるところ、「刑罰法規に関し確立していると考えられる判例や所管官庁の公式の見解又は刑罰法規の解釈運用の職責のある公務員の公の言明などに従って行動した場合ないしこれに準ずる場合」（札幌高判昭和60・3・12高検速報昭和60年385頁）に相当の理由が肯定されることについては、異論は少ない。実際に無罪とした裁判例としては、175条のわいせつ図画にあたる映画を問題の場面を認識しながら上映した事件について、映倫の審査を通過していたことなどから法律上許されたものと誤信したことには相当な理由があるとしたもの（東京高判昭和44・9・17高刑集22巻4号595頁〔黒い雪事件〕）などがある。

　これに対し、飲食店の経営者が紙幣に似たサービス券を作成するに当たり、知り合いの巡査に相談し、通貨及証券模造取締法（→各論215頁）の条文を見せられ、紛らわしくならないようにする具体的助言を受けたが、その内容を十分反映しないサービス券を作成し、警察署に持参したところ、格別注意や警告を受けなかったので安心し、さらに同様のサービス券を作成したところ、検挙された事案（百円札模造事件）では、違法性の錯誤に相当の理由はないとされ、通貨及証券模造取締法違反の罪の成立が認められている（最決昭和62・7・16刑集41巻5号237頁）。

3 事実の錯誤と違法性の錯誤の区別

(1) 問題の所在

通説によれば、事実の錯誤により、構成要件に該当する事実の認識が欠ける場合には、いかに軽率な錯誤でも故意犯は成立しない。これに対し、構成要件に該当する事実の認識はあるが、行為が法的に許されると誤信した場合（違法性の錯誤。法律の錯誤ともいう）には、犯罪が成立するのが大原則になるから、両錯誤の区別は重要である。

事実の錯誤（により故意を欠く場合）と違法性の錯誤の区別は、犯罪となる事実を認識できていないか、認識できているがその法的許容性の評価を誤ったにすぎないかによるが、裁判所による規範的評価を要する規範的構成要件要素が問題となる場合、犯罪事実自体が法的評価を含んでいる場合などには、区別が微妙となりがちである。

(2) 判例

(a) 規範的構成要件要素が問題となる場合

わいせつ文書にあたる小説の出版行為が175条の罪に問われたチャタレー事件で、最高裁は、わいせつ文書の故意があるというには、「問題になる記載の存在の認識」があれば足り、行為者がわいせつ文書に当たらないと思ったとしても違法性の錯誤にすぎないとした（最大判昭和32・3・13刑集11巻3号997頁）。

この判例は、判文上は、問題の文章を目にしてさえいれば犯罪事実の認識があるかのようだが、そう解すると、日本語が読めないなど、意味をまったく理解していない場合にも故意が認められかねず、不当である。故意の認識対象である犯罪事実とは、単なる外形的事実ではなく、法が着目する意味を含んだものであるとすると、175条により「わいせつ」と評価される性描写の意味の認識は必要なはずであり（→28頁）、判例にいう「問題となる記載……の認識」にそのような趣旨を読み込むことは不可能ではないと思われる。

そのように解すると、「わいせつ」と評価される性描写の意味の認識がなかったのであれば事実の錯誤、その認識はあったがそのレベルでは175条のいう「わいせつ」にはあたらないと思ったのであれば違法性の錯誤ということにな

第7章　責任　**201**

る。理論的にはともかく、実際上の区別には微妙なものがある。

(b) 犯罪事実自体が法的評価を含む場合

　財産犯における「他人の」物かは、基本的に所有権の所在により決まる。これは、犯罪事実が法的評価を含んで成り立っている場合であるが、その関係で故意の有無が問題となったのが、いわゆる無鑑札犬撲殺事件である。同事件の被告人は、県規則の「鑑札を付けていない犬は無主犬とみなす」規定（これは、警察官等による処分を認めたにすぎない）を誤解し、無鑑札の他人の飼い犬を撲殺した。控訴審は「他人の」動物を傷害する故意を認め、器物損壊罪で有罪としたが、最高裁は、被告人が、無鑑札犬は「他人の飼い犬であっても直ちに無主犬と看做されるものと誤信し」たことにより「犬が他人所有に属する事実について認識を欠いていた」かもしれないとして、破棄・差戻しした（最判昭和26・8・17刑集5巻9号1789頁）。

　行政刑罰法規の分野で、法的評価を含む犯罪事実の認識が問題となったケースは多数ある。たとえば、実父名義の特殊公衆浴場の営業許可を引き継ごうとしたが、名義変更も新たに許可を得ることもできないと分かったため、県係官に相談のうえ、当初の営業許可申請の名義を実父から自分の会社に変更する旨の届を出した経営者が、受理された旨の連絡を県議を通じて受けたので営業を続けた事案で、無許可営業の故意を欠くとして、無罪とした判例（最判平成元・7・18刑集43巻7号752頁）がある。「（通常の手続ではないが）許可があったと認識した」ならば事実の錯誤、「許可はないが、営業が違法ではないと認識した」ならば違法性の錯誤だが、前者と認定されたことになる。

(c) その他

　古典的な判例で、狩猟法上の禁猟獣「たぬき」を、「むじな」と思って捕獲した被告人が、「むじな」は「たぬき」とは別の動物と信じていたが、実際には同じ動物であったという事案（たぬき・むじな事件）では、事実の錯誤として「たぬき」捕獲の故意が否定された（大判大正14・6・9刑集4巻378頁〔ただし傍論〕）。それに対し、禁猟獣「むささび」を被告人は「もま」と思って捕獲した類似の事案（むささび・もま事件）では、「むささび」捕獲の故意が肯定され、違法性の錯誤だとされた（大判大正13・4・25刑集3巻364頁）。

　たぬき・むじな事件の被告人は、「むじな」を「たぬき」とは明確に別の動

物と認識していたから、「たぬき」の事実認識がないのに対し、むささび・もま事件の被告人は、単に「もま」と思って捕獲した（それが「むささび」であったのであり、被告人が「むささび」とは別の動物だと明確に認識していたわけではない）のであるから、「むささび」の事実認識があり、捕獲の禁止を知らなかっただけだと考えれば、両判例の結論の違いを理解できそうである。もっとも、「むじな」を「たぬき」とは別の動物と思っていても、実体として同じ動物の認識がある以上、故意は否定しがたいという見方も根強い。

Ⅳ　期待可能性

　責任の最後の要件が、適法行為の期待可能性である。責任能力者が故意および違法性の意識（の可能性）をもって違法行為に出たとしても、その行為を思いとどまることをおよそ期待できない例外的事情が認められるときは、非難可能性としての責任は否定されることになる。

心理的責任論と規範的責任論

　古くは、責任の実体は、責任能力者の故意（悪意）・過失（不注意）という悪しき心理状態に見出されていた（「心理的責任論」と呼ばれる）。

　しかし、同じ故意殺人でも、身勝手な動機による犯行と、介護疲れで追いつめられた末の犯行では責任の重さは異なるであろう。それは、犯行を思いとどまることを期待できる程度が、具体的状況により異なるためだとすると、責任とは、悪しき心理状態自体ではなく、当該違法行為に及んだ意思決定に対する規範的評価（「～すべきでないという期待がこれだけかかっているにもかかわらず～した」）であることになる。学説史上、このような意味での「規範的責任論」が、かつての心理的責任論に代わる形で定着した（本章全体の説明もその理解に依拠する）。違法性の意識の可能性や適法行為の期待可能性が責任の要件とされるようになったのは、規範的責任論の成果である。

　期待可能性の考え方は、刑法典中にも見出される。たとえば、過剰防衛（36条2項）についての刑の任意的減免は、緊急状況における恐怖、狼狽、興奮と

第 7 章　責任　**203**

いった例外的な心理状態のもとで、相当な防衛行為にとどまるよう行動することの難しさを考慮している（→161頁）。

　もっとも、一般論としての期待可能性の欠如による（超法規的な）責任阻却のハードルは、判例上限りなく高く、無罪判決はほぼ想定されない。その意味では、期待可能性の考え方が実践的意義を持つのは、むしろ同情に価する動機・経緯を量刑上斟酌する場面である（古典的な判例として、大判昭和8・11・21刑集12巻2072頁〔第五柏島丸事件〕がある）。

　期待可能性の有無・程度を判断する際に、誰を標準にするかという問題がある。それについては、行為者標準説、平均人標準説、国家標準説が対立してきたが、最近では、いずれも一面の真理を突いているとの見方が有力である。たとえば、行為者が現に有している生理的能力や知識を前提に、平均的な社会構成員として求められる程度の規範意識をもって思いとどまることを期待できるかが問題であり、その際に向けられる期待の程度は、期待する国家・社会の側にどの程度その資格があるかという観点も加味して行われるべきだといった議論が有力になされている。

第8章

罪数

　構成要件該当性、違法性、責任の検討を経て、犯罪にあたる行為が見出された後に問題となるのが「罪数」である。

　罪数は大きく、①一罪として評価する「本来的一罪」、②数罪として評価するが、科刑上は一罪として扱う「科刑上一罪」、③数罪の原則形である「併合罪」に分かれる。いずれにあたるかにより、罰条適用や処断刑（→228頁）が左右される。難解な分野であるが、典型事例と判例にあらわれた事例を押さえることを心がけたい。

I　罪数論の全体像

　罪数の種類には、①本来的一罪、②科刑上一罪、③併合罪がある。

　①本来的一罪は、一罪として評価する場合である。一人の首を絞めて殺害すれば殺人罪一罪であることは明らかで、そうした場合を「単純一罪」という。また、暴行を用いて強盗を犯したときは、同時に暴行罪や窃盗罪の要件も充足されることになるが、強盗が暴行と窃盗の結合犯としての性質を有することからすれば、強盗罪一罪と考えるのが常識的だろう。そのような、構成要件相互の論理的関係に基づき一罪として評価する場合を「法条競合」という。

　②科刑上一罪とは、数個の犯罪が成立していると評価するが、「観念的競合」または「牽連犯」にあたり、刑罰を科すうえでは一罪として扱う場合である。観念的競合とは、「一個の行為が二個以上の罪名に触れ」る場合（54条1項前段）で、職務執行中の警察官を殴って負傷させた場合（傷害罪と公務執行妨害罪）

第8章　罪数　**205**

などが典型である。牽連犯とは、「犯罪の手段若しくは結果である行為が他の罪名に触れるとき」（54条1項後段）で、住居に侵入し、物を盗んだ場合（住居侵入罪と窃盗罪）などが典型である。これらの場合、「その最も重い刑により処断する」。つまり、成立している数個の罪の法定刑のうち、上限、下限ともに最も重いもので処断する（→213頁）。

③併合罪とは、数罪として評価するが、科刑上一罪のいずれの類型にもあたらないため、45条以下により処理する場合である。たとえば、Ｘが、Ａの自転車を盗み、翌日、Ｂを殴って負傷させれば、窃盗罪と傷害罪が併合罪として成立する。併合罪について、「有期の懲役……に処するときは、その最も重い罪について定めた刑の長期にその2分の1を加えたものを長期とする」（47条前段）（→218頁）。

併合罪も科刑上一罪（観念的競合・牽連犯）も数罪であるのに、前者では上限を1.5倍し（加重主義）、後者では重い方の法定刑の上限以下での処断にとどめる（吸収主義）ことの根拠は、数個の罪の間の一体性の有無に求められる。すなわち、観念的競合・牽連犯では、数個の罪に一体性が認められるために、各罪に向けられる違法評価の一部が重複したり、責任非難の対象となる意思決定が実質的に1個と評価されたりすることにより、数罪を別々に犯す併合罪の場合に比して、全体的な犯情が軽くなりがちであることが処断刑に反映されると考えることができる。

そして、このように、罪数が違法・責任評価の一体性に鑑み一罪としての処断で足りるかの問題であるとすると、一見すると数罪が存在し、かつ、54条の観念的競合、牽連犯のいずれにもあたらず、併合罪のように見えても、一罪評価で足りる場合がありうることも理解される。たとえば、倉庫から何回かに分けて物を盗み出す（数回の窃盗）、人を欺いて物を詐取する（1項詐欺）と同時にサービスも受ける（2項詐欺）、人を刺殺する際に衣服の破損を伴う（殺人と器物損壊）といった場合、数個の犯罪にあたる事実が存在するが、複数行為の一体性や意思の連続性、法益侵害の共通性に鑑みると、数罪評価は過剰なものとも感じられる。そのような場合に、全体を包括して一罪評価すること（「包括一罪」）が認められており、伝統的な理解はそれを本来的一罪に分類する。もっとも、包括一罪とされる事例を仔細にみれば、理論的にすっきりしない雑多

な考慮が伏在し、数罪（併合罪）との限界も明確ではない。学習者としては、典型例および代表的な判例の事例を知ったうえで、未知の事例にはそこからの類推で対応するほかないというのが実情である。

以下、個々の類型についてみていこう。

罪数と一事不再理

罪数関係は、罰条適用や処断刑のほか、事件の手続法上の取扱いにも影響する。本来的および科刑上の一罪については、一つの手続で処理しなければならない。たとえば、実体法的には住居侵入罪と窃盗罪の牽連犯（科刑上一罪）となるべき事案で、住居侵入罪のみが起訴され、判決が確定すると、一事不再理効（同一事件について再度の起訴を許さない効力。憲法39条後段、刑訴法337条1号参照）が窃盗罪にも及ぶ。それに対して、併合罪を構成する一つの罪について判決が確定しても、一事不再理効が生じるのはその罪限りで、他の罪をさらに訴追することも可能である。そのため、一部の罪が後から発覚した場合に、その訴追可能性をめぐって、すでに裁判が確定している罪との罪数関係が争われることもある。

II　本来的一罪

1　単純一罪

一人の首を絞めて殺害すれば殺人一罪である（単純一罪）。犯罪の個数は、構成要件該当評価の個数で決まるところ（構成要件標準説）、この例では1個の構成要件該当性しか認識されないからである。

被害が複数人に及べば、構成要件該当性も複数認められ、実体法上の数罪（科刑上一罪又は併合罪）となるのが原則である。もっとも、XがAから盗んだカバンにBの物も入っていたような場合、被害者が複数だとしても、「窃取」すなわち占有侵害（→各論86頁）は1個だから、窃盗罪の構成要件該当性は1個しか認識できず、やはり単純一罪である。

2 法条競合

複数の構成要件該当性を認識できるものの、構成要件相互の論理的関係により、一罪のみの成立を認めるのが、法条競合である。

たとえば、業務上横領罪（253条）（→各論142頁）が成立する場合、単純横領罪（252条）にも該当しているように見えるが、同罪は適用されない。「特別法は一般法に優先する」ため、特別類型の適用が基本類型の適用を排除するからである（特別関係）。

犯罪にあたる行為を組み合わせて独立の犯罪類型としている罪（結合犯）、たとえば、強盗罪（236条1項）が成立するとき、暴行罪・脅迫罪・窃盗罪は問題とされない。

傷害罪（204条）が成立すると、「暴行を加えた者が人を傷害するに至らなかったとき」（208条）にあたらなくなるため、暴行罪は適用されない。暴行罪は、傷害罪が成立しない場合をカバーする補充規定ということになる（補充関係）。既遂罪が成立すれば、未遂罪は別途適用されないのも同趣旨といえる。

他人の事務を処理する者であって、委託に基づいて他人の物を占有する者の不正行為が、物の「横領」（252条1項）にも、「任務に背く行為」（247条）にもあたる場合、横領と背任という類似の趣旨の罪を重ねて適用すべきではないから、いずれか一方を選択しなければならない（択一関係）。通常、法定刑が重い（選択刑に罰金がない）横領を優先適用する（→各論158頁参照）。

なお、これらの場合に適用が排除される軽い罪も、犯罪として存在はしている。したがって、検察官が立証の負担等を考慮し、あえて軽い罪のみを起訴し、有罪判決を得ることも可能である（次の包括一罪の場合も同様である）。

3 包括一罪

複数の構成要件該当事実を認識でき、かつ法条競合にはあたらないが、まとめて一罪として評価するのが、包括一罪である。

(1) 同種の罪の包括一罪

(a) 集合犯

同種行為の反復を予想してまとめて処罰する趣旨の罪（集合犯）においては、複数行為が包括的に一罪を構成する（単純一罪という見方もある）。「常習として」の行為を処罰する常習犯（たとえば、常習賭博罪〔186条1項〕）、一定の行為を「業とする」ことを処罰する営業犯（たとえば、管理売春罪〔売春防止法12条〕）がある。わいせつ物頒布罪（175条1項）も、「頒布」とは不特定または多数の者への交付をいうから、集合犯である。

(b) 接続犯

集合犯以外の犯罪については、同じ罪名でも反復されるごとに一罪が成立するのが原則だが、行為の一体性（特に犯意の1個性。さらに行為状況や態様の連続性）や法益侵害の一体性の考慮から数罪評価が過剰であるときは、全体を一罪として扱うことが認められる。

そうした基準から、一つの犯意のもと、時間的・場所的に接続する一連の動作により同一の被害者の法益を侵害した場合には、包括一罪となりやすい（接続犯）。判例は、2時間余のうちに一つの倉庫から3回に分けて米俵9俵を盗み出した事例で窃盗罪一罪としている（最判昭和24・7・23刑集3巻8号1373頁）。

これに対し、接続する二つの行為のうち、一方が過失、他方が殺意に基づくというように、犯意に断絶があるときは、法益侵害としては一体的でも、別罪となる。判例は、人を熊と間違えて狙撃して重傷を負わせた後、故意でとどめを刺した事案で、業務上過失傷害と殺人の併合罪としている（最決昭和53・3・22刑集32巻2号381頁）。また、2名に立て続けにスリを働くなど、被害者が複数となるときも、犯意の継続性にかかわらず、別罪が原則である。

(c) 連続的包括一罪

接続とはいいがたい（数か月や数年といった）時間的スパンで反復された行為についても一罪評価が行われることがあり、「連続的包括一罪」などと呼ばれる。これは、一連の機会に同一の被害者の法益を侵害する事例で認められやすく、同一の業務上の地位に基づき、継続的ないし断続的な犯意により横領を繰り返す事案が典型である。

この類型では、併合罪ではなく包括一罪とすることで、判決で個々の犯行の

日時や被害等を特定せず、包括的に認定できるようになる効果が重要である。

　最近では、この効果との関係で、複数の被害者に対する犯行を包括一罪とした判例が登場している。その判例（最決平成22・3・17刑集64巻2号111頁）は、2か月間にわたる街頭募金詐欺の事案で、不特定多数の通行人に、連日のように、定型的な働きかけにより寄付を募った犯行態様、1個の意思、企図に基づく継続的活動であったこと、「被害者は、比較的少額の現金を募金箱に投入すると、そのまま名前も告げずに立ち去ってしまうのが通例であり、募金箱に投入された現金は直ちに他の被害者が投入したものと混和して特定性を失う」ことなどの特徴を指摘し、詐欺罪の包括一罪を肯定し、その「罪となるべき事実は、募金に応じた多数人を被害者としたうえ、被告人の行った募金の方法、その方法により募金を行った期間、場所及びこれにより得た総金額を摘示する」方法で足りるとした。

　その後の判例（最決平成26・3・17刑集68巻3号368頁）は、4か月または1か月の間に、人間関係を背景に、共通の動機から繰り返し犯意を生じて暴行を反復して負わせた種々の傷害について、全体を包括一罪とし、個別の機会の暴行と傷害の対応関係の特定をしない形での有罪判決を是認した。本件は、被害者が一名であるので、街頭募金詐欺の事例と比べれば、一罪評価しやすいものであった。犯意が文字通り継続しているわけではない点を背景や動機の共通性で補っている点が注目される。

(d)　同一罰条内の複数態様の実現（狭義の包括一罪）

　人を逮捕して引き続き監禁すれば、逮捕罪と監禁罪が別々に成立するのではなく、220条の包括一罪である。相手を欺いて債務免除を受け（2項詐欺）、かつ現金を騙し取れば（1項詐欺）、246条の包括一罪である。このように、同一罰条内に定められている複数の態様を実現した場合には、包括的に一罪として処理される。

(2)　異種の罪の包括一罪

(a)　随伴行為・結果（吸収一罪）

　人を刺し殺す際に着衣を破いても、殺人罪のほかに器物損壊罪は適用されていない。顔を殴って加療2週間の傷害を負わせた際、眼鏡も損壊した事例で、

観念的競合とする検察官の主張を退け、傷害罪のみを適用した裁判例もある（東京地判平成7・1・31判時1559号152頁）。重い罪は、随伴が想定される軽い罪を包括評価できるとの理解によるものといい得る。

現住建造物等放火罪（108条）が、随伴する(重)過失致死傷罪を包括評価するか、両罪が成立して観念的競合となるかは、争われている。最近の判例は、現住建造物等放火罪に該当する行為により生じた死傷結果の量刑上の考慮は、法律上当然に予定されているとの判断を示したが（最決平成29・12・19刑集71巻10号606頁）、これを包括一罪説に親和的と見る立場と、罪数については何も述べていないことを強調する立場がある。なお、故意の殺人や傷害は、放火とは別に成立し、観念的競合となることに異論はない。

このパターンや次の(b)のパターンで、軽い罪が重い罪によってあわせ評価され独立にはとりあげられなくなることを「吸収される」ということがある。「過失致死は放火に吸収されて別罪を構成しない」などという。伝統的には法条競合の中で説明されてきたが、最近では包括一罪の一種とされることが多い。

(b) 共罰的事前行為・事後行為

殺人を犯した者が、それに先立ち、殺人予備罪（201条）を行っていたとしても、同罪は殺人罪に吸収される。殺人罪により、先行の予備行為も含めて処罰する趣旨であり、「共罰的事前行為」といわれる。

窃盗を犯した者が、領得した盗品を損壊しても、窃盗罪のみが適用される。窃盗罪は、窃取された財物を被害者が使えなくなる状態まで予定し、その点も含めて処罰する趣旨と解されるからである。このような場合の後行行為は「共罰的事後行為」といわれる。

これらは、「不可罰的事前／事後行為」と呼ばれてきたが、適用罪名に反映されない行為も不可罰なのではなく、本体となる犯罪の刑で共に処罰されるから独立にとりあげないだけである（そのため、殺人の立証が困難であるときに予備だけを処罰したり、盗品の破壊だけに関与した者を器物損壊罪の共犯として処罰したりできる）。そのことを表現すべく、「共罰的」という呼び方が広まっている。

なお、共罰的事後行為といえるのは、先行犯罪により評価可能な法益侵害の範囲であり、それを超えた新たな法益侵害については別罪が成立する。たとえ

第8章　罪数 **211**

ば、XがAからキャッシュカードを盗み、それを用いて銀行 ATM から不正に現金を引き出した場合、Aに対するキャッシュカードの窃盗罪と銀行に対する現金の窃盗罪（→各論87頁）が別々に成立し、併合罪となる。

横領後の横領

　委託に基づき占有する他人の不動産を、無断で自己の債務の担保に供し、抵当権を設定すると、横領罪（252条1項）が成立する（→各論148頁）が、その後、同じ不動産を売却（所有権移転）すると、さらに横領罪が成立するか。成立するとして、罪数関係はどうなるか。

　旧判例は、売却は先行する横領罪の不可罰的事後行為であって犯罪を構成しないと解していた（最判昭和31・6・26刑集10巻6号874頁）。しかし、最高裁は、後行の所有権移転行為だけが起訴された事案で、判例を変更し、先行行為の存在は、後行行為について（業務上）横領罪の成立を妨げる事情にならないとした（最大判平成15・4・23刑集57巻4号467頁〔→各論148頁〕）。

　両行為が起訴された場合の罪数評価については、本判決は、判断を留保している。学説は、法益侵害の一体性ないし両行為を通じて1個の物を横領しているという実態に着目し、包括一罪とするものが主流といえる。

(c)　混合的包括一罪

　窃盗犯人が現場で被害者に発見され、暴行・脅迫を用いてさらに財物を強取するいわゆる居直り強盗（事後強盗罪〔238条〕でなく通常の強盗罪〔236条1項〕であることに注意〔→各論109頁〕）の事例は、包括一罪として、強盗の刑で処断される。この場合に、窃盗は強盗に吸収されるというなら、共罰的事前行為の一種といえようが、判決で窃盗の事実認定（立場によってはさらに罰条適用）もしつつ、包括一罪として処断するなら、「混合的包括一罪」というカテゴリーとなる。このタイプの包括一罪は、数個の罪を明示的に認定（またはその罰条を適用）しつつ、一罪として処断するという意味で、実質的には、科刑上一罪に限りなく近い。本来的一罪に分類するとしても、それは、54条の観念的競合や牽連犯にあたらず、同条による処理をしないという限りで、いわば消極的に説明されるにすぎないとも考えられる。

混合的包括一罪の代表例として、暴行の途中で強盗の犯意を生じ、財物を強取し、被害者は負傷したが、傷害が強盗の犯意を生じる前後いずれの暴行から生じたか不明であるというパターンがある。強盗着手後の行為と傷害の因果関係は不明であるから強盗致傷罪は成立しない（→各論113頁）が、全体の暴行と傷害の因果関係は証明されるから傷害罪は成立する。これと途中からの強盗罪について、行為の一体性ゆえに一罪処理をしたいが、強盗に吸収すると傷害結果が罪名に反映されない点に不満が残る。そこで、混合的包括一罪とするのである（「一個の行為」と認めて、観念的競合とすべきだとの意見もある）。

最高裁の判例では、財物を窃取または詐取した後、その返還ないし代金支払いを免れるために被害者を殺害しようとした事案で、窃盗または詐欺と（2項）強盗殺人未遂の包括一罪が認められている（最決昭和61・11・18刑集40巻7号523頁〔→各論110頁〕）。一罪評価の根拠として、①当初から全体行為に及ぶ意思があり、②時間的場所的に近接した同一の機会であり、③前後の法益侵害（財物領得と返還または代金請求権の免脱）は表裏の関係で一体性が強いことが指摘される。もっとも、すべての要素が必須というわけではなく、類似事案で①が欠けても同じ結論がとられている（大阪地判平成18・4・10判タ1221号317頁）。

Ⅲ 科刑上一罪

1 意義と効果

本来的一罪ではないが、①「一個の行為が二個以上の罪名に触れ」る場合、または、②「犯罪の手段若しくは結果である行為が他の罪名に触れる」場合には、「その最も重い刑により処断する」（54条1項）。①を観念的競合、②を牽連犯という。数罪が成立しており、各罰条を適用するが、一罪の場合に準じる一体性ゆえに、科刑上は一罪として扱う（吸収主義）。

「その最も重い刑により処断する」とは、数罪のうち最も重い刑を定めている法条により処断するという趣旨とともに、他の法条の下限の刑よりも軽く処断することはできないという趣旨を含む（最判昭和28・4・14刑集7巻4号850頁）。したがって、たとえば、登記書類に貼付されている印紙をはがして盗ん

第8章 罪数 **213**

だ場合に成立する印紙の窃盗罪（10年以下の懲役または50万円以下の罰金）と登記書類に対する公用文書毀棄罪（258条。3月以上7年以下の懲役）は、観念的競合の関係に立つところ、10条2項前段によれば窃盗罪の方が重く、上限は懲役10年となるが、軽い公用文書毀棄罪の下限よりも軽くはできないため、罰金刑の選択は不可能ということになる（つまり、上限、下限ともに重い方の刑で処断する）。なお、軽重比較の際、加重減軽事由の存在は気にせず、法定刑自体を参照するのが判例の立場である。

2　観念的競合

「一個の行為」が「二個以上の罪名に触れ」る場合である（54条1項前段）。

「一個の行為」とは、判例によれば、「法的評価をはなれ構成要件的観点を捨象した自然的観察のもとで、行為者の動態が社会的見解上1個のものとの評価をうける場合」をいう。

この基準から、判例は、酒酔い運転罪とその運転中に犯した業務上過失致死罪（現在では過失運転致死罪〔自動車運転死傷行為処罰法5条〕）は併合罪であり（最大判昭和49・5・29刑集28巻4号114頁）、無免許でかつ酒に酔って運転した場合の無免許運転罪と酒酔い運転罪は観念的競合であるとした（最大判昭和49・5・29刑集28巻4号151頁）。継続的な「運転」と一時点での「死亡事故の惹起」は、社会的に別の動態（いわゆる線と点）だが、無免許も酒酔いも継続的な「運転」の属性であり、社会的に1個の動態（いわゆる線と線）だというのである。同じ基準のもと、交通事故を起こした者が、負傷者救護も警察官への事故報告もせず逃走した事案で、道交法上の救護義務違反と報告義務違反は観念的競合とされた（最大判昭和51・9・22刑集30巻8号1640頁）。法的には、救護しないことと報告しないことはまったく別の行為（不作為）であり、それらが同時間帯に行われただけともいえそうだが、判例の基準では、「ひき逃げというひとつの社会的出来事」であることが重要である。また、航空機からの取りおろしにより成立する覚醒剤取締法上の覚醒剤輸入罪と、通関線突破により成立する関税法上の輸入罪についても、実行行為・既遂時期のズレにもかかわらず、社会的見解上は1個の輸入行為だとされて、観念的競合とされている（最判昭58・9・29

刑集37巻7号1110頁）。

　このように、判例は、特に行政犯の領域で、「法的評価を離れた自然的観察」により、構成要件該当行為（実行行為）の重なり合いにこだわらずに観念的競合の成否を判断するが、それにもかかわらず、刑法犯に関しては、構成要件に該当する具体的行為の全部又は重要部分の重なり合いをチェックすることが有用である。全部が重なる例として、職務執行中の公務員に暴行を加えて負傷させる場合（傷害と公務執行妨害）、１回の発砲等で数人を殺傷する場合（数個の殺人や傷害。連射をまとめて１個と認定することもある）、同一場所に数人を監禁する場合（数個の監禁）、建造物等に放火し、内部の人を殺害し、または死体を損壊する場合（放火と殺人又は死体損壊）を、重要部分が重なる例として、強制性交するとともに殺意をもって被害者を死亡させる場合（強制性交等致死と殺人の観念的競合〔最判昭和31・10・25刑集10巻10号1455頁〕）、数人相手にまとめて脅迫や欺く行為をし、順次財物を受領する強盗・恐喝・詐欺を挙げておこう。

　なお、上の例にもあるように、「二個以上の罪名」は、数罪が成立する限り、同一罪名でも差し支えない。

3　牽連犯

　「犯罪の手段若しくは結果である行為が他の罪名に触れる」場合である（54条１項後段）。数罪の間に、手段・目的または原因・結果の関係がある場合をいう。

　手段結果の関係は、判例によれば、「罪質上通例」（最大判昭和24・12・21刑集３巻12号2048頁）ないし「犯罪の通常の形態として」（最判平成17・４・14刑集59巻３号283頁）存在しなければならない（客観的牽連性・抽象的牽連性）。

　この基準のもと、牽連犯となるパターンは限られている。おおむね、①住居侵入と侵入先での犯罪（窃盗、強盗、強制性交、殺人、傷害、放火など）、②偽造文書等の行使とそれを用いた犯罪（詐欺、横領、公正証書原本不実記載など）、③目的犯とその目的を実現する犯罪（たとえば、文書偽造〔「行使の目的」が要件〕と偽造文書行使、身代金目的拐取と身代金要求）の３パターンである。なお、罪名の組合せだけが問題ではなく、具体的事例で手段結果の関係があること（具体的牽

第8章　罪数　**215**

連性）も必要だが、それは必ずしも犯人の主観に依存しない（主観的牽連性は不要）というのが判例の立場であろう。たとえば、のぞき見目的で侵入したが住人に発見されて殺人に及んだような場合も、なお牽連犯である。

これに対し、「罪質上通例」「犯罪の通常の形態として」手段結果の関係とまではいえず、併合罪とされるのは、監禁と監禁中の別の犯罪（恐喝〔最判平成17・4・14刑集59巻3号283頁（牽連犯としていた旧判例を変更）〕、強制性交、殺人、傷害など）、殺人と死体遺棄、放火と（火災保険金の）詐欺といった組合せである。区別の説明は必ずしも容易でないが、牽連犯は、結合犯（一罪）として定められてもおかしくないような罪の組合せに限定するイメージを持ち、前記①から③のパターンを覚えるほかないというのが正直なところである。

4　かすがい現象

たとえば、住居に侵入し、2名を順次傷害した場合、傷害2罪がそれぞれ住居侵入罪と牽連犯の関係に立つために、全体が科刑上一罪として処理される（最決昭29・5・27刑集8巻5号741頁〔住居侵入・殺人の事案〕）。住居侵入罪が「かすがい」となり、本来併合罪の関係にある傷害2罪を科刑上一罪につなぎとめるため、「かすがい現象」と呼ばれる。

もっとも、単に2名を傷害すれば傷害2罪の併合罪で、47条（加重主義）（→218頁）により処断刑の上限は懲役22年6月となるのに、住居侵入が加わると、54条1項（吸収主義）（→213頁）により、上限が懲役15年となり、むしろ軽くなるのは不合理に思える。そこで、たとえば、住居侵入と第1の傷害とだけ牽連関係を認め、それらと第2の傷害を併合罪とする、あるいは、住居侵入と傷害の牽連犯と、傷害2罪の併合罪の刑を比較して重い方で処断するといったロジックで上記不合理を解消できないかが議論された。

しかし、そうしたロジックはいずれも技巧的であるうえ、現実問題として、①検察官がかすがいとなる罪を起訴しないことで、かすがい現象を回避することも可能であること、②多くの犯罪では、法定刑の広さから、数罪でも、吸収主義による処断刑の範囲内で適正な量刑が可能であること、③数名を殺害したような事案では、死刑や無期刑の選択が問題となり、その場合にはかすがい現

象の不合理性は顕在化しないことなどから、問題は切実さを欠き、議論は進展していない。

5　共犯と罪数

　共犯の罪数をめぐっては、①共犯成立の個数および②（数個の共犯が成立する場合の）観念的競合（54条1項前段の「一個の行為」）の認定が主に問題となる。

　教唆・幇助の場合について。①教唆犯・幇助犯は、教唆・幇助を受けた正犯者が犯罪を実行することで成立するから、その個数は、正犯者が実行した犯罪の個数に応じる。教唆・幇助行為の回数にかかわらず、正犯が一罪ならば教唆・幇助も一罪、正犯が数罪ならば教唆・幇助も数罪である。もっとも、②数個の教唆犯・幇助犯が、「一個の行為」によるものかは、「法的評価を離れた自然的観察」により評価する判例の基準（→214頁）から、教唆・幇助行為自体の個数で考える。判例は、こうした理解により、幇助者が一度の機会に小切手29通を交付し、正犯者はこれを用いて覚せい剤の密輸を2回行ったという事案で、①2個の密輸幇助罪の成立を認めたうえで、②それらは観念的競合の関係にあるとした（最決昭和57・2・17刑集36巻2号206頁）。

　共同正犯の場合について。60条の「すべて正犯とする」とは、他の共同者の行為まで含めて自分が実行したかのように扱われるという趣旨である。これに忠実に考えれば、当該事例の共同者の行為全体を仮に一人でやったとしたら、①犯罪がいくつ成立するか、②行為は1個かをチェックすることになる。すなわち、X・Yが共謀のうえ、XにおいてAを、YにおいてBを殺害したような場合も、X・Yが共謀のうえ、YにおいてA・Bを順次殺害したような場合も、X・Yには殺人の共同正犯2罪が成立し、併合罪となる。これが実務の立場と思われる。学説上は、共謀のみに関与した者は、共謀行為が1個であれば、教唆・幇助と同様に観念的競合にすべきだとの立場もある。

　なお、牽連犯との関係では議論が少ないが、共同正犯の場合は、上記同様に考えれば足りよう。教唆・幇助の場合は、たとえば住居侵入・窃盗を教唆した者には住居侵入教唆罪と窃盗教唆罪が成立し、両罪が手段結果の関係にあるとして牽連犯を認める立場が有力である。

Ⅳ　併合罪

1　概要

　構成要件に該当する行為が複数存在し、法条競合・包括一罪・科刑上一罪の
いずれにもあたらない場合、原則として「併合罪」である。その処断の方法に
ついては、46条以下に詳しく定められている。特に重要であるのは、死刑・無
期刑を科す場合は原則的に他の刑を科さない吸収主義がとられていること（46
条）、有期自由刑については、最も重い罪の法定刑の上限を1.5倍したものを併
合罪全体の処断刑の上限とする加重主義がとられていること（47条本文。ただ
し、同条但書により、各罪の刑の長期の合計を超えることはできない〔→229頁〕）、罰
金については併科主義がとられていること（48条）である。

新潟女性監禁事件

　併合罪の量刑について、単純に合算する「併科主義」ではなく、重い刑の
1.5倍を上限として、単一の刑を決める「加重単一刑主義」がとられている
（47条）のは、併科主義では犯罪全体に対する評価として重すぎ、犯人に過酷
な刑となり得ることを考慮したものといわれる。

　この理解の射程が問われたのが、社会の注目を集めた新潟女性監禁事件であ
る。被告人は、当時9歳だった被害者を9年余に渡り自宅に監禁し、足の筋力
低下の傷害を負わせ、また、被害者に着用させる下着4枚を万引きし、監禁致
傷（221条。当時の法定刑上限は懲役10年。現在は15年に引き上げられている）
と窃盗の併合罪として処断された。一審は、処断刑の上限（15年）に近い懲役
14年を言い渡したが、控訴審は、監禁致傷は（それが最悪の態様だとしても）
法定刑の制約上、懲役10年にしか見積れず、窃盗はそれ自体としてはせいぜい
懲役1年程度の行為であり、合算しても懲役11年にしかならないと考えた。47
条のルールは、あくまで併科主義の過酷さを緩和するためであり、併科主義よ
りも重い刑などあり得ないという理解である。ところが、最高裁は、47条は、
併合罪全体に対する処断刑の範囲内で、各罪全体に対する具体的な刑を決する
ことを予定しており、同条が「あらかじめ個別的に刑を量定することを前提

に、その個別的な刑の量定に対して一定の制約を課していると解するのは、相当でない」として、控訴審を破棄し、一審の量刑を確定させた（最判平成15・7・10刑集57巻7号903頁）。

最高裁の立場は、併合罪固有の処断刑がある以上、そこで全体的犯情を評価すればよいというものである。仮にその中で個々の罪の評価が問われるとしても、その上限が元の法定刑に拘束されるいわれはない（一罪の場合に拘束されるのは罪刑法定主義の制約にすぎず、当該罪の犯情が最も重い場合が法定刑上限に対応しているわけでは元々ない）という含みもあるのかもしれない。判例の立場では、47条における併科主義の過酷さの回避とは、処断刑の緩和を通じて過酷な刑にならないように一般的に方向づけているだけで、併科主義（本件ではそれ以上）の量刑が常に過酷で不当であるという趣旨ではないことになる。

2　数罪の一部に確定裁判があった場合（併合罪と単純数罪）

ここまでの説明では、数罪が「確定裁判を経ていない」（45条前段）状態を前提としていた（45条前段の併合罪）。

これに対し、数罪の一部について確定裁判があった場合はどうなるか。たとえば、A罪→B罪が順次犯され、A罪のみが立件されて懲役刑の判決が確定し、その後、C罪が犯され、全事実が発覚したとしよう。45条後段は、「ある罪について禁錮以上の刑に処する確定裁判があったときは、その罪とその裁判が確定する前に犯した罪とに限り、併合罪とする」から、この場合、A罪と併合罪関係に立つのは、B罪に限られる（45条後段の併合罪）。そして、A・B罪という「併合罪のうちに既に確定裁判を経た罪とまだ確定裁判を経ていない罪とがあるとき」として、「確定裁判を経ていない罪について更に処断する」（50条）。つまり、B罪について裁判をし、一つの刑を言い渡す。そうすると、A罪とあわせて「併合罪について2個以上の裁判があった」ことになり、その場合には、それらの「刑を併せて執行する」（51条本文。死刑・無期刑の例外につき、同条但書）。これは合算となるが、「有期の懲役又は禁錮の執行は、その最も重い罪について定めた刑の長期にその2分の1を加えたものを超えることができない」（51条2項）。A・B罪は併合罪であるから、同時審判を受けた場合との

均衡が執行段階で保たれるしくみになっているのである。

　では、C罪の扱いはどうなるか。C罪は、A罪の確定判決の存在ゆえに、A・B罪の併合罪グループには入れず（併合罪関係の遮断）、それらと「単純数罪」の関係に立つ（さらにD罪も犯されれば、A・B罪とC・D罪という二つの併合罪グループが単純数罪の関係に立つ）。B罪とC（・D）罪を同時に審判する場合も、あくまで別手続として扱い、刑も別々に言い渡す（「主文二つの場合」などという）。つまり、単純数罪では併合罪とは異なり併科主義がとられ、極端な例では、B罪とC（・D）罪についてそれぞれ懲役30年で合計60年といった刑もあり得る。この不利な取扱いの根拠は、確定裁判を受け自省の機会があったのになお犯罪を繰り返した点にあると一応は考えられる。

　なお、併合罪関係の遮断効を持つのは、「禁錮以上の」確定裁判だけである。つまり、上の例で、A罪について罰金の確定裁判を経ても、A・B・C（・D）罪全てが一つの併合罪グループ（45条前段の併合罪）である。古くはそうした限定はなかったが、道交法等の罰金前科をくまなく調べるのは煩瑣と考えられたことから、昭和43年改正により現行のルールに改められた。

220

第9章

刑罰

　刑罰は、犯罪を行ったことを非難する趣旨で、国家が犯人の一定の法益を剥奪する処分であり、現行法上、死刑、懲役、罰金など7種類がある。刑罰の適用は、その犯罪について法律が定めている刑（法定刑）に、その事案で適用される刑の加重・減軽を施した刑（処断刑）の範囲内で実際に言い渡す刑（宣告刑）を定めるというプロセスを経る。本章では、こうした刑罰の種類・内容とその適用過程で問題となることがらを学ぶ。

I　刑罰の種類・内容

　独立して科しうる刑（主刑）として、死刑、懲役、禁錮、罰金、拘留、科料があり、主刑に付加して科される刑（付加刑）として、没収がある（9条。重さの順序について、10条）。剥奪される法益に応じて、死刑は生命刑に、懲役・禁錮・拘留は自由刑に、罰金・科料・没収は財産刑に分類される。

1　死刑

　死刑は、生命を剥奪する刑である。殺人罪（199条）、強盗殺人罪（240条後段）等について定めがある（実際の言渡しはこの二罪に限られている）。

　死刑の執行は、刑事施設内で絞首により行う（11条1項）。天井から吊り下げられた絞縄を首に巻きつけた状態で、踏板を開落させ、緊縛により窒息死に至らせる方法がとられている。死刑の言渡しを受けた者は、執行まで拘置される

第9章　刑罰　221

（同条2項）。執行は法務大臣の命令による（刑訴法475条1項）。その命令は判決確定から6か月以内にしなければならないとの規定（同条2項）は訓示規定と解されており、実際に6か月以内に執行される例はない。

死刑は、「残虐な刑罰は、絶対にこれを禁ずる」とする憲法36条に違反しないかが争われるが、判例は、刑罰が「残虐」であるとは、火あぶり、はりつけなど執行方法が非人道的であることをいい、生命を奪うこと自体も、現行の執行方法も、それにはあたらないと解している（最大判昭和23・3・12刑集2巻3号191頁、最大判昭和30・4・6刑集9巻4号663頁。さらに大阪高判平成25・7・31判タ1417号174頁参照）。

また、合憲性とは別に、死刑の存廃に関しては、特別の抑止力の有無、誤判の場合に取り返しがつかないことをどう考えるかなどをめぐり、古くから議論がある。国際的には死刑廃止国が増加傾向にあるが、わが国では、世論調査等によれば存置論が優勢であり、当面、廃止の見通しは乏しい。

2 懲役・禁錮・拘留

(1) 意義

懲役（12条）・禁錮（13条）・拘留（16条）は、刑事施設に拘置する刑である。

懲役と禁錮は、それぞれ無期と有期がある。無期の場合、後述する仮釈放が認められない限り、終身にわたり拘禁される。有期の上限は20年、下限は1月であるが、加重・減軽する場合は30年まで上げることや1月未満に下げることができる（14条）。

懲役と禁錮の違いは、懲役のみ「所定の作業」（刑務作業）が義務づけられる点にある。懲役は、刑法上の多くの罪の法定刑に含まれ、正式裁判による科刑の大半を占める。禁錮を定める罪は少なく、その適用はほぼ過失犯に限られる。禁錮には、強い道徳的非難を伴う犯罪（「破廉恥犯」）でないことを示す機能があるとされてきたが、その合理性は疑問視されている。禁錮受刑者の多くが請願作業（刑事収容施設法93条）をしていることもあり、禁錮を懲役から区別する意義は低下している。

拘留は、1日以上30日未満の短い自由刑である。軽微な罪（暴行罪〔208条〕、

侮辱罪〔231条〕、軽犯罪法違反等）に定めがあるが、実際の言渡しは非常に少ない。なお、刑事訴訟法（60条等）における「勾留」は、未決の者を逃亡や罪証隠滅の防止のために拘置する措置であって、刑罰ではない。これと「拘留」を混同しないようにしたい。

(2) 受刑者の処遇

刑が確定すると、検察官の指揮（刑訴法472条）により執行される。

受刑者の処遇については、「刑事収容施設及び被収容者等の処遇に関する法律」（刑事収容施設法）で詳しく定められている。その者の資質と環境に応じ、自覚に訴え、改善更生の意欲の喚起および社会生活に適応する能力の育成を図ることが旨とされる（刑事収容施設法30条）。

処遇の中核をなすのは、①刑務作業、②改善指導、③教科指導からなる「矯正処遇」である（同法84条）。

①刑務作業は、規則正しい勤労生活を維持させ、技能を習得させることで改善更生に役立つことを目指して行われる（同法94条参照）。

②改善指導は、犯罪の責任を自覚させ、健康な心身を培わせ、社会生活に適用するための知識と生活態度を習得させる指導をいい（同法103条）、全受刑者に共通する「一般改善指導」と、薬物依存離脱指導、暴力団離脱指導、性犯罪再犯防止指導、被害者の観点を取り入れた教育といった「特別改善指導」がある。

③教科指導は、学校教育に準じた内容の指導である（同法104条）。

自由刑における矯正処遇の位置づけと懲役・禁錮の単一化

受刑者には、各人の特性に応じて、刑罰の目的の一つである改善更生・再犯防止に役立つ矯正処遇が行われるべきである。ところが、現行法では、矯正処遇のうち、懲役における刑務作業だけが刑罰の内容として定められ、改善指導と教科指導については、刑事収容施設法で定められるが、その位置づけは必ずしも明らかとはいえない。そのこともあって、大半を占める懲役受刑者について、たとえば、教科指導に多くの時間を割くべき者であっても、一定時間は刑務作業を行わざるを得ないなど、受刑者の特性に応じた柔軟な対応が難しくな

っている面もある。また、禁錮の独自の意義が低下していることは前述の通りである。このような観点から、現行の懲役と禁錮を新たな自由刑に単一化し、その刑に処せられた者の処遇について刑法に定める改正が検討されている。

(3) 仮釈放と保護観察

(a) 仮釈放

受刑者は、必ず刑期満了（満期）まで受刑するわけではなく、仮釈放の制度がある。仮釈放は、懲役・禁錮の受刑者に「改悛の状」があるときに、無期刑では10年、有期刑では刑期の3分の1を経過した後、行政官庁（法務省の機関である地方更生保護委員会）の処分により行うことができる（28条）。法務省令により、仮釈放を許す処分は、「悔悟の情及び改善更生の意欲があり、再び犯罪をするおそれがなく、かつ、保護観察に付することが改善更生のために相当であると認めるときにするものとする。ただし、社会の感情がこれを是認すると認められないときは、この限りでない」とされている。

仮釈放の後、残りの刑期に当たる期間を無事に経過すると、刑期を終えたこととなる。再犯等の事由があると、仮釈放を取り消すことができる（29条）。

拘留受刑者は、情状により、いつでも仮出場を許すことができる（30条）。

有期刑からの出所者に占める仮釈放者の割合（仮釈放率）は、最近では6割程度である。また、仮釈放が認められる時期は、刑期の8、9割の執行を終え、残刑期間が数か月になってからであることが多い。

無期刑受刑者の仮釈放は、近年、著しく狭き門となっている。在所期間10年以上の者が1000名を大きく上回るなかで、年間の新規仮釈放者は10名に満たない。仮釈放される者も、在所期間30年を下回る例はなくなっている。

(b) 保護観察

仮釈放された者は、その期間中、保護観察を受ける（更生保護法40条以下）。

保護観察とは、保護観察所による指導監督・補導援護を通じて、改善更生と再犯防止を図る措置をいう。指導監督の方法として、全対象者に共通の「一般遵守事項」（健全な生活態度の保持、保護観察官等との面接、住居の届出等）と対象

者ごとに定める「特別遵守事項」（一定の者や場所へのアクセス禁止、就労、薬物再乱用防止等の専門的処遇プログラムの受講等）が重要である。

このように刑事施設に拘置せずに行う処遇のことを社会内処遇という。施設内処遇に続いて社会内処遇を行うしくみは、スムーズな社会復帰とそれによる再犯防止のために重要なものである。もっとも、上述のように、満期釈放も多く、仮釈放が認められる場合も満期が迫ってからであることが多く、また保護観察の期間は残刑期間に限られるため、十分な社会内処遇の期間を確保しにくいという問題も指摘されている。

3　罰金・科料

罰金（15条）・科料（17条）は、金銭を徴収する刑である。罰金は原則として1万円以上、科料は千円以上1万円未満である。科料は、各種法令上の義務違反に対する非刑事的制裁である「過料」と混同しないようにしたい。

罰金は、比較的軽い犯罪の多くが法定刑に含んでおり、我が国で科される刑全体の8割以上を占める。ただし、その大半は、簡易裁判所の書面審理に基づく略式命令（刑訴法461条）による科刑である。道交法上の罪や過失犯がかなりの割合を占めるが、平成18年改正により窃盗罪と公務執行妨害罪の法定刑に罰金が（それまで起訴猶予とされていた事案で一定の制裁を与えられるようにすべく）追加され、活用されている。また、罰金は、両罰規定（→10頁）による法人処罰においても大きな役割を果たしている。

罰金・科料を完納できない者は、換刑処分として、一定期間、刑事施設に附置された労役場に留置される（18条）。刑の言渡しに際し、たとえば、不納付額「5000円を1日に換算」するといった形で、労役場留置の期間をあらかじめ定めておく。

4　没収

付加刑としての没収（19条）は、対象物の所有権を剥奪し、国庫に帰属させる刑である。

没収の対象は、19条1項1号の「犯罪行為を組成した物」（組成物件。たとえ・
ば、偽造通貨行使罪における偽造通貨）、2号の「犯罪行為に供し、又は供しよう
とした物」（供用物件。たとえば、殺人に使用した包丁。強制性交等の犯行の様子を隠
し撮りした記録媒体の本号該当性を肯定した判例として、最決平成30・6・26刑集72巻・
2号209頁）、3号の「犯罪行為によって生じ」た物（生成物件。たとえば、通貨偽
・・
造罪における偽造通貨）、犯罪行為「によって得た物」（取得物件。たとえば、賭博
で得た金品、窃盗で得た盗品〔ただし、被害者に属するために19条2項により没収でき
ないことが多い〕）、「犯罪行為の報酬として得た物」（報酬物件。たとえば、殺人の
報酬）、4号が定める、3号各物件「の対価として得た物」（対価物件。たとえ
ば、盗品の売却代金）である。

　没収は、「犯人以外の者に属しない」物について行うことができる（19条2項
本文）。もっとも、犯人以外の者に属する物も、その者が犯罪後に事情を知っ
て取得したものであるときは没収できる（同但書）。共犯者は「犯人」に含まれ
るから、共犯者に属する物は、事情を知って取得したかにかかわらず没収でき
る。

　以上とは異なる手続上の観点からの制約として、当該裁判の被告人となって
いる者以外の者（第三者）に属する物の没収には、特別法上の第三者没収の手
続を要する。共犯者でも、共同被告人として起訴されているのでなければ、こ
の第三者没収の手続により、手続参加の機会を与える必要がある。

　19条1項3号・4号（生成、取得、報酬、対価物件）の全部又は一部を没収で
きないときは、その価額を追徴することができる（19条の2）。追徴は、犯罪に
よる不正な利益を犯人に残さないための換刑処分である。

　以上の没収・追徴は任意的（裁判所の裁量）である。ただし、刑法各則（賄賂
罪に関する197条の5）や特別法（たとえば、覚醒剤取締法41条の8、麻薬特例法11条、
組織的犯罪処罰法13条）には、没収を必要的とし、対象を拡大するなどした規定
があり、重要な役割を果たしている。

犯罪の非刑罰的処理――ダイバージョン

　検挙された被疑者が犯人と認められる場合でも、必ず刑罰を科されるわけで

はない。事件の内容や被疑者の状況に鑑み、刑事手続を進めることに伴うさまざまな不利益を負わせることなく事件を処理することが望ましい場合があり、それにより刑事司法の負担も軽減されるという考慮に基づき、手続から離脱させる「ダイバージョン（diversion）」と呼ばれるさまざまなしくみがある。

まず、警察段階では、「微罪処分」といって、被害軽微な窃盗、暴行等について、検察官が指定する条件により、警察限りでの処理が認められる（刑訴法246条但書、犯罪捜査規範198条以下参照）。刑法犯の検挙人員の３割以上が微罪処分により処理されている。また、軽微な道交法違反の罪について、警察が通告した反則金を納付すれば刑事手続から除外する「交通反則通告制度」があり、同法違反事件の大半がこれにより処理されている。

次に、検察段階では、刑訴法248条が、罪種の限定なく、「犯人の性格、年齢及び境遇、犯罪の軽重及び情状並びに犯罪後の情況により訴追を必要としないときは、公訴を提起しないことができる」としており、この規定による不起訴処分を「起訴猶予」という。検察官に起訴猶予の裁量を認める立法主義を「起訴便宜主義」という。刑法犯の起訴猶予率は５割前後である。

また、起訴されて刑が科される場合も、略式命令による罰金（→225頁）は正式裁判を回避する意味で、後述する（全部）執行猶予（→234頁）は実刑を回避する意味で、ある種のダイバージョンとして機能する。

こうしたメニューのもと、万引きなどの軽い罪については、検挙回数に応じて、微罪処分→起訴猶予→略式命令による罰金→正式裁判による懲役刑の（全部）執行猶予→実刑というように、段階的な処遇が行われることが多い。

少年法と若年者の処遇

少年法は、未成熟で可塑性に富む少年の特性を考慮して、非行少年の処遇に関して特則を定める。すなわち、少年の事件は、全件を家庭裁判所に送致し（少年法41条、42条）、人間科学の専門的知見を持つ家庭裁判所調査官による調査（同法８条）等を経て、審判不開始、審判の上での不処分、保護観察、少年院送致等の保護処分といった手続・措置を行うのが原則である（同法21条以下）。刑事処分（刑罰）は、家庭裁判所が検察官送致（いわゆる逆送）の決定（同法20条）をした場合に限って行われ、その取扱いにも少年の特性に配慮する特則がある（→234頁）。

第９章　刑罰　227

そのような特別な取扱いの対象とする「少年」の年齢を、現行少年法は、20歳未満とする。近年の法改正により、18歳・19歳の者は選挙権等を付与され、民法上も成年として位置付けられることになったことから、少年法の適用対象からも除外すべきとの意見がある一方で、18歳・19歳の者はなお成熟が不十分であり、可塑性を有する存在であることにも鑑み、その刑事法上の取扱いをどうすべきかが立法上の大きな問題となっている。

II　刑罰の適用

1　法定刑・処断刑・宣告刑

　有罪の心証を得た裁判所は、上述したメニューの中から、被告人に言い渡す刑の種類と量を定める。刑罰の適用は、その犯罪について法律が定めている刑（法定刑）に、その事案で適用される刑の加重・減軽を施した刑（処断刑）の範囲内で実際に言い渡す刑（宣告刑）を定めるというプロセスを経る。

　法定刑から処断刑に至る筋道を、「被告人が住居侵入、窃盗および傷害の罪を犯し、前二罪が牽連犯（54条1項後段）、それらと後一罪が併合罪（45条）の関係に立つ。傷害だけが心神耗弱（39条2項）の状態で行われた。被告人には累犯前科（56条。懲役刑の執行を終えて5年以内にさらに罪を犯した者を有期懲役に処する場合が典型）がある」という例で考えてみよう。

(1)　法定刑の把握

　窃盗罪の235条は、「10年以下の懲役又は50万円以下の罰金」を定めている。同条には懲役と罰金の各下限の定めがないが、総則規定（12条、15条）を併せて読むことで、同罪の法定刑は、「1月以上10年以下の懲役又は1万円以上50万円以下の罰金」であることが分かる。同様に、住居侵入罪（130条）の法定刑は、「1月以上3年以下の懲役又は1万円以上10万円以下の罰金」、傷害罪（204条）の法定刑は、「1月以上15年以下の懲役又は1万円以上50万円以下の罰金」となる。

(2) 処断刑の形成

適用される法定刑から処断刑を形成するにあたっては、①科刑上一罪の処理→②刑種の選択→③再犯（累犯）加重→④法律上の減軽→⑤併合罪の処理→⑥酌量減軽という過程を経る（③～⑥の順序につき、72条）。

上の例では、まず、①科刑上一罪である住居侵入と窃盗について、「その最も重い刑により処断する」（54条1項）。つまり、両罪の法定刑を比較し、上限、下限共に重い方を採用し（→214頁）、両罪に対する刑とする。そして②刑種として（住居侵入・）窃盗と傷害の双方について有期懲役を選択すると、前者は1月以上10年以下、後者は1月以上15年以下となるが、③累犯前科（56条）により上限が2倍となり（57条）、それぞれ20年、30年となる（なお、計算上より重くなる場合も、14条2項により30年が上限となる）。

しかる後に、各罪についての④法律上の減軽を考慮する。必要的減軽事由として、心神耗弱（39条2項）、中止未遂（43条但書。必要的減免）、幇助（63条）等が、任意的（裁量的）減軽事由として、障害未遂（43条本文）、過剰防衛・過剰避難（36条2項、37条1項但書。任意的減免）、違法性の錯誤（38条3項）、自首・首服（42条）等がある。減軽の方法については68条に定めがあり、死刑→無期又は10年以上（1号）、無期→7年以上（2号）、有期→上限・下限共に2分の1（3号）といった具合である。設例では、傷害が心神耗弱により減軽を受け、再犯加重されていた30年の上限は15年に減じられる。

そのうえで、⑤併合罪の処理をする。各罪につき有期懲役を選択しているときは、「その最も重い罪について定めた刑の長期にその2分の1を加えたものを長期とする」（47条本文）。上の例では、再犯加重された窃盗の20年を1.5倍し、30年が併合罪全体の刑の上限となる（ここでも14条2項により30年を上回ることはできない）。なお、この1.5倍ルールには、「それぞれの罪について定めた刑の長期の合計を超えることはできない」（47条但書）という例外がある。たとえば、窃盗（上限10年）と暴行（208条。上限2年）であれば、10年の1.5倍の15年ではなく、10年＋2年の12年が上限となる。有期刑以外の刑種については、併合罪のうち1個の罪に死刑や無期刑を科すときは、原則として他の刑を科さない（46条）、罰金は併科が原則である（48条）などルールが細かく決まっているので、一度は条文を通読してほしい。

第9章　刑罰 **229**

上の例では、併合罪全体の刑としての「1月以上30年以下の懲役」を処断刑とし、その中で宣告刑を決めていく。ただ、たとえば、殺人罪（199条。死刑または無期もしくは5年以上の懲役）や強盗致傷罪（240条前段。無期又は6年以上の懲役）のように法定刑の下限が重い場合、⑤までで得られる刑の下限をもってしても重すぎることがある。その場合には、⑥「犯罪の情状に酌量すべきものがあるとき」として、法律上の減軽とは別に、刑を減軽でき（66条以下。「酌量減軽」という）、より軽い処断刑を形成したうえで宣告刑を定めることができる。

(3) 宣告刑を先取りした判断

判決において法令適用を示す際は、法定刑→処断刑→宣告刑の順序によるが、実際の思考過程は、この順序に必ずしも縛られない。⑥酌量減軽の判断はもちろん、②刑種の選択や④任意的減軽の判断も、宣告刑としていかなる刑が妥当かという判断を先取りして行われる。

そこで、たとえば、殺人3件の併合罪のうち1件についての死刑・無期刑の選択は、その1件のみで死刑・無期刑が相当であるときにしか行えないのではなく、他の2件を含めて処罰する趣旨で行うことができると解されている（最決平成19・3・22刑集61巻2号81頁参照）。

2　量刑

(1) 量刑の基本的考え方

上述のように、現行刑法の法定刑の幅の広さや再犯加重、併合罪加重、酌量減軽などの規定の存在により、裁判所が宣告しうる刑の幅は広くなりがちである。それだけに、具体的な量刑判断が重要となる。

量刑の基本的考え方に関する明文規定はないが、裁判実務は、刑法全体の解釈として、量刑の本質は、犯人の悪い性格や素行一般ではなく、当該の犯罪行為についての責任の重さを明らかにすることにあると解している（行為責任の原則）。したがって、第一次的に重視されるのは、犯罪行為それ自体に関する情状（「犯情」）、すなわち、処罰の根拠となる①法益侵害の結果および②それを引き起こした行為の危険性や悪質性の評価、ならびに、③当該行為に及んだ意

思決定に対する非難可能性の評価に影響する事情である。①②は犯罪論にいう違法性の重さに、③は責任（有責性）の重さにおおむね対応する。

　もっとも、刑罰には、犯人を更生させて再犯を防ぐ（特別予防）などの目的もあるから、行為責任ないし犯情に応じた刑の大枠の中で、犯情以外の情状（「一般情状」）も調整要素として考慮される。具体的には、犯人の性格、反省の程度、更生意欲や環境といった事情である。さらに、被害者やその遺族の被害感情の強弱なども考慮される。

　犯行前の事情である前科や犯行後の事情である損害賠償・示談は、犯罪事実自体には属さないから、一般情状に位置づけられるのが通例といえる。しかし、それらは、罪種や事案の内容次第で、「調整要素」という言葉のイメージよりは量刑を大きく左右する要素として扱われている（前科は、一定の場合には、処断刑の加重事由でもある〔56条、57条〕）。前科については、刑を科されながら、さほど期間を置かず、同じような罪を再び犯した場合などには、今回の犯行に対する非難が重くなるとみる余地があるとすると、犯情としての面もあるのではないか。また、損害賠償・示談についても、特に財産犯であれば、犯罪行為による広い意味での被害の軽減の問題であるとすると、犯情に準じるといえるのではないか。そのような形で、量刑事情の法的性質が議論されることもある。

刑罰の正当化根拠──相対的応報刑論

　刑罰の正当化根拠については、犯罪を行った者をその責任に応じて処罰するのは、それ自体正義にかなっているからであるという応報刑論と、刑罰は犯罪の予防に役立つからであるという目的刑論（社会一般の人々の犯罪予防をいう一般予防論と、当該犯人による再犯の予防をいう特別予防論がある）の対立を軸に、古くから議論されてきた。応報刑論は、責任に応じた処罰という基本的考え方を自然に説明できるが、観念的な正義の実現は国家の任務ではないことなどの問題が指摘される。目的刑論は、刑罰制度の目的を合理的に説明できるが、予防のための必要性に応じて、処罰が犯人の責任に見合わないものになりかねないといった問題が指摘される。

　ではどう考えればよいかをめぐる議論は収束を見ないが、現在の多数説は、

刑罰制度の目的は、観念的な正義の実現ではなく、犯罪予防による法益保護であるが、その手段である刑罰は、犯罪を行ったことに対する非難の意味が込められた処分として、本質的に応報であると解している（相対的応報刑論）。その理解を前提に、具体的な処罰（量刑）は、個別の犯罪行為についての責任（行為責任）の重さに応じなければならず、犯人の改善更生などの目的は、あくまでのその枠内でのみ考慮されうるものと考えられている。

(2) 量刑傾向の意義

量刑の基本的考え方に従った事案の評価を特定の刑量に変換（数量化）するにあたっては、犯罪類型ごとの「量刑傾向」が大きな役割を果たしている。

すなわち、刑法の主要な罪の構成要件は包括的で、その法定刑は広範だが、裁判例の集積により、同一構成要件に含まれるさまざまな犯罪行為の社会的類型（たとえば、同じ強盗でも、銀行強盗、侵入強盗、タクシー強盗、路上強盗などさまざまな類型がある）ごとに、異なった量刑傾向が形成されていく。それは直ちに法規範性を帯びるものではないが、量刑傾向を目安とすることで、他の裁判との公平性が保たれた適正な判断が可能となる。量刑傾向は絶対的なものではないから、そこから踏み出す量刑も、直ちには否定されない。しかし、その場合、公平性の観点からは、従来の傾向を前提とすべきでない事情の存在について、具体的、説得的な根拠を示す必要があると考えられる。

最高裁は、裁判員制度施行後5年を経た時期に、このような理解を示した上で、幼児虐待による傷害致死の事案で、検察官の求刑の1.5倍の懲役15年を言い渡した一審判決およびそれを維持した控訴審判決を、それまでの量刑傾向から大きく踏み出す「具体的、説得的な根拠」を示しているとはいい難いとして、量刑不当により破棄した（最判平成26・7・24刑集68巻6号974頁）。

なお、求刑は、検察官の意見にすぎず、裁判所を拘束しない。ただ、検察官は公益の代表者として量刑傾向の上の方の刑を求め、裁判所はそれを少し下回る刑を科すことが事実上は多い。とすると、求刑を特段の理由なしに超える量刑は、量刑傾向からも逸脱する可能性が高いといえる。

(3) 死刑選択判断

　量刑判断の中でも、「究極の刑罰」である死刑の選択は特に慎重なものでなければならない。その基準については、いわゆる永山判決（最判昭和58・7・8刑集37巻6号609頁）が、考慮要素を列挙した上で「罪責が誠に重大」で「罪刑の均衡の見地からも一般予防の見地からも極刑がやむをえない」かを問う考え方（永山基準）を示し、そのもとで、裁判例が積み重ねられてきた。

　死刑選択判断に関する裁判例の集積の有する意義は、判例（最決平成27・2・3刑集69巻1号1頁、同99頁）により、次のように解されている。すなわち、「死刑が究極の刑罰であり、その適用は慎重に行われなければならないという観点及び公平性の確保の観点」からすれば、同様の観点で慎重な検討を行った結果である裁判例の集積から「死刑の選択上考慮されるべき要素及び各要素に与えられた重みの程度・根拠」を検討しておき、それを出発点として評議をすることが不可欠である。考慮要素としては、「犯行の罪質、動機、計画性、態様殊に殺害の手段方法の執よう性・残虐性、結果の重大性殊に殺害された被害者の数、遺族の被害感情、社会的影響、犯人の年齢、前科、犯行後の情状等」があるところ、死刑選択が是認されるには、各要素に与えられた重みの程度・根拠を踏まえた総合評価により、死刑選択が真にやむを得ないと認められることについて、具体的、説得的な根拠を示す必要があるというのである。

　このような考え方を前提として、上記判例は、殺害された被害者が各1名で殺害の計画性がなかった事案で死刑を科した裁判員裁判の各一審判決を量刑不当で破棄した各控訴審判決を是認した。そこでは、①殺害された被害者の数や殺害の計画性の有無は、結論に対する影響力が大きい要素であること、②殺人の前科がある者の再度の殺人に対する非難の程度は、前科と再度の犯行との関連性等を具体的に考察して個別に評価しなければならないこと、③行為責任を中心とする量刑判断において二次的な考慮要素である被告人の反社会的な性格傾向等を死刑選択の根拠として重視することには限界があること、などの理解が（各事案に即して）示されている。

　死刑言渡しの件数は、戦後の混乱期には年に100名以上に上ることもあったが、漸減し、1970年代以降はおおむね一桁となった。2000年以降、2002年の18名をピークに8年連続で10名以上を記録したが、その後、増減を経て、最近で

は年に数名程度となっている。遺族感情を重視して厳罰化を求める一部の世論の影響が感じられる時期もあったが、死刑廃止・制限の国際的な潮流の中で、「究極の刑罰」の適用に慎重に臨んでいる様子がうかがえる。

(4) 刑の免除

　判決で有罪を言い渡すが、刑を免除するということがある（刑訴法334条参照）。刑法上、①必要的免除の規定として、親族相盗例（244条1項）等、②任意的（裁量的）免除の規定として、殺人予備（201条但書）、親族による犯人蔵匿（105条）等、③必要的減免（減軽または免除）の規定として、中止未遂（43条但書）、身代金目的拐取予備の自首（228条の3）等、④任意的減免の規定として、過剰防衛（36条2項）、過剰避難（37条1項但書）、偽証の自白（170条）等がある。裁量的な刑の免除の当否は、量刑判断の一環をなす。

少年の刑事事件の特則

　少年法は、非行少年について非刑罰的な手続・処遇を原則とする特別の定めを置く（→227頁）だけではなく、少年の刑事処分に関しても、(1)犯行時18歳未満であった者に対し、①死刑をもって処断すべき場合には、必要的に無期刑を言い渡す、②無期刑をもって処断すべき場合には、裁量的に10年以上20年以下の刑を科すことができる（少年法51条）、(2)少年（裁判時20歳未満の者）に対する有期刑の実刑は、長期15年、短期10年を各上限とする不定期刑として言い渡す（同法52条）などの特則を置いている。未成熟で可塑性に富む少年の特性を刑事処分においても考慮する趣旨である。

3　刑の執行猶予

　裁判所は、法律上執行猶予の余地があるときは、刑の言渡しに際し、執行猶予に関する判断も行う。執行猶予には、全部執行猶予と一部執行猶予がある。

(1) 刑の全部執行猶予

(a) 概要

全部執行猶予（25条以下）とは、言い渡す刑の全部の執行を一定期間猶予する処分をいう。猶予期間は、1年から5年の間で裁判所が定める。猶予期間を無事に経過すると、刑の言渡しの効力が失われるが（27条）、再犯等の事由により執行猶予が取り消されると（26条以下）、刑が執行される。これは、刑事責任が比較的軽い者について、実刑を回避させ、刑の言渡しの作用や猶予取消しの可能性に基づく心理的強制を背景に、社会内での自力更生を促すしくみである。

25条1項が定める全部執行猶予（初度の執行猶予）の対象者は、初犯者又はそれに準じる者であり、具体的には、①「前に禁錮以上の刑に処せられたことがない者」又は②「前に禁錮以上の刑に処せられたことがあっても、その執行を終わった日……から5年以内に禁錮以上の刑に処せられたことがない者」等である。前刑の全部執行猶予の期間を経過し、刑の言渡しが失効した後に再犯の刑を言い渡される者は、法律上は、「刑に処せられたことがない者」（①）に当たるから、初度の執行猶予の対象である。①②の者に、「3年以下の懲役若しくは禁錮又は50万円以下の罰金」を言い渡す場合に、「情状により」、刑の全部の執行を猶予することができる。

25条1項による全部執行猶予の場合、裁判所は、保護観察（→224頁）に付すかを裁量により決することができる（25条の2第1項）。

全部執行猶予を言い渡された者がその期間中に再犯に及び、それにより再び懲役・禁錮を言い渡される場合、原則的に執行猶予の必要的取消事由となる（26条1項1号）。この場合、猶予を取り消される前刑と再犯の刑の両方に服さなければならない。ただし、「1年以下の懲役又は禁錮」を言い渡す場合において、「情状に特に酌量すべきものがあるとき」は、前の執行猶予による保護観察中の再犯である場合を除いて、再び全部執行猶予とすることができ（25条2項。「再度の執行猶予」という）、その場合には前刑の執行猶予は取り消されない。

再度の全部執行猶予の場合、保護観察に付すことが必要的となる（25条の2第1項）。

第9章　刑罰　**235**

(b)　運用

　実務では、全部執行猶予は「実刑よりも軽い刑」として位置付けられ、実刑か全部執行猶予かの判断も、行為責任の原則による量刑判断の一環として行われている。したがって、犯情が軽い場合、初めて正式裁判を受ける者であれば、社会内更生の見込みに不安があっても、全部執行猶予とされることが多い。それに対し、犯情が重い場合、比較的新しい前科がある場合などには、全部執行猶予は認められにくい。ただし、殺人（199条）、強盗致傷（240条前段）、現住建造物等放火（108条）といった重い罪でも、酌量減軽（→230頁）を行うことで全部執行猶予は法律上可能であり、実際に適用されている。

　統計上は、懲役刑の約6割、禁錮刑の大半が全部執行猶予付きで言い渡されている。ただし、ほとんどが初度の執行猶予（25条1項）であり、再度の猶予（同条2項）の適用件数はあまり多くない。

　初度の執行猶予に保護観察が付く割合は高くはなく、保護観察が積極的に用いられているとはいいがたい。ただし、重い罪について全部執行猶予とする場合は保護観察が付きやすい傾向はある。また、裁判員裁判では、従来よりも保護観察が付く割合が高まっている。

再度の執行猶予の要件の緩和

　再度の執行猶予（25条2項）の要件が上述のように厳格であるのは、猶予中の再犯の扱いがあまり寛大だと、取消しの心理的強制により自力更生を促す制度の基本的機能を損なうという考慮による。もっとも、現在、社会内処遇の積極化という観点からの要件緩和が議論されている。具体的には、①全部猶予による保護観察中の再犯についても再度猶予を可能とし、また、②再度猶予を付しうる刑期の上限を1年から2年に引き上げる改正が検討されている。

---

(2)　刑の一部執行猶予

(a)　概要

　一部執行猶予（27条の2以下）とは、言い渡す刑の一部のみの執行を一定期間猶予する処分をいう。判決主文は、たとえば、「被告人を懲役1年6月に処

する。その刑の一部である懲役4月の執行を2年間猶予し、その猶予の期間中被告人を保護観察に付する」となる。この例の被告人は、まず実刑部分の1年2か月の間受刑する（その間の仮釈放も可能である）。そして、その後の2年間、残りの刑の執行を猶予された状態で保護観察を受け、その期間を無事に経過すると、実刑部分の刑期に減軽され（27条の7）、刑の執行を受け終わったことになる。再犯等の事由により一部執行猶予の取消し（27条の4以下）がなされると、再び収容され、猶予されていた刑（4月）の執行を受ける。

　本制度は2016年から施行されている。導入の趣旨は、施設内処遇と十分な期間の社会内処遇の連携による再犯防止・改善更生の促進にある。施設内処遇と社会内処遇の連携を図るしくみとしては仮釈放があるが、仮釈放による保護観察の期間はあまり長くとれていないのが現状である（→225頁）。そこで、裁判所の判断で実刑の一部を猶予する代わりに十分な社会内処遇の期間を確保できるしくみとして、本制度が設けられたのである。

　一部執行猶予には、刑法上の一部猶予と「薬物使用等の罪を犯した者に対する刑の一部の執行猶予に関する法律」（薬物法）による一部猶予がある。

　刑法上の一部猶予の対象者は、初入者（初めて刑務所に入ることになる者）又はそれに準じる者であり、具体的には、①「前に禁錮以上の刑に処せられたことがない者」、②「前に禁錮以上の刑に処せられたことがあっても、その執行を終わった日……から5年以内に禁錮以上の刑に処せられたことがない者」のほか、全部猶予であれば再度の執行猶予の対象者である③「前に禁錮以上の刑に処せられたことがあっても、その刑の全部の執行を猶予された者」を含む。①②③の者に「3年以下の懲役又は禁錮」を言い渡す場合において、「犯情の軽重及び犯人の境遇その他の情状を考慮して、再び犯罪をすることを防ぐために必要であり、かつ、相当であると認められるとき」に一部執行猶予を付すことができる（27条の2第1項）。この場合の保護観察の付与は、裁判所の裁量である（27条の3第1項）。

　薬物法は、薬物使用等の罪を犯した者であって、刑法27条の2の対象外である再入者（累入者）等に対する一部執行猶予について定めている。本法による一部執行猶予については、保護観察は必要的である。

第9章　刑罰　**237**

(b) 運用

実務では、一部執行猶予は、刑事責任が実刑相当の事案で、その実刑の一部を切り取り、より長い社会内処遇期間にいわば変形して用いることで、刑の全体的重さを同等に保ったまま、再犯防止・改善更生を図るものとして理解されている（「実刑の特別予防のためのヴァリエーション」）。

したがって、たとえば覚醒剤使用の罪の初犯など、従来（全部）執行猶予とされてきた事案の取扱いは一部執行猶予の導入後も変わっていない。再犯など、従来実刑とされてきた事案で、一部猶予が「再び犯罪をすることを防ぐために必要であり、かつ、相当である」かを判断することになるが、実際の適用は薬物事犯（自己使用等）に集中している。そこでは、保護観察所の専門的処遇プログラムとしての薬物再乱用防止プログラムが重要な役割を果たしている。同プログラムにより積極的に処遇を行うという見地から、刑法上の一部猶予もほぼ全件で保護観察付きで言い渡されている。

3　未決勾留日数の算入

判決においては、未決勾留日数の算入についても言い渡す。たとえば、「被告人を懲役5年に処する。未決勾留日数60日をその刑に算入する」とされると、刑のうち60日分は執行済みとみなされる。算入の有無・程度は、裁判所の裁量である（21条）。

III　刑の執行の減軽・免除と刑の消滅

確定した刑が減軽又は免除される場合として、刑の時効（31条以下。公訴時効〔刑訴法250条以下〕とは別の制度であることに注意）、同一の行為についての外国判決の執行（5条）、恩赦の一種としての減刑や刑の執行の免除（恩赦法6条以下）等がある。

犯人死亡により、原則として刑罰権は消滅する（例外として、刑訴法491条、492条）。

全部執行猶予の期間を無事経過した場合（27条）に加えて、刑の執行を受け

終わるなどした後、一定の期間を経過した場合（34条の2）も、刑の言渡しは効力を失う。恩赦の一種としての復権も同じ効果を持つ（恩赦法9条、10条）。これらにより、前科に結びつけられている各種法令上の資格制限（たとえば、弁護士法7条1号）等が解除される。

第10章

罪刑法定主義と刑法の適用範囲

　前章までで、犯罪の成立要件（第2章から第7章まで）、犯罪の個数および複数の犯罪の処理方法（第8章）、刑罰の種類・内容と刑の適用のしかたに関わる問題（第9章）を学んできたが、そこでの説明は、有効な刑罰法規が存在していて、それをその事件に適用できることが前提であった。

　そのような前提の存否に関わる問題が、「罪刑法定主義」や「刑法の適用範囲」である。特に前者は、近代刑法の基本原則として、刑法総論の冒頭で扱われることが通例だが、ある程度学習が進んでからでないとイメージしにくい内容を多く含み、とっつきにくいことは否めない。そこで、本書では、総論の最終章で扱うこととした。

I　罪刑法定主義

1　総説

　罪刑法定主義とは、いかなる行為が犯罪となり、どのような刑罰が科せられるのかは、あらかじめ法律で定められていなければならないという原則（「法律なければ犯罪なし、法律なければ刑罰なし」）をいう。

　この原則は、法治国家における基本原則として承認されている。そして、憲法31条（「何人も、法律の定める手続によらなければ……刑罰を科せられない」）により、憲法上の原則にもなっている（同条にいう「手続」は、その前提となる実体法規定を含むものと解されている。さらに、憲法39条および73条6号も参照）。その理論

240

的基礎は、いかなる行為を刑罰という峻厳な制裁の対象にするかは、国民がその代表である議会を通じて決めるべきであるという考慮（民主主義の要請）、および、罪刑が法定されていないと、処罰に関する予測可能性が失われるため、国民に萎縮効果が生じ、その自由が過度に制約されるという考慮（自由主義の要請）に求められている。

2　法律主義

罪刑は、「法律」により定められることを要する（法律主義）。

他の法領域では、慣習が法源として認められることがある（法の適用に関する通則法3条、民法92条参照）が、刑法では、慣習（法）を直接の根拠として処罰することは許されない（慣習刑法の排除）。ただ、刑罰法規の解釈にあたり、慣習や条理を考慮することまでは否定されない。

民主主義の要請から、罪刑は、国会の制定する（狭義の）法律で定められる必要があり、行政機関の定める命令・規則で独自に罰則を設けることは許されない。

ただし、憲法73条6号は、「政令には、特にその法律の委任がある場合を除いては、罰則を設けることができない」としており、この解釈として、法律による委任があることを条件に、政令（内閣が定める命令）やその他の命令（省令等）・規則で罰則を定めることが認められている。この委任は、法律主義を骨抜きにしないよう、一般的包括的ではない、いわゆる特定委任でなければならない。戦前にあった、「命令ノ条項ニ違犯スル者」を1年以下の禁錮等に処し、具体的にいかなる命令違反を対象とするかは政府の命令に委ねる規定は、現在であれば許されない。

もっとも、特定委任といえるためにどの程度の具体性が必要かが争われるところ、判例（最大判昭和49・11・6刑集28巻9号393頁〔猿払事件〕）は、国家公務員法が、罰則の対象である「政治的行為」の内容を人事院規則に委ねていることについて、公務員の政治的中立性を損なうおそれのある政治的行為を具体的に定めることを委任するもので、憲法が許容する委任の限度を超えるものではないとしている。

第10章　罪刑法定主義と刑法の適用範囲　**241**

都道府県や市町村は、法令により処理することとされた事務に関し、条例を制定できるが、地方自治法14条3項により、条例違反に、懲役2年を上限とする罰則を設けることが可能である。これについて、判例は、条例は住民の代表による自治立法で、行政府の命令とは性質を異にし、国会の制定する法律に類することなどを理由に、憲法31条に違反しないとしている（最大判昭和37・5・30刑集16巻5号577頁）。条例の民主主義的基盤に鑑み、包括的委任を許容したものとの理解が有力である。

3　類推解釈の禁止

　ある刑罰法規の文言にあてはまらない行為であることを前提としながら、規定の趣旨や規制対象となっている行為との類似性に鑑み、なおその規定を適用して処罰することは許されない（類推解釈の禁止）。たとえば、134条1項は、「医師」「弁護士」等が職務上知り得た人の秘密を漏示する罪を定めるところ、法律事務所で勤務する事務職員は、弁護士にあたらないとしても、事務職員による秘密漏示も弁護士によるそれと同様に悪質な行為であることを理由に、同規定を適用するとしたら、典型的な類推解釈である。

　類推解釈は、私人間の紛争解決を目的とする民法等では許されている。しかし、刑法では、裁判所による類推解釈を認めることで法律主義が骨抜きにされないことが優先されているということができる。

　もっとも、法律の文言の意味するところには幅がありうる。そこで、文言上可能な範囲で、規定の趣旨を考慮して、日常的意味よりも拡張して解釈すること（拡張解釈）は認められている。判例は、①旧刑法の窃盗罪の客体である他人の所有「物」に電気を含め（大判明治36・5・21刑録9輯874頁。ただし、批判も強かったため、明治40年制定の現行刑法には、電気を財物と「みなす」245条が設けられた）（→各論78頁）、②器物損壊罪（261条）にいう動物の「傷害」に、養鯉池から鯉を流出させる行為を含め（大判明治44・2・27刑録17輯197頁）（→各論170頁）、③「汽車、電車若しくは艦船の往来の危険を生じさせる」罪（129条）にいう「汽車」に、蒸気機関車の代用として運用されていたガソリン動力の鉄道車両（ガソリンカー）を含め（大判昭和15・8・22刑集19巻540頁）（→各論190頁）、④鳥獣

保護法における鳥獣の「捕獲」に、カモを狙って矢を射かけたが外れた場合を含める（最判平成8・2・8刑集50巻2号221頁。ただし、その後の改正で捕獲の未遂を処罰する規定が設けられた）など、刑罰法規の柔軟な解釈による訴追・処罰を肯定する傾向にある。

なお、法律主義・類推解釈の禁止は、恣意的な処罰に対する歯止めであるので、被告人に有利な方向の類推解釈や超法規的な犯罪成立阻却事由を認めることには、原理的な問題はないとされている（もっとも、裁判実務は、明文根拠なしに無罪とする判断には基本的に後ろ向きである）。

4 遡及処罰（事後法）の禁止

自由主義の要請から、実行行為の時点で刑罰法規が施行済みでなければ、その行為を処罰することはできない。行為後に定められた罰則を遡って適用することは、処罰に関する予測可能性を著しく害するから、許されない（遡及処罰の禁止・事後法の禁止）。

憲法39条は、文言上、「実行の時に適法であった行為」について刑事責任を問うことを否定するにとどまるが、その射程は、実行時に違法だが罰則がなかった行為に事後に定められた罰則規定を適用する場合や、犯罪の実行後に引き上げられた法定刑を適用する場合にも及ぶ（なお、刑法6条参照〔→247頁〕）。それらの場合も不公正な不意打ち処罰であることは否めないからである。

遡及適用が禁止されるのは、犯罪と刑罰の重さの評価に関わる実体法規定に限られ、手続法の規定については、新法（当該手続の時点で有効である規定）を適用するのが原則である。そこで、一部犯罪の公訴時効を廃止し、または期間を延長した平成22年の刑訴法改正は、その施行時にすでに時効が完成していた事件は除き、施行前の事件にも適用することとされ、判例（最判平成27・12・3刑集69巻8号815頁）はこれを合憲とした。平成29年の刑法改正による性犯罪の非親告罪化も、施行時に告訴されないことが確定していた事件は除き、施行前の事件にも適用することとされ、これも合憲とされた（最決令和2・3・10裁時1743号5頁）。

以上に対して、実体法の法定刑を引き上げる改正があった場合において、改

第10章　罪刑法定主義と刑法の適用範囲 **243**

正前の行為についての公訴時効期間の算定（刑訴法250条参照）は、旧法定刑を基準に行う（最決昭和42・5・19刑集21巻4号494頁）。この場合は、あくまで実体法上適用される法定刑が先決問題であるからである。

　なお、判例は法律ではないから、行為時の判例によれば適法である行為を、判例を変更して処罰することは、憲法39条に違反しない（最判平成8・11・18刑集50巻10号745頁。同判決の補足意見は、判例を信頼した者について、違法性の錯誤に相当の理由がある場合としての免責〔→198頁〕の余地を認めるが、その事件では、判例変更が予想される状況にあったからそのような場合にはあたらないとする）。

5　刑罰法規の適正

　刑罰法規が存在しても、その内容が適正さを欠くときは、憲法31条に違反し無効とされる余地がある（実体的デュープロセスの理論）。

(1)　明確性の原則

　刑罰法規の内容が不明確で何が禁止されているのかがはっきりしないのであれば、実質的には、罪刑が定められていないに等しく、恣意的運用のおそれによる萎縮効果も生じる。そこで、あいまい不明確な刑罰法規は、憲法31条違反で無効になると解されている（明確性の原則）。たとえば、文脈の限定なく、「秩序に反する行為をした者は、1年以下の懲役に処する」という規定は、不明確で無効ということになろう。

　もっとも、法規制においてある程度包括的な文言を用いざるを得ないことも確かである。判例（最大判昭和50・9・10刑集29巻8号489頁）は、刑罰法規があいまい不明確のゆえに憲法31条に違反するかは、「通常の判断能力を有する一般人の理解において、具体的場合に当該行為がその適用を受けるものかどうかの判断を可能ならしめるような基準が読みとれるかどうかによってこれを決定すべき」としたうえで、徳島市公安条例におけるデモ行進の許可条件としての「交通秩序を維持すること」という文言について、「集団行進等が一般的に秩序正しく平穏に行われる場合にこれに随伴する交通秩序侵害の程度を超えた、殊更な交通秩序の阻害をもたらす行為」を禁止する趣旨は明らかで、一般人が自

己の行為が禁止に触れるかの判断にさほどの困難を感じることはないとして、違憲の主張を退けている。最近では、北海道迷惑防止条例が定める「卑わいな言動」について、不明確とはいえないとした判例（最決平成20・11・10刑集62巻10号2853頁〔女性の臀部をズボンの上から5分間で11回撮影した事案〕）などがある。

(2) 過度に広範な刑罰法規と合憲限定解釈

規制の目的に照らし、処罰範囲が広範に過ぎることを理由に、当該刑罰法規の有効性が争われることがある。もっとも、判例は、そうした場合、法規自体を違憲無効とせず、合憲限定解釈を施したうえで、事案に適用する傾向がある。

その代表例が、福岡県青少年保護育成条例における青少年（就学から18歳未満の者）との「淫行」を処罰する規定の有効性が問題となったケースである。判例（最大判昭和60・10・23刑集39巻6号413頁）は、「淫行」とは、「青少年を誘惑し、威迫し、欺罔し又は困惑させる等その心身の未成熟に応じた不当な手段により行う性交又は性交類似行為のほか、青少年を単に自己の性的欲望を満足させるための対象として扱っているとしか認められないような性交又は性交類似行為をいう」と解すべきであり、これを青少年との性行為一般を指すと解するならば、真摯な交際関係における性的行為をも処罰することになり広範に過ぎるが、上記解釈は通常の判断能力を有する一般人の理解にも適うから、同規定は過度に広範であるとも不明確であるもいえないとした。

最近では、国家公務員法で罰則の対象となる「政治的行為」（→241頁）は、「公務員の職務の遂行の政治的中立性を損なうおそれが実質的に認められる」場合に限られるとの解釈から、非管理職の公務員による勤務時間外の政党ビラ配布行為を無罪とした判例（最判平成24・12・7刑集66巻12号1337頁）などがある。

(3) 罪刑の著しい不均衡

判例（前掲最大判昭和49・11・6）は、一般論として、「刑罰規定が罪刑の均衡その他種々の観点からして著しく不合理」であるときは、違憲無効であるとしている。たとえば、侮辱罪（231条）の法定刑（現行法では「拘留又は科料」）を

「死刑又は無期懲役」と定めたならば、罪刑の著しい不均衡として、違憲無効となるであろう。

Ⅳ　刑法の適用範囲

1　刑法の時間的適用範囲

(1)　総説

刑罰法規は、その施行後に行われた行為に適用される。

施行日は、法令の附則で定められるのが通例であるが、特別の定めがない場合には、公布日から満20日を経過した日から施行される（法の適用に関する通則法2条）。公布は、法令の内容が一般国民に知りうる状態になった、つまり官報を一般希望者が閲覧または購入しえた最初の時点で認められる（最大判昭和33・10・15刑集12巻14号3313頁）。

刑罰法規の施行の前後にまたがって実行された①継続犯（最決昭和27・9・25刑集6巻8号1093頁）、②包括一罪（大判明治43・11・24刑録16輯2118頁）、③牽連犯（大判明治42・11・1刑録15輯1498頁）については、施行前の部分も含めて新法が適用されるとするのが判例である（特に③については、牽連犯は数罪であることから、学説の批判が強い）。

(2)　刑の廃止

犯罪後の法改正により「刑の廃止」があったときは、免訴を言い渡す（刑訴法337条2号）。行為時の法律により処罰することは、罪刑法定主義（遡及処罰の禁止）の観点からは妨げられないものの、裁判時の法律が処罰の必要性を否定していることを尊重する趣旨といえる。ただし、改正法に、その「施行前にした行為に対する罰則の適用については、なお従前の例による」旨の経過規定を置くことは可能である。

刑罰法規自体に改正はないが、規制対象となる事実に関する法令に変更があったときは、刑の廃止に当たるかが微妙となる。判例では、旧尊属殺人罪の事案で、民法改正により継父母が直系尊属から外されたことは刑の廃止にあたら

ないとされた（最判昭和27・12・25刑集6巻12号1442頁）。関税法の密輸罪の事案
で、奄美群島が本土復帰により外国とみなされなくなったことは、刑の廃止に
当たるとされた（最大判昭和32・10・9刑集11巻10号2497頁）。

(3) 刑の変更

　犯罪後の法改正により「刑の変更」があったときは、新旧の刑の軽い方を適
用する（刑法6条）。複数回の改正があったときは、最も軽い刑を適用する。刑
が重く変更された場合に軽い旧法（行為時法）を適用するのは、罪刑法定主義
（遡及処罰の禁止）の要請である。逆の場合に軽い新法（裁判時法）を適用するの
は、罪刑法定主義の要請ではないが、刑の廃止と同様の趣旨によるものといえ
る。

　「刑の変更」の範囲に関して、判例は、罰金の換刑処分である労役場留置
（→225頁）の期間の変更はこれにあたる（大判昭和16・7・17刑集20巻425頁）が、
刑の（全部）執行猶予の条件（→234頁）の変更はあたらないとした（最判昭和
23・6・22刑集2巻7号694頁）。刑の一部執行猶予制度の新設（→236頁）も、「特
定の犯罪に対して科される刑の種類又は量を変更するものではない」から、刑
の変更に当たらないとされた（最決平成28・7・27刑集70巻6号571頁）。判例は、
「刑の変更」とは、法定刑または処断刑が変更される場合をいうと解している
といえる。もっとも、学説上は、（全部）執行猶予の条件の緩和については、
実質的にみればより軽い刑を言い渡せる可能性を生じさせるものとして、刑の
変更にあたるとする立場が有力である（なお、上訴における不利益変更禁止〔刑訴
法402条〕との関係では、判例は、たとえば、懲役6月・執行猶予3年の一審に対し、控
訴審が禁錮3月の実刑とすれば、「原判決の刑より重い刑」に当たると解している〔最大
判昭和26・8・1刑集5巻9号1715頁〕）。

2　刑法の場所的適用範囲

(1) 国内犯

　刑法は、「日本国内において罪を犯し」（1条1項）、または日本国籍の船舶・
航空機内で罪を犯した（1条2項）すべての者（国内犯）に、罪種の限定なく、

適用される（属地主義・旗国主義）。

　国内犯であるためには、構成要件該当事実（実行行為、結果等）の一部でも国内（領土・領海・領空・日本国籍の船舶等）で生じれば足りると解されている（遍在説）。国内での正犯行為を国外で教唆または幇助した者（最決平成 6・12・9 刑集48巻 8 号576頁）や国外の正犯行為を国内で教唆または幇助した者は、いずれも国内犯である。

(2)　国外犯

　国内犯にあたらない場合（国外犯）に刑法を適用する旨の規定（国外犯処罰規定）は、 2 条以下に置かれている。

　 2 条は、内乱、外患、通貨偽造、公文書偽造などについて、すべての者の国外犯処罰を定める。日本の重要な国家的・社会的法益を保護する趣旨である（保護主義）。

　 3 条は、放火、私文書偽造、強制わいせつ等、贈賄、殺人、傷害、窃盗など、どの国でも普遍的に犯罪とされるような行為を日本人が国外で行った場合である（国民の国外犯。〔積極的〕属人主義）。外国で罪を犯し、帰国した日本人を、外国に引き渡さない（自国民不引渡しの原則）代わりに、自国で処罰できる機能がある（代理処罰）。

　 3 条の 2 は、強制わいせつ等、殺人、傷害、強盗などの重い犯罪の被害者が日本人である場合である（国民以外の者の国外犯。消極的属人主義）。これにより、日本人が被害者となった事件の犯人が日本にいる場合に、日本で処罰できる。

　 4 条は、虚偽公文書作成、公務員職権濫用、収賄などを日本の公務員が犯した場合である（公務員の国外犯。保護主義の一環といえる）。

　 4 条の 2 は、「条約により日本国外において犯したときであっても罰すべきものとされている」罪は、犯罪地も犯人の国籍も問わずに、適用する旨の定めである（世界主義）。国際社会に共通の関心事である犯罪について、国際協調を図る趣旨である。たとえば、平成29年の組織的犯罪処罰法改正により設けられたテロ等準備罪（同法 6 条の 2 ）（→44頁）については、 4 条の 2 の例によることとされている（同法12条参照）。

248

事項索引

あ
明石歩道橋事件⋯⋯⋯⋯⋯⋯⋯⋯⋯ **84**
「あたり」行為 ⋯⋯⋯⋯⋯⋯⋯⋯⋯ **53**

い
池の事例⋯⋯⋯⋯⋯⋯⋯⋯⋯ **119, 121**
生駒トンネル事件⋯⋯⋯⋯⋯⋯⋯ **137**
意思説⋯⋯⋯⋯⋯⋯⋯⋯⋯⋯⋯⋯ **30**
意思抑圧に基づく同意⋯⋯⋯⋯⋯ **178**
一部行為全部責任⋯⋯⋯⋯⋯ **66, 75**
一個の行為⋯⋯⋯⋯⋯⋯⋯⋯⋯ **214**
一身的処罰阻却事由⋯⋯⋯⋯⋯ **8, 28**
一般情状⋯⋯⋯⋯⋯⋯⋯⋯⋯⋯ **231**
一般予防⋯⋯⋯⋯⋯⋯⋯⋯⋯⋯ **231**
意図⋯⋯⋯⋯⋯⋯⋯⋯⋯⋯⋯⋯ **29**
違法性⋯⋯⋯⋯⋯⋯⋯⋯⋯⋯ **7, 146**
　　──の阻却⋯⋯⋯⋯⋯⋯ **7, 146**
違法性阻却事由⋯⋯⋯⋯⋯⋯ **7, 146**
　　──に該当する事実の錯誤⋯⋯⋯ **33**
違法性の意識⋯⋯⋯⋯⋯⋯ **25, 197**
　　──の可能性⋯⋯⋯⋯⋯⋯ **197**
　　──不要説⋯⋯⋯⋯⋯⋯⋯ **198**
　　──の「相当の理由」⋯⋯⋯ **200**
違法性の錯誤⋯⋯⋯⋯⋯⋯ **32, 197**
意味の認識⋯⋯⋯⋯⋯⋯⋯ **28, 201**
因果関係⋯⋯⋯⋯⋯⋯⋯⋯⋯ **4, 13**
　　──の錯誤⋯⋯⋯⋯⋯⋯ **34, 36**
　　──の断絶⋯⋯⋯⋯⋯⋯⋯ **14**
因果性遮断説⋯⋯⋯⋯⋯⋯⋯⋯ **101**
因果的共犯論⋯⋯⋯⋯⋯⋯⋯⋯ **93**
陰謀⋯⋯⋯⋯⋯⋯⋯⋯⋯⋯⋯⋯ **43**

う
Winny 事件⋯⋯⋯⋯⋯⋯⋯⋯⋯ **90**

え
営業犯⋯⋯⋯⋯⋯⋯⋯⋯⋯⋯⋯ **209**

お
応報⋯⋯⋯⋯⋯⋯⋯⋯⋯⋯ **7, 186**
応報刑論⋯⋯⋯⋯⋯⋯⋯⋯⋯ **231**
横領後の横領⋯⋯⋯⋯⋯⋯⋯ **212**
大阪南港事件⋯⋯⋯⋯⋯⋯⋯⋯ **19**
遅すぎた構成要件の実現⋯⋯⋯⋯ **37**

か
概括的故意⋯⋯⋯⋯⋯⋯⋯⋯⋯ **31**
害の均衡⋯⋯⋯⋯⋯⋯⋯⋯⋯ **165**
確知⋯⋯⋯⋯⋯⋯⋯⋯⋯⋯⋯⋯ **29**
拡張解釈⋯⋯⋯⋯⋯⋯⋯⋯⋯ **242**
科刑上一罪⋯⋯⋯⋯⋯⋯⋯⋯ **213**
過失⋯⋯⋯⋯⋯⋯⋯⋯⋯⋯⋯ **132**
　　管理──⋯⋯⋯⋯⋯⋯⋯ **144**
　　──による教唆⋯⋯⋯⋯⋯ **86**
　　──による従犯⋯⋯⋯⋯⋯ **88**
　　認識ある──⋯⋯⋯⋯⋯⋯ **29**
　　認識なき──⋯⋯⋯⋯⋯⋯ **29**
　　──の競合⋯⋯⋯⋯⋯⋯⋯ **144**
　　──の共同正犯⋯⋯⋯⋯⋯ **82**
　　──の実行行為⋯⋯⋯⋯⋯ **134**
　　──の標準⋯⋯⋯⋯⋯⋯⋯ **141**
過失推定説⋯⋯⋯⋯⋯⋯⋯⋯⋯ **11**
過失致死傷罪⋯⋯⋯⋯⋯⋯⋯⋯ **2**
過失犯
　　──に対する教唆⋯⋯⋯⋯ **86**
　　──に対する従犯⋯⋯⋯⋯ **88**
　　──の構造⋯⋯⋯⋯⋯⋯⋯ **132**
　　──の要件⋯⋯⋯⋯⋯⋯⋯ **134**
過失併存説⋯⋯⋯⋯⋯⋯⋯⋯ **140**
加重主義⋯⋯⋯⋯⋯⋯⋯⋯⋯ **218**
加重単一刑主義⋯⋯⋯⋯⋯⋯ **218**

249

過剰避難······168
過剰防衛······158
かすがい現象······216
「仮定的事情」の存在可能性······47
過度に広範な刑罰法規······245
可罰性借用説······91
可罰的違法性
　　——の否定······184
　　——論······184
仮釈放······224
仮出場······224
科料······225
間接実現類型······20
間接正犯······6, 56, 65, 67
　　——の実行の着手時期······74
間接的安楽死······181
監督過失······144
観念的競合······214
関与者間の意思連絡······79

き

危惧感説······138
危険源の支配······127
危険の現実化······17
　　——説······17
危険の引受け······183
危険犯······12
旗国主義······248
既遂······43
既遂犯処罰の原則······43
期待可能性······203
既発の火力を利用する意思······130
規範的責任論······203
客体の不能······48
客観説······16, 44
客観的危険説······46
　　修正された——······47
客観的処罰条件······8, 28
客観的な危険性······52
客観的謀議説と主観的謀議説の対立······77
旧過失論······133
　　修正——······134

救急車事例······15, 16
吸収一罪······210
吸収主義······213, 218
急迫······149
急迫不正の侵害······149
教唆······65, 85
　　過失による——······86
　　過失犯に対する——······86
　　間接——······86
　　片面的——······95
教師の懲戒権······171
共同意思主体説······81
共同正犯······6, 65, 66, 74
　　共謀——······74, 75, 76
　　結果的加重犯の——······84
　　異なる構成要件間の——······107
　　承継的——······103
　　——の共犯性······78
　　——の正犯性······78
　　片面的——······94
共罰的事前行為・事後行為······211
共犯
　　——からの離脱······100, 101
　　——関係の解消······100
　　狭義の——······65, 85
　　承継的——······103
　　——と罪数······217
　　——と錯誤······109
　　——と正当防衛······161
　　——と身分······100, 116
　　——における正当防衛の判断······162
　　任意的——······105
　　——の過剰······111
　　——の錯誤······100
　　——の従属性······95
　　——の処罰根拠······91
　　片面的——······94
共謀······77
　　——共同正犯······74, 75, 76
供用物件······226
極端従属性説······97
挙動犯······5
緊急避難······163

強要による――	165	刑法典	1
攻撃的――	165	刑務作業	222
禁錮	222	結果	4
		結果回避可能性	131, 139, 143
		結果回避義務	133
く		――違反	133, 134, 139
具体的危険説	46	――の判断方法	140
具体的危険犯	13	結果行為	191
具体的符合説	110	結果行為時説	74
具体的予見可能性説	136	結果行為説	193
黒い雪事件	200	結果的加重犯	5
クロロホルム	50	結果犯	5, 12
		結果無価値	147
		――論	147
け		結合犯	208
形式的客観説	51	原因行為	191
形式的三分説	124	原因行為説	191
形式的実行共同正犯論	81	原因において自由な行為	191
刑事収容施設及び被収容者等の処遇に関す		厳格故意説	197
る法律（刑事収容施設法）	223	厳格責任説	196
刑事未成年	195	現在の危難	164
刑の一部執行猶予	236	現実的危険性	12
刑の時効	238	限縮的正犯概念	98
刑の執行猶予	234	限定責任能力	188
刑の全部執行猶予	235	権利行為	171
刑の廃止	246	牽連犯	215
刑の変更	247		
刑の免除	234		
刑罰	221	**こ**	
――の正当化根拠	231	故意	4
――の適用	228	故意ある幇助的道具	72
刑罰法規の適正	244	故意犯	5
刑法	1	――処罰の原則	5, 25
形式的意義の――	1	行為	11
実質的意義の――	1	行為共同説	108
――の謙抑性	2	かたい――	108
――の時間的適用範囲	246	やわらかい――	108
――の断片性	2	行為時の介在事情	18
――の場所的適用範囲	247	行為時説	57
――の補充性	2	行為時の特殊事情	17
刑法解釈学	1	行為無価値	147
刑法各論	2	――論	147
刑法総論	2	公営ギャンブル	171

251

広義の悔悟	61, 62	最小限従属形式	97
広義の共犯	65	最小限従属性説	97
攻撃的緊急避難	165	罪数	205
攻撃の意思	156	再度の執行猶予	235
合憲限定解釈	245	罪名従属性	99
混合的方法	188	作為可能性	130
構成要件	3	作為義務の発生根拠	124
構成要件該当行為	12	作為と不作為	122
構成要件該当性	3	——の区別	122
構成要件的重なり合い	39	——の同価値性	123
構成要件的結果	12	作為犯	6
構成要件的故意	159, 196	錯誤	32
構成要件的行為	12	違法性の——	32, 197
構成要件的符合	39	因果関係の——	34, 36
構成要件の違法性推定機能	7	客体の——	33, 35
構成要件の故意規制機能	5	共犯と——	109
構成要件の犯罪個別化機能	5	——に基づく同意	177
構成要件標準説	207	方法の——	33, 34
構成要件モデル	191	殺人罪	2
構成要件要素	4	猿払事件	241

広義の悔悟‥‥‥‥‥‥‥‥‥‥**61, 62**
広義の共犯‥‥‥‥‥‥‥‥‥‥‥**65**
攻撃的緊急避難‥‥‥‥‥‥‥‥**165**
攻撃の意思‥‥‥‥‥‥‥‥‥‥**156**
合憲限定解釈‥‥‥‥‥‥‥‥‥**245**
混合的方法‥‥‥‥‥‥‥‥‥‥**188**
構成要件‥‥‥‥‥‥‥‥‥‥‥‥**3**
構成要件該当行為‥‥‥‥‥‥‥**12**
構成要件該当性‥‥‥‥‥‥‥‥‥**3**
構成要件的重なり合い‥‥‥‥‥**39**
構成要件的結果‥‥‥‥‥‥‥‥**12**
構成要件的故意‥‥‥‥‥‥**159, 196**
構成要件的行為‥‥‥‥‥‥‥‥**12**
構成要件的符合‥‥‥‥‥‥‥‥**39**
構成要件の違法性推定機能‥‥‥‥**7**
構成要件の故意規制機能‥‥‥‥‥**5**
構成要件の犯罪個別化機能‥‥‥‥**5**
構成要件標準説‥‥‥‥‥‥‥‥**207**
構成要件モデル‥‥‥‥‥‥‥‥**191**
構成要件要素‥‥‥‥‥‥‥‥‥‥**4**
　規範的——‥‥‥‥‥‥‥‥**201**
　客観的——‥‥‥‥‥‥‥‥‥‥**4**
　主観的——‥‥‥‥‥‥‥‥**5, 25**
高速道路進入事件‥‥‥‥‥‥‥**21**
高速道路停車事件‥‥‥‥‥‥‥**21**
効率性説‥‥‥‥‥‥‥‥‥‥‥**128**
拘留‥‥‥‥‥‥‥‥‥‥‥‥‥**222**
国外犯‥‥‥‥‥‥‥‥‥‥‥‥**248**
国内犯‥‥‥‥‥‥‥‥‥‥‥‥**247**
誤想過剰避難‥‥‥‥‥‥‥‥‥**169**
誤想過剰防衛‥‥‥‥‥‥‥‥‥**160**
誤想避難‥‥‥‥‥‥‥‥‥‥‥**169**
誤想防衛‥‥‥‥‥‥‥‥‥**159, 196**
誇張従属性説‥‥‥‥‥‥‥‥‥**97**
異なる構成要件間の共同正犯‥‥‥**107**
個別化説‥‥‥‥‥‥‥‥‥‥‥**57**
混合惹起説‥‥‥‥‥‥‥‥‥‥**94**

さ

再間接教唆‥‥‥‥‥‥‥‥‥‥**86**
罪刑法定主義‥‥‥‥‥‥‥‥**4, 240**
財産刑‥‥‥‥‥‥‥‥‥‥‥‥**221**

最小限従属形式‥‥‥‥‥‥‥‥**97**
最小限従属性説‥‥‥‥‥‥‥‥**97**
罪数‥‥‥‥‥‥‥‥‥‥‥‥‥**205**
再度の執行猶予‥‥‥‥‥‥‥‥**235**
罪名従属性‥‥‥‥‥‥‥‥‥‥**99**
作為可能性‥‥‥‥‥‥‥‥‥‥**130**
作為義務の発生根拠‥‥‥‥‥‥**124**
作為と不作為‥‥‥‥‥‥‥‥‥**122**
　——の区別‥‥‥‥‥‥‥‥**122**
　——の同価値性‥‥‥‥‥‥**123**
作為犯‥‥‥‥‥‥‥‥‥‥‥‥‥**6**
錯誤‥‥‥‥‥‥‥‥‥‥‥‥‥**32**
　違法性の——‥‥‥‥‥‥**32, 197**
　因果関係の——‥‥‥‥‥**34, 36**
　客体の——‥‥‥‥‥‥‥**33, 35**
　共犯と——‥‥‥‥‥‥‥‥**109**
　——に基づく同意‥‥‥‥‥**177**
　方法の——‥‥‥‥‥‥‥**33, 34**
殺人罪‥‥‥‥‥‥‥‥‥‥‥‥‥**2**
猿払事件‥‥‥‥‥‥‥‥‥‥‥**241**

し

時間的場所的近接性‥‥‥‥‥‥**53**
自救行為‥‥‥‥‥‥‥‥‥‥‥**169**
死刑‥‥‥‥‥‥‥‥‥‥‥‥‥**221**
　——選択の基準‥‥‥‥‥‥**233**
四国巡礼事件‥‥‥‥‥‥‥‥‥**97**
自己の犯罪を行う意思‥‥‥‥‥**81**
事後法の禁止‥‥‥‥‥‥‥‥‥**243**
事実上の引受け説‥‥‥‥‥‥‥**126**
事実の錯誤‥‥‥‥‥‥‥‥‥‥**32**
　違法性阻却事由に該当する——‥**33**
　具体的——‥‥‥‥‥‥‥**33, 110**
　構成要件的——‥‥‥‥‥‥‥**33**
　抽象的——‥‥‥‥‥‥‥**38, 110**
　——と違法性の錯誤の区別‥‥**201**
自招危難‥‥‥‥‥‥‥‥‥‥‥**168**
自招侵害‥‥‥‥‥‥‥‥‥‥‥**154**
死体の解剖‥‥‥‥‥‥‥‥‥‥**171**
実行共同正犯‥‥‥‥‥‥‥**74, 75**
実行行為‥‥‥‥‥‥‥‥‥‥**4, 12**
　——を行う従犯‥‥‥‥‥‥‥**90**

実行従属性	95	条件付き故意	31
実行の着手	45, 49	常習犯	209
実質的違法性阻却	183	少年の刑事事件の特則	234
実質的客観説	51	少年法	227
実質的実行共同正犯論	81	条例	242
十中八九	131	職務行為	171
実体的デュープロセスの理論	244	処断刑	228
質的過剰	158	処罰阻却事由	8
支配領域説	127	自力救済	169
社会的相当性	147, 183	侵害	150
若年者の処遇	227	——の継続性	149
酌量減軽	230	——の「始期」	149
車上狙い	53	——の自招	153
惹起説	93	——の予期	151
修正——	94	侵害回避・退避義務不存在の原則	151
純粋——	93	侵害犯	12
自由意思	186	新過失論	133
宗教活動	175	新・——	138
住居侵入窃盗	52	親権者の懲戒権	171
自由刑	221	人工妊娠中絶	171
集合犯	105, 209	心神耗弱	187
修正された客観的危険説	47	心神喪失	187
修正惹起説	94	心神喪失者等医療観察法	191
集団犯	105	信頼の原則	141
従犯	65, 87	心理的責任論	203
過失による——	88	心理的因果性	88
過失犯に対する——	88		
承継的——	104	**す**	
片面的——	94	推定的同意	182
重要な役割	81	数故意説	35
主観説	44, 45	スナック強盗事件	98
主刑	221	スポーツ活動	175
主体の不能	48	すり	53
取得物件	226	スワット事件	80
傷害罪	2		
傷害致死罪	2	**せ**	
障害未遂	58	制御能力	188
消極的安楽死	181	制限故意説	199
消極的属人主義	248	制限従属性説	97
消極的身分	118	制限責任説	199
承継的幇助	103	制限的正犯概念	98
条件関係	13		
条件説	15		

253

政策説·················58
精神の障害·················188
生成物件·················226
「『正』対『不正』」の関係·················148
正当化事由·················7
正当業務行為·················170, 172
正当行為·················170
正当防衛·················148
　他人のための——·················155
　——における共犯の判断·················161
　——の前提状況·················149
　——の要件·················148
正犯·················65
　——性·················81
　——なき共犯·················94
生命刑·················221
政令·················241
世界主義·················248
責任（有責性）·················7, 186
責任共犯論·················92
責任故意·················159, 196
責任主義·················7
責任説·················199
責任能力·················7, 187
　完全——·················188
責任モデル·················193
世田谷通信ケーブル火災事件·················84
積極的安楽死·················181
積極的加害意思·················151
積極的属人主義·················248
接続犯·················209
絶対的軽微型·················184
絶対的不能・相対的不能説·················46, 49
折衷説·················16
切迫時説·················57
先行行為説·················125
宣告刑·················228

そ

相対的応報刑論·················231, 232
相対的軽微型·················184
相当因果関係説·················15

遡及処罰の禁止·················243
促進関係説·················89
属地主義·················248
組成物件·················226
措置入院·················171
尊厳死·················182

た

対価物件·················226
対向犯·················105, 106
　片面的——·················106
第五柏島丸事件·················204
第三者没収·················226
ダイバージョン·················226
択一関係·················208
択一的故意·················31
特段の障害の不存在性·················53
他行為可能性·················186
多衆犯·················105
たぬき・むじな事件·················202
だまされたふり作戦·················104
単純一罪·················207
単独正犯·················6, 65

ち

中止行為·················59
　——の真摯性·················60
中止犯·················58
中止未遂·················58
抽象的危険説·················45
抽象的危険犯·················13
抽象的事実の錯誤·················38, 110
中立的行為による幇助·················89
懲役·················222
懲役・禁錮の単一化·················224
超法規的違法性阻却·················183
直接実現類型·················19
直接正犯·················6, 65
直接的安楽死·················181
直近過失一個説·················140
治療行為·················180

治療の中止······························182

つ
付け加え禁止の原則······················14

て
テロ等準備罪······························44

と
同意
　──殺人·······························179
　──傷害·······························179
　──能力·······························176
　──の効果·····························179
　──の主体·····························176
　──の存在の基準時·················177
　──の対象・内容···················177
　──の有効要件·····················176
東海大学安楽死事件···················181
道具理論·································67
同時犯解消説·····························83
特殊詐欺·································80
特別関係································208
特別予防································231

な
永山判決································233

に
二重の故意······························192
任意性··································61
新潟女性監禁事件·····················218
認識説··································30
認容説··································29

ね
練馬事件································76

は
排他的支配・危険創出説···············128
排他的支配説··························126
罰金···································225
羽田空港ロビー事件···················198
早すぎた構成要件の実現··········36, 49
犯罪共同説····························107
　完全──·····························107
犯罪事実································26
　──の認識・認容·············30, 159
犯罪論··································1
　──の体系····························3
犯情···································230

ひ
被害者の同意·····················175, 175
必要的共犯····························105
必要不可欠性···························53
非難可能性·························7, 186
避難行為································165
百円札模造事件························198
被利用者の変化·······················112

ふ
フィリピンパブ事件····················98
付加刑··························221, 225
不可罰的事前行為／事後行為·········211
不作為·····························6, 15
不作為者と作為者の共同正犯··········114
不作為者と不作為者の共同正犯········113
不作為に対する教唆・従犯············116
不作為による教唆·····················114
不作為による従犯·····················114
不作為の因果関係·······················15
不作為犯··································6
　真正──·························6, 120
　不真正──·······················6, 120
　不真正──の処罰と罪刑法定主義····120
不作為と共犯··························113
不正···································150
物色行為································52

255

物理的因果性···················· 88
不能犯···························· 45
部分的犯罪共同説················ 108
　かたい――···················· 108
　やわらかい――················ 108
不法共犯論······················· 93
振り込め詐欺····················· 80

へ――――――――――――
併科主義························· 218
併合罪··························· 218
併発事実の錯誤··················· 34
米兵ひき逃げ事件·············· 16, 24
弁護士の弁護活動················ 173
遍在説··························· 248
弁識能力························· 188

ほ――――――――――――
防衛行為としての相当性········· 156
防衛の意思······················ 155
法益······························· 1
法益衡量····················· 147, 184
法益性欠如の原則················ 175
法益性の欠如···················· 147
包括一罪························· 208
　狭義の――···················· 210
　混合的――···················· 212
　連続的――···················· 209
謀議····························· 77
防御的緊急避難·················· 165
暴行罪···························· 2
報酬物件························· 226
法条競合························· 208
法人···························· 10
法人処罰························· 10
法定刑··························· 228
法定的符合説················· 35, 110
法的因果関係···················· 13
報道機関による取材活動·········· 173
方法の錯誤·················· 33, 34
方法の不能······················ 48

法律主義························· 241
法律上の減軽···················· 229
法律説··························· 59
法律による委任················· 241
法律の錯誤······················ 32
法令行為························· 170
北大電気メス事件················ 136
保護観察························· 224
保護主義························· 248
補充関係························· 208
補充性··························· 165
没収····························· 225
本来的一罪······················ 207

み――――――――――――
未決勾留日数の算入·············· 238
未遂····························· 43
　――の処罰根拠················· 44
密接な行為······················ 53
未必の故意······················ 29
身分···························· 118
身分なき故意ある道具············· 71
身分犯······················· 11, 116
　加減的――·················· 11, 116
　構成的――·················· 11, 116
　真正――···················· 11, 116
　不真正――·················· 11, 116

む――――――――――――
無鑑札犬撲殺事件················ 202
むささび・もま事件·············· 202

め――――――――――――
明確性の原則···················· 244
迷信犯··························· 45
メタノール事件··················· 83

も――――――――――――
黙示の意思連絡··················· 80

目的刑論……………………………… 231
目的なき故意ある道具………………… 71

や

薬物使用等の罪を犯した者に対する刑の一
　部の執行猶予に関する法律………… 237

ゆ

誘発………………………………… 21, 22

よ

要素従属性……………………………… 96
予見可能性…………………… 133, 134
予備………………………………………… 43

り

離隔犯…………………………………… 56
離隔犯・間接正犯の実行の着手時期…… 56

離脱と中止………………………………… 100
立法者意思説…………………………… 106
量刑……………………………………… 230
　──傾向……………………………… 232
利用行為時説…………………………… 74
量的過剰………………………………… 158
両罰規定…………………………… 10, 225

る

類推解釈………………………………… 242
累犯……………………………………… 229

れ

例外モデル……………………………… 193

ろ

労役場留置……………………………… 225
労働争議行為…………………………… 172

257

判例索引

大審院判例

大判明36・5・21刑録9-874 ············· **242**
大判明42・11・1刑録15-1498 ········· **246**
大判明43・10・11刑録16-1620 ······· **184**
大判明43・11・24刑録16-2118 ········· **246**
大判明44・2・27刑録17-197 ··········· **242**
大判明44・10・9刑録17-1652 ········· **119**
大判大2・3・18刑録19-353 ··········· **117**
大判大2・7・9刑録19-771 ············· **89**
大判大3・7・24刑録20-1546 ··········· **48**
大判大4・2・10刑録21-90 ············· **128**
大判大6・9・10刑録23-999 ············· **48**
大判大7・11・16刑録24-1352 ····· **57, 71**
大判大7・12・18刑録24-1558 ········· **130**
大判大10・5・7刑録27-257 ············· **73**
大判大11・2・25刑集1-79 ············· **94**
大判大11・3・1刑集1-99 ·············· **87**
大判大12・4・30刑集2-378 ······· **23, 38**
大判大12・9・21刑集16-1303 ········· **62**
大判大13・4・25刑集3-364 ··········· **202**
大判大13・12・12刑集3-867 ··········· **168**
大判大14・1・22刑集3-921 ············· **94**
大判大14・6・9刑集4-378 ············· **202**
大判昭3・9・9刑集7-172 ············· **115**
大判昭4・4・11新聞3006-15 ········· **143**
大判昭6・12・3刑集10-682 ··········· **188**
大判昭7・6・14刑集11-797 ············· **89**
大判昭7・9・26刑集11-1367 ··········· **89**
大判昭8・11・21刑集12-2072 ········· **204**
大判昭9・8・27刑集13-1086 ····· **68, 176**
大判昭9・11・20刑集13-1514 ········· **119**
大判昭10・11・25刑集14-1217 ··········· **10**
大判昭11・5・28刑集15-715 ············· **76**
大判昭12・6・25刑集16-998 ············· **60**
大判昭13・3・11刑集17-237 ··········· **130**
大判昭13・11・18刑集17-839 ········· **103**
大判昭15・8・22刑集19-540 ··········· **242**
大判昭16・7・17刑集20-425 ··········· **247**
大判昭19・4・30刑集23-81 ············· **115**

最高裁判所判例

最判昭23・1・15刑集2-1-4 ··········· **76**
最大判昭23・3・12刑集2-3-191 ······· **222**
最判昭23・3・16刑集2-3-227 ··········· **29**
最判昭23・4・17刑集2-4-399 ··········· **52**
最判昭23・6・22刑集2-7-694 ········· **247**
最判昭24・2・22刑集3-2-206 ··········· **27**
最判昭24・7・9刑集3-8-1174········· **62**
最判昭24・7・23刑集3-8-1373········· **209**
最判昭24・8・18刑集3-9-1465········· **149**
最判昭24・10・1刑集3-10-1629 ····· **81, 87**
最判昭24・12・17刑集3-12-2028 ····· **101**
最大判昭24・12・21刑集3-12-2048 ····· **215**
最判昭25・3・31刑集4-3-469 ··········· **18**
最判昭25・7・6刑集4-7-1178······· **72, 91**
最判昭25・7・11刑集4-7-1261 ····· **40, 111**
最判昭25・8・31刑集4-9-1593 ········· **47**
最大判昭26・1・17刑集5-1-20········· **193**
最大判昭26・8・1刑集5-9-1715······· **247**
最判昭26・8・17刑集5-9-1789········· **202**
最決昭27・2・21刑集6-2-275 ······ **68, 177**
最判昭27・9・19刑集6-8-1083········· **118**
最決昭27・9・25刑集6-8-1093········· **246**
最判昭27・12・25刑集6-12-1442 ······· **247**
最判昭28・4・14刑集7-4-850 ········· **213**
最判昭28・1・23刑集7-1-30········· **84**
最大判昭29・1・20刑集8-1-41········· **58**
最判昭29・3・2裁判集刑93-59 ······· **114**
最決昭29・5・6刑集8-5-634 ··········· **53**
最決昭29・5・27刑集8-5-741 ········· **216**
最決昭29・7・30刑集8-7-1231········· **188**
最大判昭30・4・6刑集9-4-663 ······· **222**
最判昭31・6・26刑集10-6-874········· **212**
最決昭31・7・3刑集10-7-955········· **70**
最判昭31・10・25刑集10-10-1455······· **215**

最大判昭32・3・13刑集11-3-997

　　　　　　　　　　　　　　　　28, 201

最判昭32・3・28刑集11-3-1275 ·······**184**

最決昭32・9・10刑集11-9-2202 ········ **62**

最大判昭32・10・9刑集11-10-2497····**247**

最判昭32・10・18刑集11-10-2663·······**197**

最大判昭32・11・27刑集11-12-3113···· **11**

最判昭33・4・3裁判集刑124-31·······**171**

最大判昭33・5・28刑集12-8-1718

　　　　　　　　　　　　　　　　　76, 81

最判昭33・9・9刑集12-13-2882

　　　　　　　　　　　　　　　121, 129

最大判昭33・10・15刑集12-14-3313····**246**

最判昭33・11・21刑集12-15-3519·· **70, 177**

最判昭37・3・23刑集16-3-305·········· **48**

最大判昭37・5・30刑集16-5-577·······**242**

最決昭37・11・8刑集16-11-1522······· **79**

最判昭38・3・15刑集17-2-23··········**173**

最決昭38・5・15刑集17-4-302·········**175**

最決昭40・3・9刑集19-2-69··········· **52**

最判昭40・3・26刑集19-2-83··········· **11**

最判昭41・12・20刑集20-10-1212······**141**

最判昭42・3・7刑集21-2-417·········**118**

最決昭42・5・19刑集21-4-494····**244**

最判昭42・10・13刑集21-8-1097······**142**

最決昭42・10・24刑集21-8-1116······· **24**

最決昭43・2・27刑集22-2-67·········**194**

最判昭43・12・24刑集22-13-1625·····**106**

最判昭44・12・4刑集23-12-1573·····**156**

最決昭45・7・28刑集24-7-585······**52, 55**

最決昭46・6・17刑集25-4-567·········· **18**

最決昭46・7・30刑集25-5-756·········**169**

最判昭46・11・16刑集25-8-996··**149, 155**

最決昭48・3・20判時701-25···········**185**

最大判昭48・4・25刑集27-3-418·······**172**

最大判昭49・5・29刑集28-4-114·······**214**

最大判昭49・5・29刑集28-4-151·······**214**

最大判昭49・11・6刑集28-9-393

　　　　　　　　　　　　　　241, 245

最判昭50・4・3刑集29-4-132········**171**

最大判昭50・9・10刑集29-8-489·······**244**

最判昭50・11・28刑集29-10-983·······**156**

最決昭51・3・23刑集30-2-229·········**173**

最大判昭51・9・22刑集30-8-1640·····**214**

最大判昭52・5・4刑集31-3-182·······**173**

最決昭53・3・22刑集32-2-381····· **23, 209**

最決昭53・5・31刑集32-3-457·······**173**

最判昭53・6・29刑集32-4-967·······**198**

最判昭53・7・28刑集32-5-1068········· **34**

最決昭54・3・27刑集33-2-140·····**41, 42**

最決昭54・4・13刑集33-3-179·····**40, 108**

最決昭55・11・13刑集34-6-396········**180**

最決昭56・12・21刑集35-9-911·········· **31**

最決昭57・2・17刑集36-2-206·········**217**

最決昭58・7・8刑集37-6-609·········**233**

最決昭58・9・13裁判集232-95·····**190**

最決昭58・9・21刑集37-7-1070····**69, 97**

最判昭58・9・29刑集37-7-1110·······**215**

最決昭59・3・6刑集38-5-1961········· **31**

最判昭59・7・3刑集38-8-2783·······**190**

最大判昭60・10・23刑集39-6-413·····**245**

最決昭61・6・9刑集40-4-269········· **41**

最決昭61・6・24刑集40-4-292·······**185**

最決昭61・11・18刑集40-7-523·······**213**

最決昭62・3・26刑集41-2-182·······**160**

最決昭62・7・16刑集41-5-237··**198, 200**

最決昭63・5・11刑集42-5-807········· **20**

最判昭63・10・27刑集42-8-1109·····**142**

最決平元・3・14刑集43-3-262·······**138**

最決平元・6・26刑集43-6-567········**101**

最判平元・7・18刑集43-7-752·······**202**

最判平元・11・13刑集43-10-823·······**157**

最決平元・12・15刑集43-13-879·· **15, 131**

最決平2・2・9判時1341-157··········· **27**

最決平2・11・16刑集44-8-744·······**145**

最決平2・11・20刑集44-8-837·········· **19**

最決平4・6・5刑集46-4-245·········· **98**

最決平4・12・17刑集46-9-683········· **20**

最決平5・11・25刑集47-9-242·······**145**

最判平6・12・6刑集48-8-509·········**161**

最決平6・12・9刑集48-8-576········**248**

最判平8・2・8刑集50-2-221········**243**

最判平8・11・18刑集50-10-745·······**244**

最判平9・6・16刑集51-5-435·······**149**

最決平9・10・30刑集51-9-816

259

　　　　　　　　　　　　　　　　67, 71, 73
最判平12・3 ・16判時1711-170………**115**
最決平12・12・20刑集54-9-1095………**137**
最決平13・10・25刑集55-6-519

　　　　　　　　　　　　　　　　65, 69, 98
最決平15・1 ・24判時1806-157………**143**
最決平15・3 ・12刑集57-3-322………**130**
最大判平15・4 ・23刑集57-4-467……**212**
最決平15・5 ・1 刑集57-5-507………**80**
最判平15・7 ・10刑集57-7-903………**219**
最決平15・7 ・16刑集57-7-950………**21**
最決平16・1 ・20刑集58-1-1……**69, 178**
最決平16・2 ・17刑集58-2-169………**20**
最決平16・3 ・22刑集58-3-187

　　　　　　　　　　　37, 49, 50, 52, 53
最判平17・4 ・14刑集59-3-283……**215, 216**
最決平17・7 ・4 刑集59-6-403

　　　　　　　　　　　　　108, 114, 128
最決平18・3 ・27刑集60-3-382………**22**
最決平18・11・21刑集60-9-770………**86**
最決平19・3 ・22刑集61-2-81………**230**
最決平19・3 ・26刑集61-2-131………**143**
最決平19・11・14刑集61-8-757……**32, 82**
最判平20・3 ・4 刑集62-3-123………**52**
最判平20・4 ・25刑集62-5-1559

　　　　　　　　　　　　　　　188, 190
最決平20・5 ・20刑集62-6-1786………**154**
最決平20・6 ・25刑集62-6-1859………**158**
最決平20・11・10刑集62-10-2853……**245**
最判平21・2 ・24刑集63巻2号1頁…**159**
最判平21・6 ・30刑集63-5-475………**102**
最決平21・12・7 刑集63-11-1899……**182**
最決平21・12・7 刑集63-11-2641……**137**
最決平21・12・8 刑集63-11-2829……**190**
最決平22・3 ・17刑集64-2-111………**210**
最決平22・10・26刑集64-7-1019………**17**
最決平23・12・19刑集65-9-1380………**90**
最決平24・2 ・8 刑集66-4-200………**143**
最決平24・11・6 刑集66-11-1281……**103**
最判平24・12・7 刑集66-12-1337……**245**
最決平25・4 ・15刑集67-4-437……**87, 116**
最判昭25・3 ・31刑集4-3-469………**18**

最決平26・3 ・17刑集68-3-368………**210**
最決平26・7 ・24刑集68-6-974………**232**
最決平26・11・7 刑集68-9-963………**52**
最判平27・2 ・3 刑集69-1-1………**233**
最決平27・2 ・9 LEX/DB25506133…**81**
最判平27・12・3 刑集69-8-815………**243**
最決平28・7 ・12刑集70-6-411………**84**
最決平28・7 ・27刑集70-6-571………**247**
最決平29・4 ・26刑集71-4-275………**152**
最決平29・12・11刑集71-10-535………**103**
最決平29・12・18刑集71-10-570………**191**
最決平29・12・19刑集71-10-606………**211**
最判平30・3 ・22刑集72-1-82……**52, 56**
最決平30・6 ・26刑集72-2-209………**226**
最決平30・12・11刑集72-6-672……**27, 80**
最決平30・12・14刑集72-6-737……**27, 80**
最決令和2 ・3 ・10裁時1743-5………**243**
最決令和2 ・8 ・24裁判所ウェブサイト
　　　　　　　　　　　　　　　　　108

高等裁判所裁判例 ─────────

大阪高判平13・6 ・21判タ1085-292……●
東京高判昭24・12・10高刑集2-3-292…**52**
東京高判昭25・9 ・14高刑集3-3-407
　　　　　　　　　　　　　　　　　101
高松高判昭28・2 ・25高刑集6-4-417…**52**
広島高判昭28・10・5 高刑集6-9-1261
　　　　　　　　　　　　　　　　　53
福岡高判昭28・11・10高刑判決特報26-58
　　　　　　　　　　　　　　　　　49
広島高判昭29・6 ・30高刑集7-6-944…**70**
名古屋高判昭31・4 ・19高刑集9-5-411
　　　　　　　　　　　　　　　　194
広島高判昭34・2 ・27高刑集12-1-36
　　　　　　　　　　　　　　　　104
東京高判昭35・7 ・15下刑集2-7・8-989
　　　　　　　　　　　　　　　　40
広島高判昭36・7 ・10高刑集14-5-310
　　　　　　　　　　　　　　　　48
名古屋高判昭37・12・22高刑集15-9-674
　　　　　　　　　　　　　　　　181
東京高判昭42・3 ・24高刑集20-3-229

··· **57**
東京高判昭44・9・17高刑集22-4-595
··· **200**
大阪高判昭44・10・17判タ244-290 ······ **60**
高松高判昭45・1・13判時596-98 ········ **90**
福岡高判昭45・2・14高刑集23-1-156
··· **170**
大阪高判昭45・5・1高刑集23-2-367
··· **165**
東京高判昭45・9・8東高刑時報21-9-303
··· **53**
東京高判昭46・3・4高刑集24-1-168
··· **125**
東京高判昭46・5・24東高刑時報22-5-182
··· **165**
札幌高判昭51・3・18高刑集29-1-78
··· **136**
福岡高判昭55・7・24判時999-129 ····· **150**
東京高判昭56・4・1刑月13-4=5-341
··· **171**
札幌高判昭60・3・12高検速報昭60年385
··· **200**
福岡高判昭61・3・6高刑集39-1-1 ····· **62**
大阪高判昭62・7・10高刑集40-3-720
··· **104**
東京高判昭62・7・16判時1247-140 ····· **59**
福岡高宮崎支判平元・3・24高刑集
42-2-103················· **70**
東京高判平2・2・21判タ733-232 ····· **89**
東京高判平2・12・10判タ752-246 ····· **89**
大阪高判平7・11・9高刑集48-3-177
··· **69**
東京高判平11・1・29判時168-153 ····· **115**
東京高判平13・4・9高刑速3132-50 ····· **60**
大阪高判平13・6・21判タ1085-292
··· **114, 115**
名古屋高判平13・9・17高刑速平13年179
··· **53**
名古屋高判平14・8・29判時1831-158
··· **102**
広島高判平16・3・23高刑集57-1-13 ··· **55**
広島高判平17・4・19高検速報（平17）
312···························· **114**

名古屋高判平19・2・16判タ1247-342
··· **53**
大阪高判平21・10・8刑集65-9-1635 ··· **90**
東京高判平22・4・20東高刑時報
61-1~12-70 ···················· **53**
大阪高判平25・7・31判タ1417-174 ···· **222**
東京高判平25・12・11高検速報（平25）
-139 ······················· **81**
仙台高判平29・4・27LEX/DB25545848
··· **82**
福岡高判平29・7・10裁判所ウェブサイト
··· **82**

地方裁判所裁判例──────
浦和地判昭33・3・28判時146-33 ······· **104**
東京地判昭37・3・17下刑集4-3=4-224
··· **60**
東京地判昭40・9・30下刑集7-9-1828
··· **125**
宇都宮地判昭40・12・9下刑集7-12-2189
··· **57**
徳島地判昭48・11・28刑月5-11-1473
··· **138**
横浜地川崎支判昭51・11・25判時842-127
··· **73, 91**
横浜地判昭56・7・17判時1011-142 ···· **104**
横浜地判昭58・7・20判時1108-138 ····· **54**
岐阜地判昭62・10・15判タ654-261 ····· **49**
東京地判昭63・7・27判時1300-153 ····· **95**
長崎地判平4・1・14判時1415-142 ···· **195**
東京地判平4・1・23判時1419-133 ···· **84**
東京地判平7・1・31判時1559-152 ···· **211**
横浜地判平7・3・28判時1530-28 ···· **181**
福岡地判平7・10・12判タ910-242 ····· **54**
千葉地判平7・12・13判時1565-144 ···· **183**
東京地判平13・3・28判時1763-17 ···· **140**
大阪地判平15・4・11判タ1126-284 ···· **55**
千葉地判平16・5・25判タ1188-347 ···· **55**
大阪地判平18・4・10判タ1221-317 ···· **213**

簡易裁判所裁判例──────
神戸簡判昭50・2・20刑月7-2-104 ···· **175**

●著者紹介

亀井源太郎（かめい・げんたろう）
慶應義塾大学法学部教授
東京都立大学大学院社会科学研究科基礎法学専攻博士課程中退（1998年）
[第3章、第4章]

『刑事立法と刑事法学』（弘文堂、2010年）
『正犯と共犯を区別するということ』（弘文堂、2005年）

小池信太郎（こいけ・しんたろう）
慶應義塾大学大学院法務研究科教授
慶應義塾大学大学院法学研究科修士課程修了（2004年）
[第1章、第7章、第8章、第9章、第10章]

「裁判員裁判における量刑評議について」法学研究82巻1号（2009年）
「量刑判断の在り方」刑法雑誌55巻2号（2016年）

佐藤拓磨（さとう・たくま）
慶應義塾大学法学部教授
慶應義塾大学大学院法学研究科後期博士課程単位取得退学（2005年）
[第2章ⅠⅢ、第5章]

『未遂犯と実行の着手』（慶應義塾大学出版会、2016年）
Strafrecht zwischen Ost und West, Mohr Siebeck, 2019（共編著）

薮中　悠（やぶなか・ゆう）
慶應義塾大学法学部准教授
慶應義塾大学大学院法学研究科後期博士課程単位取得退学（2014年）
[第2章Ⅱ]

『人の精神の刑法的保護』（弘文堂、2020年）
「人の生死に関する錯誤と刑法38条2項」法律時報91巻4号（2019年）

和田俊憲（わだ・としのり）
東京大学大学院法学政治学研究科教授
東京大学法学部卒業（1998年）
[第6章]

『鉄道と刑法のはなし』（NHK出版、2013年）
『どこでも刑法　#総論』（有斐閣、2019年）

日本評論社ベーシック・シリーズ＝NBS

刑法Ⅰ　総論
（けいほうⅠ　そうろん）

2020年9月30日第1版第1刷発行

著　者―――亀井源太郎・小池信太郎・佐藤拓磨・薮中悠・和田俊憲
発行所―――株式会社　日本評論社
　　　　　　〒170-8474　東京都豊島区南大塚3-12-4
電　話―――03-3987-8621（販売）
振　替―――00100-3-16
印　刷―――精文堂印刷株式会社
製　本―――株式会社難波製本
装　幀―――図工ファイブ

検印省略　©G.Kamei, S.Koike, T.Sato, Y.Yabunaka, T.Wada　　ISBN 978-4-535-80690-0

JCOPY　〈(社)出版者著作権管理機構　委託出版物〉本書の無断複写は著作権法上での例外を除き禁じられています。複写される場合は、そのつど事前に、(社)出版者著作権管理機構（電話 03-5244-5088、FAX 03-5244-5089、e-mail: info@jcopy.or.jp）の許諾を得てください。また、本書を代行業者等の第三者に依頼してスキャニング等の行為によりデジタル化することは、個人の家庭内の利用であっても、一切認められておりません。

日本評論社の法律学習基本図書

※表示価格は本体価格です。別途消費税がかかります

日評ベーシック・シリーズ

憲法Ⅰ 総論・統治　憲法Ⅱ 人権
新井 誠・曽我部真裕・佐々木くみ・横大道 聡［著］
●各1,900円

行政法
下山憲治・友岡史仁・筑紫圭一［著］　●1,800円

租税法
浅妻章如・酒井貴子［著］　●1,900円

民法総則 ［補訂版］
原田昌和・寺川 永・吉永一行［著］　●1,800円

物権法 ［第2版］　●1,700円
秋山靖浩・伊藤栄寿・大場浩之・水津太郎［著］

担保物権法 ［第2版］　●1,700円
田髙寛貴・白石 大・鳥山泰志［著］

債権総論
石田 剛・荻野奈緒・齋藤由起［著］　●1,900円

家族法 ［第2版］　●1,800円
本山 敦・青竹美佳・羽生香織・水野貴浩［著］

刑法Ⅰ 総論　刑法Ⅱ 各論
亀井源太郎・和田俊憲・佐藤拓磨　●Ⅰ：1,900円
小池信太郎・薮中 悠［著］　Ⅱ：2,000円

民事訴訟法
渡部美由紀・鶴田 滋・岡庭幹司［著］　●1,900円

労働法 ［第2版］　●1,900円
和田 肇・相澤美智子・緒方桂子・山川和義［著］

［新版］法学の世界　南野 森［編］
●2,200円

基本憲法Ⅰ 基本的人権
木下智史・伊藤 建［著］　●3,000円

基本行政法 ［第3版］　中原茂樹［著］
●3,400円

基本刑法Ⅰ 総論 ［第3版］　●3,800円

基本刑法Ⅱ 各論 ［第2版］　●3,900円
大塚裕史・十河太朗・塩谷 毅・豊田兼彦［著］

基本刑事訴訟法Ⅰ 手続理解編
吉開多一・緑 大輔・設楽あづさ・國井恒志［著］
●3,000円

憲法Ⅰ 基本権　憲法Ⅱ 総論・統治
渡辺康行・宍戸常寿・松本和彦・工藤達朗［著］
●各3,200円

民法学入門 ［第2版］ 増補版
河上正二［著］　●3,000円

スタートライン民法総論 ［第3版］
池田真朗［著］　●2,200円

スタートライン債権法 ［第7版］
池田真朗［著］　●2,400円

民法入門 債権総論 ［第4版］
森泉 章・鎌野邦樹［著］　●3,000円

新法令用語の常識
吉田利宏［著］　●1,200円

〈新・判例ハンドブック〉
●物権法：1,300円
ほか：各1,400円

憲法 ［第2版］ 高橋和之［編］

民法総則　河上正二・中舎寛樹［編著］

物権法　松岡久和・山野目章夫［編著］

債権法Ⅰ・Ⅱ
●Ⅰ：1,400円
Ⅱ：1,500円
潮見佳男・山野目章夫・山本敬三・窪田充見［編著］

親族・相続　二宮周平・潮見佳男［編著］

刑法総論／各論
●総論1,600円
高橋則夫・十河太朗［編］　●各論1,500円

商法総則・商行為法・手形法
鳥山恭一・髙田晴仁［編著］

会社法　鳥山恭一・髙田晴仁［編著］

日本評論社
https://www.nippyo.co.jp/